Manuel de la Cour africaine des droits de l'homme et des peuples

•

Dans la même collection

1. J. KAMANDA KIMONA-MBINGA, *Le défi congolais. De la dégénérescence à la renaissance*, 2001.
2. Z. HABIMANA MAKAMBA (dir.), *Courants actuels de la philosophie africaine*, 2002.
3. P. DENIS et C. SAPPIA (dir.), *Femmes d'Afrique dans une société en mutation*, 2004.
4. P.-J. LAURENT (dir.), *Décentralisation et citoyenneté au Burkina Faso*, 2004.
5. M. PONCELET, G. PIROTTE, G. STANGHERLIN et E. SINDAYIHEBURA, *Les ONG en villes africaines. Études de cas à Cotonou (Benin) et à Lubumbashi (RDC)*, 2006.
6. C. BECKER et P. DENIS (eds), *L'épidémie du sida en Afrique subsaharienne. Regards historiens*, 2006.
7. E. P. NGOMA-BINDA, *Principes de gouvernance politique éthique... Et le Congo sera sauvé*, 2009.
8. P. PETIT (dir.), *Société civile et éducation. Le partenariat à l'épreuve du terrain*, 2010.
9. L. VIDAL & C. KUABAN (dir.), *Sida et tuberculose : la double peine ?Institutions, professionnels et société face à la coinfection au Cameroun et au Sénégal*, 2010.
10. J.-P. SEGIHOBE BIGIRA, *Partenariat pour les forêts du Bassin du Congo et développement durable. Le droit à l'épreuve des enjeux*, 2012.
11. D. MOTTIER, *Une ethnographie des pentecôtismes africains en France. Le temps des prophètes*, 2014.
12. M. NTUBUBA BISIMWA, *Les pouvoirs politiques traditionnels dans la gouvernance démocratique en RDC*, 2014.
13. J.-C. MASHINI, *Gouverance en RD Congo. Regard et témoignage,* 2014.
14. F. LAPEYRE et A. LEMAÎTRE (dir.), *Politiques publiques et pratiques informelle en Afrique subsaharienne*, 2014.
15. O. KAHOLA TABU, *Les ménages à Lubumbashi. Hébergement des parents et vie domestique*, 2014.
16. Y. P. MANDJEM, *Sortie de crise en Afrique (tome 1). Le déterminisme relatif des institutions de sortie de crise en Afrique*, 2015.
17. Y. P. MANDJEM, *Sortie de crise en Afrique (tome 2). Le jeu politique des acteurs*, 2015.
18. V. KIMBA KAPANDA, Précarité des populations de l'ex-Katanga face à la loi de la valeur mondialisée, 2017.
19. J.-P. MPIANA TSHITENGE, L'Université à Kinshasa à l'ère du partenariat éductatif, 2017.
20. D. HIMPAN-SABATIER et B. HIMPAN, *Nomades de Mauritanie*, 2018.
21. S. ANDREETTA, *« Saisir l'État ». Les conflits d'héritage, la justice et la place du droit à Cotonou*, 2018.
22. F. LAPEYRE et S. BARUSSAUD, *La formalisation vue d'en bas. Enjeux pour la transition vers l'économie formelle*, 2019.
23. S. AYIMPAM (dir.), *Aux marges des règles et des lois. Régulations informelles et normes pratiques en Afrique*, 2019.

•

Collection « ESPACE AFRIQUE »

24

MANUEL DE LA COUR AFRICAINE DES DROITS DE L'HOMME ET DES PEUPLES

PATRICK BADUGUE

academia
L'Harmattan

D/2020/4910/30 ISBN : 978-2-8061-0527-1

Grand'Place, 29
B-1348 Louvain-la-Neuve

www.editions-academia.be

Sigles et abréviations

CAEDBE	Comité africain d'experts sur les droits et le bien-être de l'enfant
CCUAPLC	Conseil consultatif de l'Union africaine sur la corruption
CDHNU	Comité des droits de l'homme des Nations Unies
CEA	Communauté de l'Afrique de l'Est
CEDH	Cour européenne des droits de l'homme
CEEAC	Communauté économique des États d'Afrique centrale
CEI	Commission électorale indépendante
CEDEAO	Communauté économique des États d'Afrique de l'Ouest
CEMAC	Communauté économique et monétaire d'Afrique centrale
CER	Communautés économiques régionales
Charte africaine de la démocratie	Charte africaine de la démocratie, des élections et de la gouvernance
Charte de Banjul / Charte	Charte africaine des droits de l'homme et des peuples
CIADH	Cour interaméricaine des droits de l'homme
CIJ	Cour internationale de justice / Comité international des juristes
CJ-UA	Cour de justice de l'Union africaine
CmADHP	Commission africaine des droits de l'homme et des peuples
CmIADH	Commission interaméricaine des droits de l'homme
COI	Communauté de l'Océan Indien
COMESA	Marché commun de l'Afrique australe et orientale

CrADHP	Cour africaine des droits de l'homme et des peuples
CUADI	Commission de l'Union africaine pour le droit international
DUDH	Déclaration universelle des droits de l'homme
La Conférence	La Conférence des chefs d'États et de gouvernement
ONG	Organisation(s) non-gouvernementale(s)
OUA	Organisation de l'Unité Africaine
PIDCP	Pacte international relatif aux droits civils et politiques
PIDESC	Pacte international relatif aux droits économiques, sociaux et culturels
Protocole	Protocole relatif à la Charte africaine des droits de l'homme et des peuples portant création d'une Cour africaine des droits de l'homme et des peuples
Protocole de la CEDEAO sur la démocratie	Protocole A/SP1/12/01 sur la démocratie et la bonne gouvernance additionnel au Protocole relatif au mécanisme de prévention, de gestion, de règlement des conflits, de maintien de la paix et de la sécurité
Protocole de Maputo	Protocole à la Charte africaine des droits de l'homme et des peuples relatif au droit de la femme en Afrique
RI/Règlement intérieur	Règlement intérieur de la Cour africaine des droits de l'homme et des peuples
SACU	Southern African Customs Union
SADC	Southern African Development Community
UA	Union africaine
UEMOA	Union économique et monétaire ouest-africaine
UMA	Union du Maghreb arabe

Préface

•

« … there is no easy road to freedom.
We know it well that none of us acting
alone can achieve success. »

Nelson MANDELA
Discours d'investiture du 10 mai 1994

La Charte africaine des droits de l'homme et des peuples (« la Charte ») représente sans aucun doute l'une des étapes importantes sur la route vers une meilleure protection des droits de l'homme en Afrique. De même que la Convention européenne de sauvegarde des droits de l'homme et des libertés fondamentales et la Convention américaine relative aux droits de l'homme, deux autres systèmes régionaux de protection des droits fondamentaux, la Charte incarne, pour le continent africain cette fois, l'espoir d'un monde plus juste, où l'arbitraire des États doit céder face à la règle de droit, à la fois respectueuse et protectrice des individus et des peuples.

Un texte porteur d'une telle ambition méritait un mécanisme de contrôle à la hauteur de l'enjeu, avec un organe susceptible de lui permettre de déployer ses effets et d'en garantir la portée : un Protocole relatif à la Charte africaine des droits de l'homme et des peuples constitue le cadre au sein duquel la Cour africaine des droits de l'homme et des peuples (« la Cour ») a été créée.

Il reste que les mécanismes supranationaux obéissent à des règles spécifiques que les professionnels du droit abordent souvent avec prudence, quand ce n'est pas avec fébrilité. Cet effet inhibant conduit inexorablement à limiter l'usage que l'on peut en faire, voire à le nier, ce qui s'avère d'autant plus regrettable qu'un recours devant une juridiction internationale possède au contraire des vertus pour le moins stimulantes. Les acteurs du droit comme les citoyens dans leur ensemble ont en effet tout à y gagner, puisqu'il est question de leur environnement, de leur vie et de l'avenir des générations futures.

Vouloir défendre certains principes et promouvoir les valeurs consacrées par la Charte, en leur permettant de s'incarner dans une réalité « concrète et effective » (pour reprendre une expression chère à la Cour européenne des droits de l'homme dans sa jurisprudence), commande d'agir, tout simplement. Agir, c'est aussi permettre au système africain d'exister, de se développer, de se renforcer. Agir, et partager, c'est bien l'intention première de l'auteur de cet ouvrage, M. Patrick Badugue.

L'étude des arrêts de la Cour l'a tout naturellement conduit à s'intéresser au cœur du mécanisme, à son réacteur : la Cour elle-même et sa procédure. Son passage à la Cour européenne des droits de l'homme fut sans doute de nature à le renforcer dans sa démarche, tant la procédure, objet d'une réflexion et d'une évolution constante, y conditionne le fonctionnement de l'ensemble et son rayonnement final dans l'interprétation et l'application des droits reconnus. Or, en Europe comme en Afrique, il est nécessaire de présenter un tel système, de l'expliquer, de le commenter, tout en offrant des outils à tous ceux qui, avocats, magistrats, parlementaires, universitaires, journalistes, etc., sont appelés à s'en servir et/ou à s'en saisir.

L'éducation, initiale et continue, la communication, le dialogue des juges et des juristes s'imposent alors comme une évidence. Les ouvrages comme celui-ci, capables d'élever l'esprit tout en restant accessibles et réellement pratiques, cumulant l'ambition de l'exhaustivité et l'humilité d'un accès aisé, fournissent une source exceptionnelle à la disposition de toutes celles et de tous ceux qui s'intéressent (ou devraient s'intéresser !) à la Charte et à la Cour.

Par une approche comparative, l'auteur présente un condensé d'informations, qu'il s'agisse de l'histoire, de la compétence ou encore de la procédure applicable devant la Cour, et ce à la lumière tant des dispositions pertinentes de son Protocole et de sa jurisprudence, qu'à l'aune du fonctionnement d'autres juridictions internationales. Cet ouvrage propose en outre un résumé de quarante-quatre affaires contentieuses et de neuf affaires consultatives. Autant de données qui en font assurément un « *must have* » pour tout juriste.

En ma qualité de praticien du droit, ayant l'insigne privilège de travailler au sein du Greffe de la Cour européenne des droits de l'homme, mais également d'enseigner à l'Université, à l'École nationale de la magistrature, ou encore, notamment, de former des avocats et d'écrire, pour contribuer à la diffusion de la connaissance sur la Convention et la Cour européennes des droits de l'homme, je me reconnais pleinement dans la démarche de M. Patrick Badugue.

Autant dire qu'il m'est très agréable de préfacer un ouvrage d'une telle qualité, portant sur un sujet aussi essentiel ! J'émets le vœu qu'il connaisse la réussite qu'il mérite, et ce y compris dans les mises à jour que son public ne manquera pas de réclamer.

Pascal DOURNEAU-JOSETTE*
Chef de Division à la Cour européenne des droits de l'homme
Professeur associé à l'Université de Strasbourg
Ancien avocat au Barreau de Paris

* Les opinions exprimées n'engagent que leur auteur.

Introduction

Le système régional africain de protection des droits de l'homme offre à l'observation deux (02) mécanismes principaux et inter-complémentaires. D'une part la Commission africaine des droits de l'homme et des peuples créée par la Charte de Banjul du 27 juin 1981, et chargée d'assurer la promotion et la protection des droits consacrés dans ladite charte. D'autre part, la Cour africaine des droits de l'homme et des peuples créée par le Protocole du 10 juin 1998, et dont l'objet est de compléter en tant que juridiction, la mission de protection dévolue à la première.

Mise aux côtés d'une Commission déjà plus active et beaucoup plus ancienne, la Cour apparait pour le moins éclipsée de l'extérieur. Avec une entrée en fonctionnement plus récente, les travaux de la Cour sont peu connus : la conséquence immédiate est que l'illustration des positions africaines de principe sur des questions de droit est davantage faite en référence à la casuistique plus enrichie de la Commission, plutôt qu'en référence à la jurisprudence de la Cour.

La Cour apparait également limitée de l'intérieur, et la restriction à la saisine directe des individus et des organisations non-gouvernementales, réduit considérablement son champ de compétence aux seuls six États africains ayant fait la déclaration préalable prévue à l'article 34(6) du Protocole portant création de la Cour. Le contentieux de la Cour est de ce fait éloigné de l'essentiel des justiciables individuels, qui constitue plus de 90 % des requêtes introduites.

Par ailleurs, la ratification progressive du Protocole du 1er juillet 2008 portant création de la nouvelle Cour africaine de justice et des droits de l'homme, engagée deux ans après la prestation de serment des premiers juges de l'actuelle Cour, en fait également une juridiction en sursis.

Avec bientôt vingt-deux ans d'existence et quatorze ans de fonctionnement effectif, la Cour africaine des droits de l'homme et des peuples est une institution qui a une histoire, une mission et un personnel régis par des instruments juridiques, ainsi qu'un budget supporté par l'Union africaine. Son activité judiciaire fait observer qu'elle a connu de nombreux cas de violations des droits de l'homme par des États répartis entre 90 affaires contentieuses finalisées et 12 avis consultatifs rendus[1]. La Cour compte une importante jurisprudence à travers laquelle on peut prendre connaissance de ses positions de principe sur des questions de procédures et sur le droit matériel : une jurisprudence dont les grandes tendances méritent de susciter à la fois un intérêt scientifique et pratique.

Le présent ouvrage tente de rendre un modeste hommage à la juridictionnalisation à l'échelle continentale de la protection des droits de l'homme, dont la juridiction étudiée représente en l'état, le stade le plus achevé. Quel est le contexte de sa création ? Quelles interprétations authentiques donne-t-elle de son Protocole et de son règlement intérieur au sujet des procédures ? Quelles sont ses tendances jurisprudentielles ? Telles sont entre autres, les questions auxquelles essaie de répondre cet ouvrage à la lumière des arrêts et/ou décisions de la Cour, avec une démarche comparée sur les systèmes européen et interaméricain de protection des droits de l'homme. Il propose également un résumé des affaires contentieuses et des avis de la Cour de 2009 à 2018. Sur ce point, il est loin d'être exhaustif, et nourrit la modeste ambition de restituer annuellement des affaires et avis consultatifs rendus par la Cour.

Dans cette veine, il s'illustre à la fois comme un instrument d'information sur la Cour, et une source de travail simplifiée pour les études et recherches axées sur la Cour en particulier, et de manière générale, sur les systèmes comparés de protection des droits de l'homme. Le discours de la Cour sur elle-même qu'il tente fidèlement de restituer à travers ses affaires ne manquera certainement pas d'édifier les politiques juridiques extérieures des États africains, partagés entre une forte représentation au sein des prétoires internationaux d'une part, et la recherche permanente de la formule juridictionnelle régionale la plus satisfaisante d'autre part.

L'ouvrage s'ouvre sur une présentation du contexte de création de la Cour et organisation. Ensuite, en deux étapes, il passe en revue les procédures contentieuses et consultatives, avant de s'achever pour chacune d'elles, par un résumé des affaires y relatives.

---

[1] Statistiques de mars 2020 disponibles sur http://fr.african-court.org/, consultées le 21/04/2020.

Partie I

Histoire et organisation de la Cour africaine des droits de l'homme et des peuples

•

I. La création de la Cour

Une lointaine idée de création d'un tribunal à l'échelle continentale

Il faut remonter au congrès sur la « primauté du droit », organisé par la Commission Internationale des Juristes (CIJ) en 1961 à Lagos, au Nigéria, à l'issue duquel une Déclaration dite « loi de Lagos » a été adoptée. Cette déclaration est une interpellation faite aux puissances coloniales et aux États africains nouvellement indépendants, sur la possibilité d'élaborer une Convention africaine des droits de l'homme, prévoyant notamment la création d'un tribunal approprié et des voies de recours ouvertes à toutes les personnes relevant de la juridiction des États signataires. Au tout début, cet appel n'a pas reçu un écho favorable auprès des États africains, puisque la Charte de l'Organisation de l'Unité Africaine (OUA) adoptée quelques années plus tard le 25 mai 1963, ne prévoit aucune obligation pour les États en matière de protection des droits de l'homme. Dans son préambule, la Charte réaffirme l'adhésion des États parties aux principes énoncés par la Charte des Nations Unies et la Déclaration universelle des droits de l'homme, comme base de la coopération pacifique et fructueuse entre États.

Il faut attendre 1967 pour que la Déclaration de Dakar, adoptée à l'issue de la première conférence des juristes africains francophones, relance les idées de la loi de Lagos sur la nécessité de se doter d'un système régional de protection des droits de l'homme. Il est à cet effet demandé à la CIJ d'y travailler avec des organisations africaines ressources.

La contribution des Nations Unies, par la création d'un groupe travail *ad hoc*, et la mise sur pied des comités en vue de convaincre les États africains de la nécessité de pourvoir l'Afrique d'un système africain pour la défense des droits de l'homme, a été importante. Relayant les propositions de ces comités, le Président Léopold Sédar Senghor avait promis de soulever cette préoccupation devant l'Assemblée de l'OUA. En 1979, la Conférence des chefs d'État et de gouvernement réunie à Monrovia, au Kenya, a unanimement demandé au Secrétaire général de l'Union, de commettre un comité d'experts chargé de la rédaction d'un instrument des droits de l'homme en Afrique, à l'instar de ce qui existait déjà en Amérique et en Europe.

En 1979, à Dakar, un comité de vingt experts africains présidé par Kéba Mbaye a rédigé un projet de Charte africaine des droits de l'homme qui sera ensuite négocié par les États. Ce texte est fortement influencé par les positions du Président Senghor qui demande au Comité de puiser dans les traditions, les valeurs et les besoins spécifiques de l'Afrique. Le document tarde à être adopté en raison de la résistance de certains États africains.

Le projet de création d'une Cour dévié vers celui d'une Commission

La Charte africaine des droits de l'homme et des peuples qui voit le jour, est adoptée à la 18e Conférence des chefs d'État et de gouvernement de l'OUA réunie à Nairobi, au Kenya, sans débat ni vote, le 27 juin 1981. La Charte de Banjul institue par ailleurs la Commission africaine des droits de l'homme et des peuples comme organe de promotion et de protection des droits de l'homme. La formule d'une Commission africaine qui rend des recommandations sans force obligatoire, avait été préférée à l'idée d'une juridiction compétente pour juger des atteintes portées à l'humanité. Cette dernière était jugée attentatoire à la souveraineté des États et contraire aux règlements africains des différends privilégiant traditionnellement la conciliation et le dialogue. Mais les lacunes institutionnelles de la Commission du fait notamment de la portée juridique de ses recommandations, relancent bientôt l'idée de la création d'une Cour.

La relance du processus de création de la Cour

À la faveur de nombreux évènements, le processus de création d'une Cour est relancé. Il y a tout d'abord la Conférence mondiale des Nations Unies sur les droits de l'homme de 1993 qui contribue à une reconnaissance de plus en plus croissante des droits de l'homme. Il y a ensuite, la résolution AHG/Res. 230(XXX) par laquelle, la Conférence des chefs d'État et de gouvernement africains réunie en juin 1994 à Tunis, a demandé au Secrétaire général de convoquer une réunion d'experts gouvernementaux afin d'examiner les possibilités de renforcer la Commission africaine des droits de l'homme et des peuples par la création d'une Cour africaine des droits de l'homme et des peuples.

Les interactions d'acteurs étatiques et non étatiques

Sous la forme d'un projet de protocole additionnel à la Charte de Banjul rédigé par Karel Vasak d'abord, le projet de protocole de la Cour sera fortement critiqué. Entre autres points d'achoppement, de nombreuses ONG y voyaient un fac-similé du mécanisme européen de protection des droits de l'homme. Elles fustigeaient également une éventuelle suppression de la Commission au profit d'une Cour : il a finalement été préféré un système africain dual prévoyant l'existence d'une Cour aux côtés de la Commission. Au cours de la décennie 90, la CIJ a recruté des experts indépendants qui ont préparé un projet de protocole qui a ensuite été soumis aux experts gouvernementaux représentant les États. À l'issue d'une réunion d'experts organisée en septembre 1995 par le Secrétariat de l'OUA au Cap, en Afrique du Sud, un projet de document sur la Cour africaine des droits de l'homme est rédigé avec la collaboration de la Commission africaine et de la CIJ. Le projet de Protocole est âprement discuté, notamment sur le point de la saisine de la future Cour. Si dans le projet écrit par les experts non-gouvernementaux, les individus et les ONG pouvaient saisir directement la Cour, du point de vue de certaines délégations telles que celles du Nigéria et de l'Égypte, cette possibilité aurait consacré de trop importants pouvoirs à la juridiction. Aussi, lors d'une réunion avec les experts gouvernementaux tenue à Nouakchott en avril 1997, il a été préféré la formule de la déclaration facultative qui consacre une justiciabilité limitée des États africains. Selon celle-ci, l'État serait libre d'autoriser la Cour à recevoir des requêtes émanant des individus et des ONG. Le projet de protocole sera finalement retenu par la

Conférence des ministres de la Justice/procureurs généraux de l'OUA, en décembre 1997 à Addis-Abeba.

À la 34e conférence des chefs d'État et de gouvernement de l'Organisation de l'unité africaine (OUA), du 8 au 10 juin 1998 à Ouagadougou, au Burkina Faso, le Protocole relatif à la Charte africaine des droits de l'homme et des peuples portant création de la Cour africaine des droits de l'homme et des peuples, a été adopté. Il est entré en vigueur le 25 janvier 2004, après avoir été ratifié par 15 pays.

Liste des 15 premières ratifications

	Pays	Dates de ratification
1.	Sénégal	30/10/1998
2.	Burkina Faso	23/02/1999
3.	Gambie	15/10/1999
4.	Mali	20/06/2000
5.	Ouganda	06/06/2001
6.	Afrique du Sud	03/07/2002
7.	Côte d'Ivoire	21/03/2003
8.	Île Maurice	24/03/2003
9.	Rwanda	06/05/2003
10.	Burundi	12/05/2003
11.	Algérie	03/06/2003
12.	Togo	06/07/2003
13.	Libye	08/12/2003
14.	Lesotho	23/12/2003
15.	Comores	26/12/2003

Aujourd'hui, 30 pays ont ratifié le Protocole portant création de la CrADHP.

Tableau des ratifications par ordre chronologique

	Pays	Date de signature	Date de ratification / adhésion
1.	Algérie	13/07/1999	22/04/2003
2.	Bénin	09/06/1998	22/08/2014
3.	Burkina Faso	09/06/1998	31/12/1998

4.	Burundi	09/06/1998	02/04/2003
5.	Cameroun[2]	25/07/2006	17/08/2015
6.	Côte d'Ivoire	09/06/1998	07/01/2003
7.	Comores	09/06/1998	23/12/2003
8.	Congo	09/06/1998	10/08/2010
9.	Gabon	09/06/1998	14/08/2000
10.	Gambie	09/06/1998	30/06/1999
11.	Ghana	09/06/1998	25/08/2004
12.	Kenya	07/07/2003	04/02/2004
13.	Libye	09/06/1998	19/11/2003
14.	Lesotho	29/10/1999	28/10/2003
15.	Mali	09/06/1998	10/05/2000
16.	Malawi	09/06/1998	09/09/2008
17.	Mozambique	23/05/2003	17/07/2004
18.	Mauritanie	22/03/1999	19/05/2005
19.	Maurice	09/06/1998	03/03/2003
20.	Nigéria	09/06/2004	20/05/2004
21.	Niger	09/06/1998	17/05/2004
22.	Rwanda	09/06/1998	05/05/2003
23.	Afrique du Sud	09/06/1999	03/07/2002
24.	Saharaoui arabe démocratique	25/07/2010	27/11/2013
25.	Sénégal	09/06/1998	29/09/1998
26.	Tanzanie	09/06/1998	07/02/2006
27.	Tchad	06/12/2004	27/01/2016
28.	Togo	09/06/1998	23/06/2003
29.	Tunisie	09/06/1998	21/08/2007
30.	Ouganda	01/02/2001	16/02/2001

La création de la CrADHP intervient dans un contexte déjà meublé par l'existence au niveau régional de deux institutions. Il y a d'une part la Commission africaine des droits de l'homme et des peuples (CmADHP), qui est instituée auprès de l'OUA le 27 juin 1981 et en vertu de l'article 30 de la Charte de Banjul. C'est un organe quasi-juridictionnel chargé d'assurer la promotion et la protection des droits de

[2] La loi autorisant le Président de la République à ratifier le Protocole (Loi n° 2014/013 du 16 juillet 2014), ainsi que le décret d'application (décret n° 2014/266 du 22 juillet 2014) est connu. Le dépôt de l'instrument de ratification a eu lieu le 17 août 2015.

l'homme et des peuples contenus dans la Charte africaine des droits de l'homme et des peuples. Ce dernier instrument est entré en vigueur le 21 octobre 1986.

Il y a d'autre part la Cour de justice de l'Union africaine (CJ-UA) instituée en vertu de l'article 18 de l'Acte constitutif de l'Union africaine et créée par le Protocole de Maputo du 11 juillet 2003. Ce Protocole est entré en vigueur le 11 février 2009. Bien qu'instituée au sein de l'UA, la CrADHP n'en fait pas partie. Il existe un lien étroit entre la CrADHP et l'Union qui se traduit entre autres, par le fait que la Conférence des chefs d'État et de gouvernement élit les juges de la Cour, que son budget est pris en charge par l'UA, et que cette dernière peut la saisir d'une demande d'avis consultatif. Il n'en reste pas moins que la CrADHP ne fait pas partie intégrante de l'UA, et le Protocole relatif à la Charte africaine des droits de l'homme et des peuples portant création d'une Cour africaine des droits de l'homme et des peuples, est un texte distinct de l'Acte constitutif de l'UA. De cette façon, un État membre de l'UA n'est pas automatiquement partie au Protocole de la Cour. Ce lien institutionnel est à l'image de la relation qui a existé entre la Cour permanente de justice internationale (CPJI) et la Société des Nations (SDN). Là réside une différence essentielle entre la CrADHP d'une part, et la Cour de justice de l'UA (CJ-UA) qui est un organe de l'Union aux côtés de la Conférence de l'Union[3], du Conseil exécutif, du Parlement panafricain, de la Commission, du Comité des représentants permanents, des Comités techniques spécialisés, du Conseil économique, social et culturel, et des institutions financières d'autre part. La CJ-UA serait à l'UA, ce que la Cour internationale de justice (CIJ) est aux Nations Unies.

Bien que dominé par l'existence de la CmADHP et de la CrADHP, le système africain de protection des droits de l'homme et des peuples s'est progressivement doté, au niveau continental, d'autres organes rattachés à l'UA à savoir :

La Commission de l'Union africaine pour le droit international (CUADI)

Elle est créée en 2009, en qualité d'organe consultatif indépendant conformément à l'article 5 (2) de l'Acte constitutif de l'UA. Elle est chargée d'entreprendre des activités relatives à la codification et au développement progressif du droit international en Afrique, en accor-

3 Article 5 de l'Acte constitutif de l'UA.

dant une attention particulière aux lois de l'UA ; de proposer des projets d'accords-cadres et des projets de règlement type ; d'aider à la révision des traités existants et à identifier les domaines dans lesquels de nouveaux traités sont requis ; d'élaborer des études sur des questions juridiques qui intéressent l'UA et ses États membres ; d'encourager l'enseignement, l'étude, la publication ainsi que la diffusion d'ouvrages sur le droit international, en particulier le droit de l'UA, en vue de promouvoir le respect des principes du droit international, le règlement pacifique des conflits et le respect de l'Union et le recours à ses organes.

Le Conseil consultatif de l'Union africaine sur la Corruption (CCUAPLC)

Il est institué en mai 2009 dans le cadre de la Convention de l'Union africaine sur la prévention et la lutte contre la corruption, qui est entrée en vigueur en août 2006. Son rôle est d'encourager les États signataires de la Convention à adopter des mesures pour la prévention, la détection, la sanction et l'éradication de la corruption et des délits connexes en Afrique ; d'assurer le suivi des mesures ; et de présenter régulièrement au Conseil exécutif de l'UA des rapports sur les progrès réalisés par chacun des États signataires quant à l'application des dispositions de la Convention.

Le Comité africain d'experts sur les droits et le bien-être de l'enfant (CAEDBE)

Le CAEDBE est mis en place conformément à l'article 32 de la Charte africaine sur les droits et le bien-être de l'enfant. Il s'agit comme la CmADHP, d'un organe du Traité dont la mission est d'assurer la promotion et la protection des droits de l'enfant conformément à cette Charte[4].

II. L'acte constitutif de la Cour

À la différence de la Cour interaméricaine des droits de l'homme (CIADH) et de la Cour européenne des droits de l'homme (CEDH), la CrADHP est créée par un protocole. En effet, la Cour est instituée en vertu de l'article 1 du Protocole relatif à la Charte africaine des droits de l'homme et des peuples portant création de la Cour africaine des

4 Article 42 de Charte africaine sur les droits et le bien-être de l'enfant.

droits de l'homme et des peuples : le Protocole est adopté à Ouagadougou le 10 juin 1998. Il s'agit d'un texte séparé de l'instrument principal qui prévoit les droits et les devoirs, à savoir la Charte africaine des droits de l'homme et des peuples. La CrADHP présente en cela une originalité par rapport aux systèmes régionaux européen et interaméricain.

D'une part, la CEDH est instituée par l'article 19 de la Convention européenne de sauvegarde des droits de l'homme et des libertés fondamentales qui est l'instrument qui prévoit également les droits et valeurs protégés : son rôle étant d'assurer le respect des engagements pris par les États dans le cadre de cette convention adoptée à Rome le 4 novembre 1950. Dans le même schéma d'autre part, la CIADH est instituée par l'article 33b de la Convention américaine relative aux droits de l'homme adoptée au Costa Rica, le 22 novembre 1969, en vue de protéger les droits qui y sont établis. Tandis que la première partie de la Convention interaméricaine est dédiée aux obligations des États et aux droits protégés, la deuxième partie, qui est consacrée aux moyens de protection, désigne deux organes chargés d'assurer l'exécution des engagements pris par les États parties : il s'agit de la Commission interaméricaine des droits de l'homme et de la CIADH.

L'unicité du texte fondateur correspond également à la formule choisie pour l'institution de la Commission africaine des droits de l'homme et des peuples. En effet, la Charte de Banjul consacre les droits, et institue dans le même temps la CmADHP pour assurer la promotion et la protection de ceux-ci[5].

III. Le mandat de la Cour

La Cour africaine des droits de l'homme et des peuples est la juridiction régionale instituée au sein de l'Union africaine, et qui assure la protection des droits de l'homme et des peuples. En vertu de l'article 1 du Protocole, son mandat est de renforcer les fonctions de protection que la Charte de Banjul a dévolues à la Commission africaine des droits de l'homme et des peuples[6]. Contrairement à la CmADHP qui est une instance quasi-juridictionnelle émettant des recommandations, la Cour est une juridiction qui rend plutôt des arrêts obligatoires. Le système africain de protection des droits de l'homme est donc bicéphale, dans la mesure où il est dominé par deux organes de contrôle.

---

5 Article 30 de la Charte.

6 Article 2 du protocole.

Dans le système interaméricain également, le contrôle du respect par les États parties de leurs obligations relatives aux droits de l'homme est assuré par la Commission interaméricaine des droits de l'homme et par la CIADH.

A contrario, le système européen de protection des droits de l'homme est quant à lui devenu monocéphale depuis l'entrée en vigueur le 1er novembre 1998, du Protocole n° 11 qui a modifié certaines dispositions de la Convention européenne de sauvegarde des droits de l'homme et des libertés fondamentales. Le Protocole n° 11 a remplacé le mécanisme original qui comprenait une Commission des droits de l'homme et une Cour siégeant quelques jours par mois, par une Cour unique et permanente.

IV. La composition de la Cour

Trois points sont essentiels :

A. Les juges

La Cour est composée de 11 juges. Ce nombre est inférieur à la composition plus large de la CEDH qui en est dotée de 47 et plus élevé que celui de la CIADH qui en compte 7.

Les juges de la CrADHP sont élus par la Conférence des chefs d'État et de gouvernement de l'UA, parmi les ressortissants des États membres de l'UA, pour un mandat de six ans. Ils sont rééligibles une seule fois. Les juges de la Cour sont élus, à la suite de leur désignation par leurs États respectifs, à titre personnel parmi les juristes jouissant d'une très haute autorité morale, d'une compétence et expérience juridiques, judiciaires ou académiques reconnues dans le domaine des droits de l'homme et des peuples. Chaque État peut présenter jusqu'à trois candidats dont au moins deux doivent être ressortissants de l'État qui le présente. En tout état de cause, la Cour ne peut comprendre plus d'un juge de la même nationalité.

En pratique, la Commission de l'UA envoie une correspondance aux Missions permanentes des États membres de l'UA dans laquelle elle invite les États parties au Protocole portant création de la Cour à soumettre leurs candidatures/nominations. Ces candidatures/nominations sont accompagnées du curriculum vitae de leurs candidats sous pli fermé à déposer au Bureau du Conseiller juridique de ladite Commission dans un certain délai. L'invitation adressée par la Commission de l'UA s'étend largement sur les questions relatives aux incompatibilités. À ce propos, durant leur mandat les juges ne peuvent exercer aucune activité susceptible de porter atteinte à l'exigence d'indépendance et d'impartialité, en particulier, les fonctions politiques, diplomatiques, administratives ou de conseiller juridique d'un gouvernement au niveau national. Afin de guider les États parties sur l'interprétation des incompatibilités, la Commission de l'UA reprend à l'attention de ceux-ci, l'opinion du Comité consultatif des juristes sur la création de la Cour internationale de justice, selon laquelle : « un membre du gouvernement, un ministre ou un sous-secrétaire d'État, un représentant diplomatique, un directeur de ministère ou un de ses subordonnés, ou le conseiller juridique d'un ministère des affaires étrangères, même s'ils peuvent prétendre à être candidats pour le poste d'arbitre à la Cour permanente d'arbitrage de 1899, ne peuvent, sans conteste, être élus comme juges auprès de notre Cour »[7]. Contrairement à la CrADHP, la sanction de l'incompatibilité au sein de la Cour internationale de justice est l'interdiction de toute autre activité professionnelle.

Selon les directives de l'UA relatives à la désignation et à l'élection des candidats au poste de juge, une certaine parité doit être respectée. C'est par exemple le cas de la décision EX.CL/907 (XXVIII) adoptée par le Conseil exécutif en janvier 2016 sur les modalités de mise en œuvre des critères de représentation géographique et de genre équitable dans les organes de l'UA, que la Commission de l'UA invite les États parties à respecter dans leurs propositions de nomination. Le paragraphe 2 de cette décision prévoit ce qui suit :

- La représentation régionale est assurée le cas échéant, de la manière suivante : Afrique de l'Est (02), Afrique centrale (02), Afrique du Nord (02), Afrique australe (02) et l'Afrique de l'Ouest (02), excepté dans le cas où une région dûment informée n'a pas présenté de candidats ;
- Un (01) siège sera flottant, le cas échéant, et sera occupé en alternance par les cinq (5) régions ;
- Au moins un (01) membre minimum de chaque région est une femme.

Une fois élus, les juges prêtent serment à l'occasion d'une audience publique et font la déclaration suivante : « Moi... (Nom du Juge), je prête serment ou je déclare solennellement que je remplirai mes devoirs et exercerai mes attributions de membre de la Cour en tout

[7] PCIJ/Comité consultatif de juristes, Procès-verbaux du Comité,16 juin-24 juillet 1920, 693 pages, pp. 715-716.

honneur et dévouement, en pleine et parfaite impartialité et en toute conscience, et que je garderai le secret des délibérations même après la cessation de mes fonctions».

L'élection des tout premiers juges de la Cour a eu lieu en janvier 2006 à Khartoum, au Soudan. Leur prestation de serment s'est tenue devant l'Assemblée générale des chefs d'État et de gouvernement de l'UA à Banjul, en Gambie.

Les juges élisent parmi eux, et pour un mandat de deux ans renouvelables une seule fois, un président et un vice-président de la Cour. Le président de la Cour exerce ses fonctions à temps plein avec résidence au lieu du siège de la Cour. Les dix autres juges exercent à temps partiel. Le président est assisté d'un greffier dans l'exercice de ses fonctions.

Les anciens juges de la Cour

Nom	Nationalité	Mandat
Gérard Niyungeko[8]	Burundi	2006-2012
El Hadji Guissé	Sénégal	2006-2010 / 2012-2018
Solomy Balungi Bossa	Ouganda	2014-2020
Augustino S.L. Ramadhani	Tanzanie	2010-2016
Elsie Nwanwuri Thompson	Nigéria	2010-2016
Fatsah Ouguergouz[9]	Algérie	2010-2016
Duncan Tambala	Malawi	2010-2016
Sophia A. B. Akuffo[10]	Ghana	2006-2012 / 2012-2016
Jean Mutsinzi[11]	Rwanda	2006-2012
Bernard Makgabo Ngoepe[13]	Afrique du Sud	2006-2008 / 2008-2014
Kimelabalou Aba	Togo	28 Janvier 2013 pour un mandat d'un an et demi
Joseph Mulenga Nyamihana	Ouganda	2008-2014
Modibo Tounty Guindo[13]	Mali	2006-2014
Kelello Justina Mafoso-Guni	Lesotho	2006-2010

---

8 Il est le tout premier Président de la Cour de 2006 à 2008. Il a été réélu comme tel de 2010 à 2012.

9 Il a été vice-président de la Cour de 2012 à 2013.

10 Elle a été Vice-présidente de la Cour de 2008 à 2010, et réélue en 2010 pour deux (02) ans.

11 Il a été élu Président de la Cour de 2008 à 2010.

12 Il a été élu Vice-président de la Cour le 17 septembre 2013.

13 Il a été Vice-président de 2006 à 2008.

Hamdi Faraj Fanoush	Libye	2006-2010
Githu Muigai	Kenya	
George W. Kanyeihamba	Ouganda	2006-2008
Jean Emile Somda	Burkina Faso	2006-2008

Les juges actuels de la Cour

Nom	Nationalité	Mandat
Sylvain Oré[14]	Côte d'Ivoire	2010-2014 / 2014-2020
Ben Kioko[15]	Kenya	
Rafaâ Ben Achour	Tunisie	2014-2020
Angelo Vasco Matusse	Mozambique	2014-2020
Ntyam Ondo Mengue	Cameroun	2016-2022
Mukamulisa Marie Thérèse	Rwanda	2016-2022
Tujilane Rose Chizumila	Malawi	2017-2023
Bensaoula Chafika	Algérie	2017-2023
Blaise Tchikaya	Congo (RDC)	2018-2024
Stella Isibhakhomen Anukam	Nigéria	2018-2024
Imani Daud Aboud	Tanzanie	2018-2024

Dans le système européen, les juges de la CEDH sont élus par l'Assemblée parlementaire du Conseil de l'Europe, à partir d'une liste de trois noms proposés par chaque État. Depuis l'entrée en vigueur du Protocole n° 14 additionnel à la Convention européenne des droits de l'homme le 1er juin 2010, le mandat des juges de la CEDH est de neuf ans : celui-ci n'est pas renouvelable.

B. Le Greffe

Le Greffe de la Cour se compose du Greffier, du Greffier adjoint et de tout autre fonctionnaire dont la Cour peut avoir besoin.

Le Greffier et le Greffier adjoint sont nommés pour une durée de cinq ans parmi les candidats qui jouissent de la plus haute considération morale et possèdent les connaissances juridiques, administratives

14 Il est actuellement le Président de la Cour.

15 Elle est Vice-présidente de la Cour.

et linguistiques ainsi que l'expérience requises pour l'exercice des fonctions liées à ce poste.

Sous le contrôle et la supervision du Président, le Greffier assiste la Cour dans l'exercice de sa fonction judiciaire et est en charge de l'administration générale du Greffe de la Cour. Il assure la direction et la coordination de l'ensemble des opérations et activités du Greffe.

En premier lieu, le Greffe assure des fonctions de nature juridique pour lesquelles il effectue entre autres, les tâches suivantes : il tient un rôle général de toutes les affaires, qui sont inscrites et numérotées dans l'ordre selon lequel les actes introductifs d'instance ou les demandes d'avis consultatif parviennent au Greffe ; il sert d'intermédiaire pour les communications émanant de la Cour ou adressées à celle-ci et en particulier, assure toutes communications, notifications et transmissions de documents prévues par le Protocole ou le règlement intérieur de la Cour, en veillant à ce que la date de leur expédition et de leur réception puisse être facilement contrôlée ; il assure la garde des sceaux et tampons officiels de la Cour, de tous les registres ainsi que des archives de celle-ci.

En dehors de ces activités, le Greffe assure également une fonction linguistique pour laquelle il prend les dispositions nécessaires pour que soient faites ou vérifiées les traductions et interprétations dont la Cour peut avoir besoin dans les langues officielles en usage devant elle.

Le Greffe exerce aussi une activité de gestion. Dans ce contexte, il prépare le budget prévisionnel de la Cour et assume la responsabilité de la bonne tenue de tous ses comptes, sa gestion financière conformément aux règles applicables de l'UA et aux règlements financiers de ladite Cour.

Enfin, le Greffe assume une véritable promotion des activités de la Cour. Il fait en sorte que les renseignements sur l'activité de celle-ci soient mis à la disposition des gouvernements, des cours et tribunaux nationaux les plus élevés, des associations professionnelles, des sociétés savantes, des facultés et écoles de droit ainsi que des moyens d'information publique.

Actuellement, le Greffier de la Cour est le Dr Robert Eno de nationalité camerounaise, nommé en janvier 2012. Il est assisté de M. Nouhou Madani Diallo, greffier adjoint, Burkinabè nommé depuis le 1er juin 2014.

C. Variations dans la composition de la Cour

La Composition de la Cour peut varier d'une affaire à une autre.

En premier lieu, si un juge possède la nationalité d'un État partie à une affaire, il est tenu de se récuser. Il doit également s'abstenir de siéger dans une affaire à laquelle est partie l'État au titre duquel il a été élu. Par exemple, c'est en application des articles 22 du Protocole, et 8(2) du règlement intérieur sur le lien de nationalité, que le Juge Augustino S. L. Ramadhani, membre de la Cour et citoyen tanzanien, s'est récusé dans les affaires mettant en cause la République-Unie de Tanzanie (Requêtes n° 009/2011 et n° 011/2011, affaires jointes Tanganyika Law Society, the Legal and Human Rights Centre c. République-Unie de Tanzanie et Révérend Christopher Mtikila c. République-Unie de Tanzanie, arrêt du 14 juin 2013; Requête n° 001/2012, affaire Frank David Omary et autres c. République-Unie de Tanzanie, arrêt du 28 mars 2014). De la même manière, la Juge M-Thérèse Mukamulisa, membre de la Cour de nationalité rwandaise, s'est récusée dans une affaire ayant impliqué la République du Rwanda (Requête n° 003/2014, affaire Ingabire Victoire Umuhoza c. République du Rwanda, arrêt sur les réparations du 7 décembre 2018). Il semble, au regard du mutisme du Protocole et du règlement intérieur de la Cour, que le lien de nationalité n'a d'incidence que s'il concerne l'État, à l'exclusion des autres parties dans une affaire devant la Cour. En tout état de cause le lien de nationalité n'emporte pas la même conséquence ailleurs :

— devant la Cour internationale de justice, le juge qui se trouve être ressortissant de l'une des parties conserve le droit de siéger. S'il s'agit du Président, il cèdera tout simplement la présidence au Vice-président pour la circonstance;

— devant la CEDH, le lien de nationalité est sanctionné différemment selon la composition de la Cour. En effet, la CEDH siège en quatre formations principales : les affaires manifestement irrecevables sont examinées par **un juge unique**, tandis qu'un **comité de trois** juges peut rendre à l'unanimité une décision de recevabilité et statuer sur le fond d'une affaire qui a fait l'objet d'une jurisprudence bien établie de la Cour. Une requête peut également être attribuée à **une chambre de sept (07) juges**, qui se prononce à la majorité, le plus souvent sur la recevabilité et le fond de l'affaire. Il existe une formation en **grande chambre de dix-sept (17) juges** qui statue sur les affaires qui lui sont déférées : soit à la suite d'un dessaisissement par une chambre lorsque l'affaire présente des risques de contradiction avec un arrêt antérieur ou soulève des questions graves d'interprétation de la Convention européenne, soit lorsqu'un arrêt de chambre est rendu et les parties demandent un renvoi de l'affaire devant la grande chambre. En tout état de cause, un juge ne saurait siéger comme juge unique dans une affaire concernant son pays. Cependant, il peut être exceptionnellement invité à siéger dans un comité. Par contre, il fait toujours partie de la composition de la Cour lorsqu'elle siège en chambre de sept juges ou en grande chambre.

En deuxième lieu, tout membre de la CrADHP, empêché de participer à une séance de la Cour doit en informer le Président dans les plus brefs délais.

Enfin, aucun membre de la CrADHP ne saurait participer au règlement d'une affaire s'il est intervenu antérieurement à un titre quelconque ou si pour quelque raison, son indépendance ou son impartialité peut être légitimement mise en doute.

Dans tous les cas s'il y a doute, la Cour, après avoir entendu le juge concerné, procède à la délibération et au vote hors sa présence.

V. Le siège de la Cour

C'est la Conférence des chefs d'État et de gouvernement qui décide de l'emplacement du siège de la Cour. Si celui-ci est fixé dans un État partie, la Cour peut toutefois siéger sur le territoire de n'importe quel autre État partie avec l'accord de la majorité de ses membres, ainsi que l'agrément de l'État concerné. La Cour a officiellement entamé ses activités en novembre 2006 au siège de l'UA, à Addis-Abeba, en Éthiopie. Depuis 2007, elle s'est délocalisée à son emplacement actuel à Arusha, en Tanzanie. Le siège peut être changé sur décision de la Conférence après avis de la Cour.

Les coordonnées pertinentes de la Cour :

Dodoma Road	**Tél.** : + 255 732 979 509
PO Box 6274	**Fax** : + 255 732 979 503
Arusha	**E-mail** : registrar@african-court.org
Tanzanie	ou info@african-court.org

Internet : www.african-court.org/fr et www.au.int/organs/cj (uniquement disponible en anglais)

Facebook : www.facebook.com/pages/African-Court-on-Human-and-Peoples-Rights/354165574594815

YouTube : www.youtube.com/user/africancourt

VI. Les sessions de la Cour

La CrADHP n'est pas une juridiction permanente à l'image de la CIADH, et au contraire de la CEDH. Seul le Président de la CrADHP est astreint à résidence au siège de la Cour. Du reste, la Cour statue à l'occasion de ses sessions.

La Cour se réunit en sessions ordinaires et en sessions extraordinaires. Celles-ci se tiennent normalement à son siège. La Cour peut toutefois décider de tenir ses sessions sur le territoire de tout autre État partie comme pour le cas de sessions itinérantes au Ghana, en Île Maurice et en Éthiopie.

Les sessions ordinaires de la Cour se tiennent quatre fois par an pour une durée d'environ quinze jours chacune. Elles sont convoquées aux dates fixées par elle lors de sa session précédente. Le Président de la Cour peut également convoquer des sessions extraordinaires, à sa propre initiative, ou à la demande de la majorité de ses membres.

Un quorum de 7 juges est requis pour que la Cour siège.

Les langues de travail de la Cour sont les mêmes que celles de l'UA. Selon l'article 25 de l'Acte constitutif de l'UA, il s'agit : des langues africaines — si possible — ainsi que l'arabe, l'anglais, le français et le portugais. Cependant, la Cour accepte les requêtes écrites dans n'importe quelle langue africaine : un défi pour le continent doté d'une grande diversité linguistique.

VII. Le budget de la Cour

Le budget prévisionnel de la Cour est préparé par son Greffier. Le budget est affecté aux émoluments et indemnités des juges, aux dépenses du Greffe. Il est déterminé par l'UA et est à la charge de celle-ci. Le budget de la Cour fait donc partie du budget de l'UA. Ce dernier est constitué des contributions des États membres, ainsi que ceux des partenaires internationaux.

La Direction de la programmation, du budget, des finances et de la comptabilité de la Commission de l'UA prépare le budget annuel de l'UA pour l'exercice financier qui court du 1er janvier au 31 décembre. Le président de la Commission est l'administrateur des comptes de l'UA. Le budget et les aspects associés sont examinés par le Comité des représentants permanents (COREP)[16] et ses sous-comités pertinents. Des recommandations sont soumises à la Conférence par l'intermédiaire du Conseil exécutif. La Conférence de l'UA adopte le budget de l'UA.

Le budget de la CrADHP représente autour de 1 % du budget de l'UA. À des proportions plus importantes, celui de la CIJ représente moins d'un pour cent du budget régulier des Nations Unies. Les frais de fonctionnement de la CEDH sont à la charge du Conseil de l'Europe, dont le budget est financé par les contributions des États membres.

Exercice	**Budget Total de l'UA en USD**	**Budget réservé à la CrADHP en USD**	**Budget réservé à la CmADHP En USD**
2016	416 867 326	10 286 401	5 581 245
2017	782 108 049	10 315 284	5 525 705
2018	769 381 894	11 820 159	6 319 680

16 Le COREP est responsable de la préparation des travaux du Conseil exécutif. Il réunit des représentants permanents et d'autres plénipotentiaires des États membres.

Partie 2

La Cour africaine des droits de l'homme et des peuples en matière contentieuse

•

I. Compétence contentieuse de la Cour

La compétence de la Cour est large. Si le requérant peut invoquer les dispositions de droit interne, la Cour ne saurait se substituer aux juridictions nationales.

A. Une compétence qui s'étend à un large éventail d'instruments juridiques

En vertu de l'article 3 de son Protocole, la Cour connaît de toutes les affaires et de tous les différends dont elle est saisie concernant l'interprétation et l'application de la Charte africaine des droits de l'homme et des peuples, du Protocole portant création de la Cour, et de tout autre instrument pertinent relatif aux droits de l'homme et ratifié par les États concernés. Sa compétence matérielle est étendue, car la Cour a vocation à couvrir la violation d'un important éventail d'instruments, à la seule condition que l'État partie au Protocole soit également partie à la convention dont la violation est alléguée. Dans ce sens, Mme Miriam Kouma avait dénoncé la violation par la République du Mali, des articles 7 du Pacte international relatifs aux droits civils et politiques (PIDCP) et 5 de la Déclaration universelle des droits de l'homme (DUDH) (Requête n° 040/2016, affaire Miriam Kouma et Ousmane Diabaté c. République du Mali, arrêt du 21 mars 2018). De même, la violation du droit à l'égalité devant la loi prévue à l'article 7 de la DUDH avait été soutenue contre la République de Côte d'Ivoire, par M. Jean-Claude Roger Gombert (Requête n°038/2016, affaire Jean-Claude Roger Gombert c. République de Côte d'Ivoire, arrêt du 22 mars 2018).

1. Le requérant peut dénoncer la violation de ses droits en visant des normes de droit interne

Dans une affaire, le requérant a saisi la Cour pour dénoncer la violation de son droit à la liberté et au procès équitable, en s'appuyant sur les dispositions du Code de procédure pénale et de la Constitution. La Cour a recherché les dispositions correspondantes dans la Charte de Banjul, et les instruments pertinents des droits de l'homme. Elle a retenu sa compétence et a décidé que : «tant que les droits dont la violation est alléguée tombent sous l'autorité de la Charte ou de tout autre instrument des droits de l'homme ratifiés par l'État concerné, la Cour exercera sa compétence dans l'affaire» (Requête n° 003/2012, affaire Peter Joseph Chacha c. République-Unie de Tanzanie, arrêt du 28 mars 2014).

2. L'interprétation

Si l'application du droit est en cause chaque fois que celui-ci est ignoré ou violé, il arrive que l'exécution d'un arrêt de la Cour pose des problèmes en raison des interprétations multiples et différenciées qu'elle suscite chez les autorités nationales en charge de sa mise en œuvre. Dans ces conditions, l'État concerné est fondé à saisir la Cour afin qu'elle apporte des éclaircissements destinés à faciliter l'exécution de ses arrêts : les articles 28 (4) du Protocole et 66 du règlement intérieur donnent à la Cour la possibilité d'interpréter son arrêt.

L'interprétation n'est pas l'avis consultatif

Quand elle interprète, la Cour «(...) est amenée non pas à compléter ou à modifier la décision qu'elle a rendue, décision définitive ayant force de chose jugée, mais à en clarifier le sens et la portée» (Requête n° 002/2017 aux fins d'interprétation de l'arrêt du 3 juin 2016 dans l'affaire Mohamed Abubakari c. République-Unie de Tanzanie, arrêt du 28 septembre 2017). Il s'agit pour la Cour de clarifier, d'expliquer ce qui est obscur, et non pas de donner son avis sur la manière de mettre en œuvre son arrêt. Tel a clairement été sa position dans un arrêt du 28 septembre 2017 (Requête n° 003/2017 en interprétation de l'arrêt du 18 novembre 2016 dans l'affaire Actions pour la Promotion des Droits de l'Homme c. République de Côte d'Ivoire, arrêt du 28 septembre 2017). Dans un arrêt du 18 novembre 2016, elle a ordonné à la Côte d'Ivoire de modifier la loi n° 2014-335 du 18 juin 2014 relative à la Commission électorale indépendante pour la rendre conforme aux instruments de droit international parmi lesquels la Charte africaine de la démocratie. Le 4 mai 2017, la République de Côte d'Ivoire a adressé à la Cour une requête aux fins d'interprétation, et a sollicité à cet effet qu'elle lui fournisse des indications sur l'organisation de la nouvelle Commission Électorale Indépendante (CEI), sur les modalités de désignation de ses membres, ainsi que la répartition des sièges. Pour la Cour, cette question visait à obtenir non pas une interprétation, mais son avis sur la façon de mettre en œuvre une loi en conformité avec le droit international. Selon la Cour, une telle compétence est l'apanage de l'État.

Recevabilité de la demande en interprétation

La demande en interprétation n'est recevable que si :

- elle a pour objectif de faciliter l'exécution d'un arrêt. L'interprétation se distingue donc de l'avis consultatif, qui porte plutôt sur un point précis de la Charte ou sur tout autre instrument pertinent du droit international des droits de l'homme. C'est le lieu de relever que si un arrêt n'impose aucune action positive, celui-ci ne peut donner lieu à interprétation. C'est ce qu'a décidé la Cour dans l'affaire Urban Mkandawire : « the interpretation of a judgement can be sought from the Court for the purpose of executing the judgement. In the present case, the judgement dismissed the application on the grounds that the local remedies had not been exhausted; it imposes no positive obligation capable of being executed. Therefore, there cannot be an application for interpretation of judgement in terms of Art 28(4) of the Protocol as red together with Rule 66 of the Rules because there is no execution that is possible under the judgement of the Court » (Requête n° 003/2011, affaire Urban Mkandawire c. République du Malawi, arrêt du 28 mars 2014 sur l'interprétation et la revision).
- Elle est déposée dans un délai de douze (12) mois à compter du prononcé de l'arrêt à moins que la Cour n'en décide autrement.
- Elle indique avec précision le point du dispositif de l'arrêt dont l'interprétation est sollicitée.

En principe, il est statué sur la requête en interprétation par les mêmes juges qui ont connu de l'affaire au fond, ainsi que le prévoit l'article 66(4) du règlement intérieur. Par ailleurs, la demande en interprétation ne suspend pas l'exécution de l'arrêt à interpréter[17].

B. La Cour n'est pas une juridiction d'appel des décisions rendues par les juridictions nationales

La Cour a rappelé qu'elle n'est pas une juridiction d'appel et s'est déclarée incompétente lorsqu'elle a été saisie par M. Ernest Francis Mtingwi en vue d'infirmer les décisions rendues par la Cour suprême du Malawi et par le Tribunal de grande instance du Malawi : « the Court notes that it does not have any appellate jurisdiction to receive and consider appeals in respect of cases already decided upon by domestic and/or regional and similar Courts » (Requête n° 001/2013, affaire Ernest Francis Mtingwi c. République du Malawi, décision du 15 mars 2013). Un discours similaire se retrouve dans la jurisprudence de la CEDH qui a précisé qu'elle n'est pas une juridiction d'appel, de cassation ou de révision par rapport aux juridictions nationales des États parties à la Convention européenne des droits de l'homme : « En principe, il n'appartient pas à la Cour d'apprécier elle-même les éléments de fait ayant conduit une juridiction nationale à adopter telle décision plutôt que telle autre, sous réserve de l'examen de compatibilité avec les dispositions de la Convention. Sinon, elle s'érigerait en juge de troisième ou quatrième instance et elle méconnaîtrait les limites de sa mission. » (CEDH, Requête n° 17621/91, affaire Kemmache c. France n° 3, arrêt du 24 novembre 1994)[18].

II. Les parties devant la Cour en matière contentieuse

Selon une classification qui distinguerait les requérants institutionnels des requérants individuels, cinq catégories de justiciables au sens de l'article 5 peuvent saisir la Cour : les États parties au Protocole, la CmADHP, les organisations intergouvernementales africaines, les individus et les organisations non-gouvernementales dotées auprès de la Commission du Statut d'observateur.

---

17 Article 66 (5) du règlement intérieur.

18 Paragraphe 44 de l'arrêt du 24 novembre 1994.

A. La Commission africaine des droits de l'homme et des peuples

La CmADHP ne peut saisir la Cour que contre un État qui a ratifié le Protocole de la Cour. L'article 118(4) du règlement intérieur de la Commission précise qu'elle peut le faire à tout moment de l'examen d'une communication (Requête n° 002/2013, affaire Commission africaine des droits de l'homme et des peuples c. Libye, arrêt du 3 juin 2016 ; Requête n° 004/2011, affaire Commission africaine des droits de l'homme et des peuples c. Grande Jamahariya arabe libyenne populaire et socialiste, arrêt du 15 mars 2013).

Il existe entre la CrADHP et la CmADHP, une véritable relation de complémentarité déjà consacrée aux articles 2, 5, 6(1) et (3), 8 et 33 du Protocole. Pour la résumer, la Cour complète le mandat de protection des droits de l'homme et des peuples dévolu à la Commission. Aussi, la Cour consulte la Commission chaque fois que de besoin, notamment sur toute question de procédure touchant aux deux institutions, tout comme la Commission consulte la Cour sur toute modification d'articles relatifs à leurs relations[19]. Il existe un véritable encrage institutionnel entre ces deux instances. C'est dans ce sens qu'elles se réunissent au moins une fois par an, en vue d'assurer une bonne relation de travail et conduire efficacement leurs missions[20].

Dans le système interaméricain, la CIADH et la Commission interaméricaine des droits de l'homme (CmIADH) sont également liées. Par exemple : la Commission interaméricaine peut comparaître devant la CIAH ou la consulter sur l'interprétation à donner aux clauses de la Convention américaine relative aux droits de l'homme ou d'autres traités concernant la protection des droits de l'homme dans les États américains[21].

Il faut distinguer plusieurs cas de saisine de la CrADHP par la CmADHP :

---

19 Article 33 du protocole de la Cour. Voir également l'article 29 du règlement intérieur de la Cour.

20 Article 115 du règlement intérieur de la Cour.

21 Article 19 du Statut de la Commission interaméricaine des droits de l'homme.

1. En cas de non-respect des recommandations de la Commission

La Commission peut saisir la Cour lorsqu'elle estime qu'un État partie refuse de se conformer à ses recommandations. En effet, lorsqu'une décision de la Commission a été rendue contre l'État défendeur, les parties informent la Commission des mesures prises ou qui sont en train d'être prises par l'État défendeur en vue de son exécution, dans un délai de 180 jours à compter de la réception de sa notification. Dans un délai de 90 jours suivant la réponse écrite de l'État, la Commission peut l'inviter à lui soumettre des informations supplémentaires. Si toutefois la Commission ne reçoit pas de réponse de la part de l'État, elle peut lui envoyer une lettre de rappel dans les 90 jours[22]. Si elle estime que l'État n'a pas la volonté de mettre en œuvre sa décision, elle peut saisir la Cour. Cette faculté est fort opportune, car à la différence des recommandations de la Commission, les arrêts de la Cour sont obligatoires[23].

2. En cas de non-exécution des mesures conservatoires prises par la Commission

Lorsqu'un État ne s'est pas conformé à une mesure conservatoire ordonnée par la Commission, elle peut saisir la Cour d'une communication et informer les parties à cet effet. En vertu de l'article 98 de son règlement intérieur, la Commission peut, à tout stade de la communication, indiquer à un État partie les mesures conservatoires. Ces mesures conservatoires peuvent être indiquées à l'initiative de la Commission ou à la demande de l'une des parties.

Les mesures conservatoires ordonnées doivent être adoptées par l'État concerné afin d'éviter qu'un préjudice irréparable ne soit causé à la victime des violations alléguées. Ces mesures visent donc à ce que les droits des différentes parties ne pas soient compromis durant la procédure. Par lettre ACHPR/GOV/COMM/3/RK du 15 juillet 2004, la présidente de la Commission africaine avait envoyé au Chef de l'État du Cameroun, une demande urgente de mesures conservatoires tendant à ce que le matériel de la Radio Freedom FM ne subisse pas des dommages irréparables (Communication n°290/2004 Open Society

---

22 Article 112 du règlement intérieur de la Commission.

23 Article 61 du règlement intérieur de la Cour.

Justice Initiative pour le compte de Pius Njawè Noumeni c. Cameroun, décision du 25 mai 2006).

Le recours aux mesures conservatoires est répandu au sein des juridictions internationales ainsi que le démontrent les articles 41 du Statut de la Cour internationale de justice, 39 du règlement intérieur de la CEDH, 86 du règlement du Comité des droits de l'homme des Nations Unies, 27 du règlement de la CIADH, 25 du règlement de la CmIADH et 51 du règlement intérieur de la Cour africaine des droits de l'homme et des peuples.

3. En cas de violations graves et massives des droits de l'homme

Lorsqu'elle considère qu'une ou plusieurs communications révèlent une série de violations graves et massives des droits de l'homme, la Commission observe deux attitudes[24] :

- une première obligatoire, en vertu de laquelle elle porte la question à l'attention de la Conférence et du Conseil de paix et de Sécurité de l'UA;
- une seconde facultative, par laquelle elle soumet cette question à la Cour.

La Commission peut également recourir à ce mécanisme en dehors de toute communication, même sur la base de simples renseignements.

La Commission a saisi la Cour de trois affaires. Par requête du 3 mars 2011, elle a notamment intenté une action contre la Grande Jamahiriya Arabe Libyenne Populaire et Socialiste, en alléguant des atteintes graves et massives des droits de l'homme. Elle dénonçait en l'occurrence, la répression, les arrestations, les détentions abusives de manifestants, ainsi que l'usage excessif d'armes lourdes contre la population par les forces de sécurité en violation des articles 1, 2, 4, 5, 9, 11, 12, 13 et 23 de la Charte africaine. La requête de la Commission avait été rayée du rôle, car celle-ci s'était abstenue de produire ses conclusions et avait usé de manœuvres dilatoires. Pour la Cour, la Commission n'a pas cherché à faire aboutir sa requête (Requête n° 004/2011, affaire Commission africaine des droits de l'homme et des peuples c. Grande Jamahiriya Arabe Libyenne Populaire et Socialiste, arrêt du 15 mars 2013).

Les affaires portées par la CmADHP devant la Cour sont les suivantes :

[24] Article 118(3) du règlement intérieur de la Commission.

- requête n° 004/2011, affaire Commission africaine des droits de l'homme et des peuples c. Grande Jamahiriya Arabe Libyenne Populaire et Socialiste, arrêt du 15 mars 2013 ;
- requête n° 002/2013, affaire Commission africaine des droits de l'homme et des peuples c. Libye, arrêt du 3 juin 2016 ;
- requête n° 006/2012, affaire Commission africaine des droits de l'homme et des peuples c. Kenya, arrêt du 28 mai 2017.

B. L'État partie

Seuls les États qui ont ratifié le Protocole de la Cour peuvent être parties au procès devant elle. Au sens de l'article 34 du Protocole, seule la ratification ou l'adhésion ultérieure, comme acte international par lequel l'État donne son consentement à être lié, vaut engagement de celui-ci à ce qui a été décidé dans le Protocole. Cette formalité est parfaite par le dépôt des instruments de ratification ou d'adhésion auprès du Secrétaire général de l'UA[25]. C'est uniquement à partir de ce dépôt, que le Protocole est opposable à l'État concerné[26]. En conséquence, il est indispensable de ne pas attraire devant la Cour un État qui n'a pas ratifié ou adhéré à ce protocole ou qui l'a simplement signé.

Dans cette catégorie de justiciables, il faut distinguer l'État partie qui a saisi la Commission, l'État partie contre lequel une plainte a été introduite, et l'État partie dont le ressortissant est victime d'une violation des droits de l'homme.

1. L'État partie qui a saisi la Commission

Il s'agit de la saisine prévue aux articles 5(1b) du Protocole créant la Cour et 49 de la Charte africaine des droits de l'homme et des peuples. En effet, si un État partie à la Charte estime qu'un autre État a violé les droits de l'homme, il peut directement saisir la Commission d'une communication. Cette communication est adressée à son président, au secrétaire général de l'OUA et à l'État intéressé.

Cependant, ce mode de saisine est assez impopulaire, car les États sont peu enclins à saisir la Commission africaine pour dénoncer les violations à la Charte commises par d'autres États. Du 26 octobre

---

25 Article 34(2) du Protocole de la Cour. Voir également l'article 16 de la Convention de Vienne sur le droit des traités de 1969.

26 Article 34 (4) du Protocole de la Cour.

1988[27] au 18 septembre 2019[28], la CmADHP a rendu 231 décisions, dont une seule concerne une communication interétatique[29]. En effet, à la suite de cette seule communication introduite par la République démocratique du Congo (RDC), la CmADHP a décidé que le Burundi, le Rwanda et l'Ouganda devaient indemniser la RDC ainsi que les victimes d'actes de torture, de discrimination, de mauvais traitements, d'atteinte à l'intégrité et à la liberté de circulation perpétrés dans les provinces de l'Est du Congo en violation de la Charte de Banjul[30].

2. L'État partie contre lequel une requête a été introduite devant la Commission

Selon l'article 5(1c) du Protocole, l'État partie contre lequel une requête a été introduite peut également saisir la Cour. La lecture de cet article pourrait prêter à confusion. Il énonce qu'« ont qualité pour saisir la Cour [...] l'État partie contre lequel une plainte a été introduite ». Il faut se référer à l'article 33 (1c) du règlement intérieur de la Cour pour lire : « L'État partie contre lequel une plainte a été introduite devant la Commission ». Il s'agit donc de l'État qui est défendeur dans le cadre d'une communication devant la CmADHP.

Il convient de relever que sous peine d'irrecevabilité, la Cour ne saurait connaître d'une affaire réglée devant la CmADHP. De même, aucune partie ne peut introduire auprès de la Commission une communication déjà introduite auprès de la Cour, à moins que la communication n'ait été officiellement retirée[31].

3. L'État partie dont le ressortissant est victime d'une violation des droits de l'homme

Selon l'article 5(1d) du Protocole, l'État peut saisir la Cour pour défendre les intérêts de ses ressortissants dont les droits ont été lésés.

---

27 CmADHP, Communication 33/89, Simon B. Ntaka c. Lesotho, décision du 26 octobre 1988.

28 CmADHP, Communication 290/2004, Open Society Justice Intiative (au nom de Pius Njawe Noumi) c. République du Cameroun, décision du 18 septembre 2019.

29 Les 230 autres décisions concernent des affaires introduites par la voie de communications individuelles et par des ONG qui constituent pour l'ensemble 99,77 % des décisions de la Commission.

30 CmADHP, Communication 227/99 République Démocratique du Congo c. Burundi, Rwanda, Ouganda, décision du 29 mai 2003.

31 Article 123 du règlement intérieur de la CmADHP.

Par cette action directe devant la Cour, l'État exerce la protection diplomatique. Il prend à son compte la réclamation de son ressortissant contre un autre État et porte le litige au niveau international par la voie juridictionnelle.

4. L'État partie qui estime avoir un intérêt dans une affaire

Par une demande incidente, un État peut se joindre à un procès déjà engagé devant la Cour. L'État doit préciser l'intérêt d'ordre juridique qui pour lui est en cause, préciser l'objet de son intervention et spécifier toute base de compétence qui existerait entre lui et les parties. Toutefois, l'intérêt dont il s'agit doit être strictement juridique et ne se limite pas au seul lien de nationalité du ressortissant de l'État[32].

C. Les organisations internationales africaines

Les organisations intergouvernementales africaines peuvent saisir la Cour en vertu des articles 5(1e) de son Protocole et 33(1e) de son règlement intérieur. Comparée au système interaméricain, la saisine de la Cour africaine est plus large dans ce sens. L'article 61 de la Convention américaine des droits de l'homme prévoit que seuls les États parties et la CmIADH ont la qualité pour saisir la CIADH. Le système européen apparait quant à lui bien plus généreux que les deux autres, dans la mesure où, la Convention de sauvegarde des droits de l'homme et des libertés fondamentales reconnaît outre la saisine des hautes parties contractantes c'est-à-dire des États, celle des personnes physiques, de toute organisation non-gouvernementale ou celle de tout groupe de particuliers[33].

Sur la liste des organisations intergouvernementales africaines, il faut relever :

- L'Union africaine;
- L'Union du Maghreb arabe (UMA);
- La Communauté économique des États d'Afrique de l'Ouest (CEDEAO);
- L'Union économique et monétaire ouest-africaine (UEMOA);

[32] Article 53 du règlement intérieur intérimaire de la Cour africaine des droits de l'homme et des peuples.

[33] Articles 33 et 34 de la Convention de sauvegarde des droits de l'homme et des libertés fondamentales.

- La Communauté économique et monétaire d'Afrique centrale (CEMAC) ;
- La Communauté économique des États d'Afrique centrale (CEEAC) ;
- Le Marché commun de l'Afrique australe et orientale (COMESA) ;
- La Southern African Development Community (SADC);
- La Southern African Customs Union (SACU) ;
- La Communauté de l'Océan indien (COI) ;
- La Communauté de l'Afrique de l'Est (CEA).

Si la CrADHP n'a encore jamais été saisie par une organisation intergouvernementale africaine, dans deux affaires déclarées irrecevables, l'UA avait été mise en cause par les plaideurs : il s'agit des affaires Femi Falana (Requête, n° 001/2011, affaire Femi Falana c. Union africaine, arrêt du 26 juin 2012) et Atabong Denis Atemkeng (Requête n° 014/2011, affaire Atabong Denis Atemkeng c. Union africaine, décision du 15 mars 2013).

D. Les individus et les organisations non gouvernementales dotées du statut d'observateurs auprès de la commission

Il faut distinguer entre ce qui est commun et ce qui est spécifique.

1. La condition commune aux personnes physiques et aux ONG : la déclaration préalable de l'État autorisant la Cour à recevoir des requêtes individuelles

Les personnes physiques et les ONG peuvent saisir directement la Cour sous réserve de remplir la condition fixée à l'article 34(6) du Protocole de la CrADHP. La Cour ne peut recevoir une requête émanant d'un individu ou d'une ONG dotée du statut d'observateur auprès de la Commission, qu'à la condition que l'État en cause ait fait la déclaration autorisant la Cour à recevoir de cette requête. Cette déclaration facultative, rappelle l'article 36 du statut de la Cour internationale de justice qui pose la règle de la déclaration facultative de juridiction obligatoire. Pour illustrer, M. Femi Falana saisit la Cour d'une requête contre l'Union africaine dans laquelle il dénonça la violation par le Nigéria des droits de ses clients consacrés par la Charte de Banjul. Parce que la requête fût expressément dirigée contre l'UA, la Cour déclara la requête irrecevable et releva en outre que, le Nigéria n'avait pas fait la déclaration prévue à l'article 34(6) (Requête n° 001/2011, affaire Femi Falana c. Union africaine, arrêt du 26 juin 2012). Il n'est en outre pas nécessaire que l'État dont la déclaration est exigée soit l'État défendeur, il suffit juste comme dans l'espèce, qu'il soit mis en cause.

La déclaration de l'article 34(6) ne s'impose pas à l'État *ad vitam aeternam*

La déclaration de l'État au titre de l'article 34(6) peut toujours être retirée. À l'occasion d'une requête introduite par Mme Ingabire Victoire Umuhoza, le 16 mars 2016, la République du Rwanda a notifié à la Cour le dépôt de l'instrument de retrait de la déclaration qu'elle avait faite en vertu de l'article 34(6) de son Protocole. Dans sa lettre, le Rwanda demandait que tirant les conséquences de ce retrait, la Cour suspende toutes les affaires la concernant jusqu'à ce qu'une révision de la déclaration soit faite et notifiée à la Cour en temps opportun. Dans un arrêt sur le retrait du 3 juin 2016, la Cour a décidé que « le retrait par l'État défendeur de sa déclaration n'a aucun effet sur la requête en l'espèce et qu'elle continuera donc à [examiner l'affaire] » (Requête n° 003/2014, affaire Ingabire Victoire Umuhoza c. République du Rwanda, arrêt du 24 novembre 2017).

Si la déclaration de l'article 34(6) du Protocole fait l'objet de nombreuses critiques, c'est en partie parce que les personnes physiques et les ONG constituent l'essentiel des requérants devant la Cour d'une part. D'autre part, depuis sa première décision du 15 décembre 2009 dans l'affaire Michelot Yogogombaye c. République du Sénégal[34], une quinzaine d'affaires suivantes ont toutes été déclarées irrecevables parce que les États en cause n'avaient pas fait cette déclaration préalable. Sur 272 requêtes reçues par la Cour, des données offrent à l'observation ce qui suit :

---

[34] CrADHP, Requête n° 001/2008, affaire Michelot Yogogombaye c. République du Sénégal, arrêt du 15 décembre 2009.

Niveaux de saisine de la Cour par catégorie de justiciables

Catégorie de justiciables / auteurs des requêtes	Nombre de requêtes introduites devant la Cour	Statistiques en %
	… / 272 jusqu'en mars 2020	
Individus	256	94,11
ONG	12	4,41
États	0	0
Organisations internationales africaines	0	0
Commission africaine des droits de l'homme et des peuples	3	1,10

La CEDH a évolué sur le droit de recours individuel direct depuis l'entrée en vigueur, le 1er novembre 1998, du Protocole n° 11 adopté le 11 mai 1994. Ce protocole a supprimé la clause facultative d'acceptation du droit de recours individuel. Il est désormais possible pour une personne physique et une ONG de saisir directement la CEDH[35]. L'article 33 de la Convention de sauvegarde des droits et libertés fondamentales relève à cet effet que « la Cour peut être saisie d'une requête par toute personne physique, toute organisation non-gouvernementale ou tout groupe de particuliers qui se prétend victime d'une violation par l'une des Hautes Parties contractantes des droits reconnus dans la Convention ou ses protocoles. Les Hautes Parties contrac tantes s'engagent à n'entraver par aucune mesure l'exercice efficace de ce droit ».

Liste des États qui ont fait la déclaration de l'article 34(6) du Protocole de la Cour

Pays	Date de signature	Date du dépôt
1. Burkina Faso	14/07/1998	28/07/1998
2. Malawi	09/09/2008	09/10/2008

[35] Renucci J-F., *Introduction à la Convention européenne des droits de l'homme, Droits garantis et mécanismes de protection*, Strasbourg, Éditions de Conseil de l'Europe, 2005, 137 pages.

3.	Mali	05/02/2010	19/02/2010
4.	Ghana	09/02/2011	10/03/2011
5.	Tunisie	13/04/2017	29/05/2017
6.	Gambie	23/10/2018	23/11/2018

Il importe de relever qu'en l'état, la politique juridique extérieure des États africains est plutôt dégressive en ce qui concerne l'idée d'un recours individuel direct. Notons que la République du Rwanda, qui avait déposé sa déclaration le 6 février 2013, a donné notification aux fins de retrait de ladite déclaration le 29 février 2016[36]. De même, la Tanzanie qui avait déposé la sienne le 29 mars 2010, a signé l'avis de son retrait le 14 novembre 2019 et a notifié l'UA le 21 novembre. Plus récemment, le Bénin avait déposé sa déclaration le 8 février 2016, et a adressé sa lettre de retrait le 21 avril 2020. En dernière date, la Côte d'Ivoire qui avait fait sa déclaration le 23 juillet 2013, a retiré celle-ci le 29 avril 2020.

2. Pour les ONG uniquement : la qualité d'observateur auprès de la Commission

En limitant la défense judiciaire des droits de l'homme aux seules organisations privées dotées d'une véritable efficacité et d'une vocation reconnue, l'exigence de l'acquisition de la qualité d'observateur contribue à éviter que le rôle de la Cour ne soit saturé d'une multitude de requêtes peu sérieuses.

Toute organisation non-gouvernementale travaillant dans le domaine des droits de l'homme en Afrique peut acquérir le statut d'observateur auprès de la Commission africaine des droits de l'homme et des peuples. Elle est de ce fait invitée à présenter une requête documentée auprès du secrétariat de la Commission en vue de rassurer sur sa volonté ainsi que sur sa capacité à œuvrer pour la réalisation des objectifs de la Charte africaine des droits de l'homme et des peuples. Les ONG jouissant du statut d'observateur participent aux travaux de la CmADHP. Dans ce cadre, elles sont invitées à assister aux séances d'ouverture et de clôture de toutes les sessions de la Commission et peuvent avoir accès à ses documents. Par ailleurs, elles peuvent

[36] *Rapport d'activité de la Cour africaine des droits de l'homme et des peuples pour la période allant du 1er janvier au 31 décembre 2016*, Conseil exécutif, trentième session 22-27 janvier 2016, 31 pages.

expressément être invitées à assister aux séances à huis clos qui traitent d'une question qui les intéresse particulièrement, ainsi qu'à faire des déclarations sur celle-ci. Elles peuvent aussi demander l'inscription de questions d'un intérêt particulier à l'ordre du jour provisoire de la Commission. Depuis sa création en octobre 1987, 504 ONG ont obtenu le statut d'observateur auprès de la CmADHP[37].

3. Possibilité de se porter indirectement devant la Cour

Lorsqu'elle est saisie d'une communication présentant des cas de violations massives et graves des droits de l'homme, la Commission doit obligatoirement saisir la Conférence et le Conseil de Paix et de Sécurité de l'UA. Elle peut aussi saisir la Cour. Dans cette seconde hypothèse, l'individu qui a introduit cette communication sera indirectement lié à la procédure portée par la Commission devant la Cour sans que l'État en cause puisse opposer l'article 34(6) du Protocole. Il pourra s'agir également pour la Commission, de porter devant la Cour un cas d'inexécution d'une décision ou d'une mesure provisoire qu'elle a indiqué dans le cadre d'une communication introduite par un individu ou une ONG ayant le statut d'observateur.

Cette participation indirecte au contentieux permet de contourner l'obstacle de la déclaration prévue à l'article 34(6) du Protocole de la Cour. Le système interaméricain n'est pas loin d'utiliser un canal ressemblant. En effet, les particuliers n'y ont pas de *locus standi*, c'est-à-dire qu'ils n'ont aucune qualité pour saisir la CIADH ou être partie à une procédure devant elle. Cependant, nonobstant l'impossibilité d'un accès direct mentionné à l'article 61 de la Convention américaine relative aux droits de l'homme, la CIADH peut connaître de la requête d'un particulier lorsque celle-ci est portée devant elle par la CmIADH. En effet, il n'est pas possible à un individu de saisir directement la CIADH. Celui-ci doit d'abord déposer une plainte auprès de la CmIADH qui se prononcera sur la recevabilité. La CmIADH présentera généralement une liste de recommandations et une proposition d'amende à l'encontre de l'État concerné après examen de l'affaire au fond. L'affaire sera renvoyée devant la Cour uniquement si l'État ne respecte pas ces recommandations[38], ou si la Commission décide que l'affaire est d'une

---

37 Lire la résolution 361(LIX) 2016 de la Commission africaine des droits de l'homme et des peuples, à l'occasion de sa 59e session ordinaire tenue du 21 octobre au 4 novembre 2016 à Banjul, République islamique de Gambie.

38 Article 51 de la Convention américaine relative aux droits de l'homme.

importance particulière, ou qu'elle revêt un intérêt juridique spécifique.

La saisine de la CrADHP est assez sélective compte tenu de la nature des entités admises à ester devant elle. Elle s'éloigne en cela des formules larges retenues dans le cadre de la CmIADH[39], de la CmADHP, et de la CEDH[40] qui ont vocation à recevoir respectivement des pétitions, des communications, des requêtes émanant de toute personne ou groupe de particuliers, de toute organisation non-gouvernementale.

III. L'Acte de saisine

Avant d'étudier les critères de recevabilité de la requête, il convient de donner quelques précisions.

La forme de la requête

Ni le Protocole portant création de la Cour, ni le règlement intérieur n'a formulé une exigence particulière quant à la forme d'une requête. Un formulaire de demande est proposé à titre indicatif sur le site de la Cour, mais le fait de ne pas l'utiliser ne constitue pas une cause d'irrecevabilité.

Les requêtes sont transmises à la Cour selon les modes de communication les plus accessibles pour les usagers : mail, fax, poste ou en personne. En tout état de cause, la requête doit être déposée au Greffe de la Cour en un exemplaire et doit :

- être signée par la partie requérante ou son représentant;
- fournir des indications précises sur la/les partie(s) demanderesses ainsi que sur celle(s) contre laquelle/lesquelles elle est dirigée. Elle doit également comporter l'indication des noms et adresses des personnes désignées comme représentants;

---

39 Selon l'article 44 de la Convention interaméricaine des droits de l'homme : « Toute personne ou tout groupe de personnes, toute entité non-gouvernementale et légalement reconnue dans un ou plusieurs États membres de l'Organisation peuvent soumettre à la Commission des pétitions contenant des dénonciations ou plaintes relatives à une violation de la présente Convention par un État partie ».

40 D'après l'article 34 de la Convention européenne des droits de l'homme : « La Cour peut être saisie d'une requête par toute personne physique, toute organisation non-gouvernementale ou tout groupe de particuliers qui se prétend victime d'une violation par l'une des Hautes Parties contractantes des droits reconnus dans la Convention ou ses Protocoles. (...) ».

- être rédigée dans l'une des langues officielles de la Cour, et être envoyée en original au Greffe de la Cour;
- indiquer la violation alléguée et comporter la preuve de l'épuisement des voies de recours internes ou de leur prolongation anormale, ainsi que les mesures attendues ou injonctions sollicitées;
- formuler la demande en réparation le cas échéant. Il n'est pas nécessaire de se prononcer à ce stade sur le montant de la réparation ainsi que sur les preuves liées à celle-ci, qui pourront être ultérieurement soumis à la Cour[41].

Les articles 56 de la Charte et 40 du règlement intérieur de la Cour posent sept conditions de recevabilité de la requête. Pour être recevable, la requête doit :

> « 1. Indiquer l'identité de leur auteur même si celui-ci demande à la Cour de garder l'anonymat;
>
> 2. Être compatible avec l'Acte constitutif de l'Union africaine et la Charte;
>
> 3. Ne pas contenir de termes outrageants ou insultants;
>
> 4. Ne pas se limiter à rassembler exclusivement des nouvelles diffusées par les moyens de communication de masse;
>
> 5. Être postérieure à l'épuisement des recours internes s'ils existent, à moins qu'il ne soit manifeste à la Cour que la procédure de ces recours se prolonge de façon anormale;
>
> 6. Être introduite dans un délai raisonnable courant depuis l'épuisement des recours internes ou depuis la date retenue par la Cour comme faisant commencer à courir le délai de sa propre saisine;
>
> 7. Ne pas concerner des cas qui ont été réglés conformément soit aux principes de la Charte des Nations Unies, soit de l'Acte constitutif de l'Union africaine et soit des dispositions de la Charte ou de tout autre instrument juridique de l'Union africaine. »

Le caractère cumulatif des conditions de recevabilité

Dans l'affaire Rutabingwa Chrysanthe, la Cour a précisé qu'aux « termes des dispositions de l'article 56 de la Charte, les conditions de recevabilité sont cumulatives de sorte que lorsque l'une d'entre elles n'est pas remplie, c'est la requête dans son intégralité qui ne peut être recevable. » (Requête n° 022/2015, Affaire Rutabingwa

41 Articles 34 du règlement intérieur.

Chrysanthe c. République du Rwanda, arrêt du 11 mai 2018[42]). Dans cette affaire la Cour a constaté que les voies de recours internes n'avaient pas été épuisées par le requérant. Elle a conclu qu'il n'était plus nécessaire d'examiner du reste, l'autre exception d'irrecevabilité soulevée par l'État défendeur : elle a déclaré la requête irrecevable.

Il importe de relever que la requête devant la CEDH prend la forme d'un formulaire téléchargeable sur son site. Celui-ci doit être rempli et accompagné des documents pertinents. Le formulaire doit obligatoirement être envoyé par voie postale à l'adresse de ladite Cour. Les usagers disposent en outre d'un moteur de recherche SOP (*state of proceedings* / état de la procédure) leur permettant de savoir à quel stade de la procédure se trouve la requête. Le dépôt de la requête devant la CrADHP et la CEDH se fait sans frais.

A. La requête doit indiquer l'identité de leur auteur même si celui-ci demande à la cour de garder l'anonymat

Plusieurs cas de figure seront envisagés : l'identité de l'auteur et la question de l'anonymat, la pluralité d'auteurs et la relation auteur-victime.

1. L'identité de l'auteur

La requête doit obligatoirement contenir le nom de l'auteur. Néanmoins, pour des besoins de sécurité, celui-ci peut solliciter que son identité ne soit pas rendue publique et conserver l'anonymat. La Cour n'a pas encore connu une telle demande d'anonymat.

L'auteur de la requête en est le destinateur, c'est-à-dire celui dont le nom figure comme partie au procès contre le défendeur. C'est à son égard que vont être examinées les conditions de recevabilité tenant à la personne, à l'instar de la qualité pour agir. Dans le libellé « Affaire X c. État du Sénégal, ou Affaire Z c. État du Cameroun », X et Z sont les auteurs de la requête.

Dans le système européen de protection des droits de l'homme, le formulaire adressé à la CEDH doit toujours, sous peine d'irrecevabilité, indiquer le nom de son auteur. Cependant, la CEDH peut autoriser l'anonymat ou l'accorder d'office[43]. Dans le premier cas, l'auteur de la

[42] Paragraphe 47 de l'arrêt du 11 mai 2018.

[43] Article 47(4) du règlement de la CEDH.

requête qui ne désire pas que son identité soit révélée doit le préciser et fournir un exposé des raisons justifiant une dérogation à la règle normale de publicité.

2. La pluralité d'auteurs

Il peut arriver qu'en cas de pluralité d'auteurs, celui dont le nom figure à titre principal sur la requête se désiste. Les autres requérants peuvent alors demander à ce que le nom sur la requête soit remplacé sans que cela n'affecte la recevabilité de la requête. Dans l'affaire David Omary c. République-Unie de Tanzanie, la requête avait été initialement introduite sous le nom de « M. Katara Ernest et autres ». M. Katara s'étant par la suite dissocié de l'affaire, à la demande des autres requérants la Cour a modifié le nom en « Frank David Omary et autres ». Contrairement à l'objection soulevée par l'État défendeur, à l'occasion de ce changement de nom, la Cour a décidé que cette modification n'invalidait pas l'identité des nouveaux requérants (Requête n° 001/2012, affaire David Omary et autres c. République-Unie de Tanzanie, arrêt du 28 mars 2014).

3. Auteur / Victime

L'auteur peut ne pas être celui pour le compte duquel la requête est introduite. En effet, il n'est pas nécessaire que l'auteur de la requête devant la CrADHP soit la victime. Sur ce point, la Cour a suivi la jurisprudence de la CmADHP à l'occasion de plusieurs affaires : l'auteur n'a donc pas besoin de justifier d'un intérêt direct. Les difficultés matérielles et financières rencontrées par les victimes de violations des droits de l'homme ont pu fragiliser la distinction auteur-victime. Le système africain instaure de ce fait une véritable *actio popularis*.

L'article 33 du Statut de la CIADH contient une distinction similaire entre :

- les parties dont les noms doivent être indiqués d'une part ;
- le pétitionnaire original dont les nom et adresse doivent être également enregistrés ;
- les noms et adresses des victimes alléguées d'autre part.

A contrario, l'article 34 de la Convention de sauvegarde des droits et libertés fondamentales relève que « La Cour peut être saisie d'une requête par toute personne physique, toute organisation non-gouvernementale ou tout groupe de particuliers **qui se prétend victime d'une violation** par l'une des Hautes Parties contractantes des droits reconnus dans la Convention ou ses protocoles. Les Hautes Parties contractantes s'engagent à n'entraver par aucune mesure l'exercice efficace de ce droit». À la différence de la CrADHP, on ne peut saisir la CEDH pour la défense des intérêts d'autrui et l'auteur doit nécessairement être victime.

Cependant, devant la CEDH et la CrADHP, il peut s'agir de **la victime directe**, entendue comme celle qui est directement affectée par la mesure incriminée, tout comme de la **victime indirecte**, c'est-à-dire celle qui souffre d'un préjudice en contrecoup du dommage qui a frappé autrui. La CEDH ajoute par ailleurs une condition supplémentaire qui s'applique à toutes les requêtes depuis l'entrée en vigueur, le 1er juin 2010, du Protocole 14 additionnel à la Convention européenne des droits de l'homme, à savoir que : le requérant doit avoir subi un préjudice important.

Pour l'essentiel des affaires, la CrADHP est saisie de requêtes dont les auteurs sont également les victimes. C'est le cas notamment de M. Daniel Amare et de M. Mulutega Amare (Requête n° 005/2011, affaire Daniel Amare et Mulutega Amare c. la République du Mozambique et la Mozambique Airlines, arrêt du 16 juin 2011), ou encore celui de M. Efoua Mbozo'o Samuel (Requête n° 010/2011, affaire Efoua Mbozo'o Samuel c. le Parlement panafricain, arrêt du 30 septembre 2011).

Dans quelques cas, les requêtes ont été introduites par des personnes distinctes des victimes et dans l'intérêt de ces dernières. Le 28 février 2013, la Commission africaine des droits de l'homme et des peuples a introduit devant la Cour une requête, au nom de M. Saïf Al Islam Kadhafi, pour dénoncer les violations de ses droits par la Libye (Requête n° 002/2013, affaire Commission africaine des droits de l'homme et des peuples c. Libye, arrêt du 3 juin 2016). Elle a également saisi la Cour en date du 13 juillet 2012, contre la République du Kenya pour la défense des droits du peuple Ogiek (Requête n° 006/2012, affaire Commission africaine des droits de l'homme c. République du Kenya, Ordonnance du 15 mars 2013). Dans le même sens, le 12 juillet 2014, l'Action pour la Protection des Droits de l'Homme (APDH), a saisi la Cour d'une requête contre la République de Côte d'Ivoire, aux fins de dénoncer la violation des engagements de l'État dans la mise sur pied d'un organe électoral indépendant (Requête n° 001/2014, l'Action pour la Protection des Droits de l'Homme (APDH) c. République de Côte d'Ivoire, arrêt du 18 novembre 2016).

B. La requête doit être compatible avec l'Acte constitutif de l'Union Africaine et la Charte

La Cour n'a pas encore connu de cas d'irrecevabilité fondé sur le motif de l'incompatibilité de la requête à l'acte constitutif de l'UA et à la Charte.

L'Acte constitutif de l'UA, adopté le 11 juillet 2000 à Lomé, au Togo, énonce les objectifs et les principes de l'organisation aux articles 3 et 4. À la lecture de ces dispositions, une requête qui tendrait à restreindre la participation politique, à menacer la paix, la sécurité et la stabilité, à remettre en cause le respect des frontières telles qu'existant au moment des indépendances serait incompatible avec l'Acte constitutif.

Pour ce qui est de la Charte africaine des droits de l'homme et des peuples, adoptée le 27 juin 1981 à Nairobi, au Kenya, il faut rechercher la compatibilité dans la lettre de son préambule, ainsi que dans l'ensemble des droits et devoirs qu'elle consacre. Il y a donc incompatibilité lorsqu'une requête est contraire aux dispositions de la Charte. Cette exigence apparait logique dans la mesure où la Cour veille à l'application de la Charte de Banjul. C'est dans cette veine qu'en vertu de l'article 35(3a) de la Convention européenne de sauvegarde des droits et des libertés fondamentales, la CEDH déclare irrecevable toute requête qu'elle juge incompatible avec la Convention ou ses protocoles.

En tout état de cause, ce qui est incompatible avec la Charte, l'est automatiquement avec l'Acte constitutif de l'UA. En effet, au titre de l'article 3(h) de l'Acte constitutif de l'UA, l'un des objectifs de l'UA est de « promouvoir et protéger les droits de l'homme et des peuples conformément à la Charte africaine des droits de l'homme et des peuples et aux autres instruments pertinents relatifs aux droits de l'homme ».

C. La requête ne doit pas contenir des propos outrageants

La requête doit être rédigée en des termes respectueux : les parties au procès sont placées dans une situation d'adversité et non pas d'inimitié. La requête doit être dépourvue de propos injurieux et insultants. La Cour n'a pas encore eu à se prononcer sur cette question à l'occasion d'une affaire. Aussi, il faut se référer à la jurisprudence de la CmADHP qui a déclaré certaines communications irrecevables au motif qu'elles contenaient des propos jugés outrageants. La CmADHP avait conclu que « les allégations de [la Ligue Camerounaise des Droits de l'Homme] sont un ensemble de violations graves de la Charte. La communication contient en effet des termes tels que "Paul Biya doit répondre des crimes contre l'humanité", "trente années d'un régime néocolonial, criminel, incarné par le duo Ahidjo/Biya", "régime tortionnaire" et "barbarismes gouvernementaux". Il s'agit là en effet de termes insultants. ». En date du 24 avril 1997, elle a déclaré la requête irrecevable (Communication 65/92, Ligue Camerounaise des Droits de l'Homme c. Cameroun, décision du 24 avril 1997).

Le caractère outrageant ou injurieux d'un propos relève d'une appréciation complexe. Toutefois, la CmADHP opère une distinction entre :

- les critiques exprimées qui participent de la liberté d'expression ;
- et les propos qui visent intentionnellement à porter atteinte à la dignité, à la réputation ou à l'intégrité d'un fonctionnaire, d'un organe de la justice.

Devant la CEDH, les propos outrageants sont également sanctionnés d'irrecevabilité, à moins que le requérant ne présente ses excuses (CEDH, Requête n° 5964/02, affaire Chernitsyn c. Russie, arrêt du 6 avril 2006).

D. La requête ne doit pas se limiter à rassembler exclusivement des nouvelles diffusées par les moyens de communication de masse

La requête doit être rédigée avec rigueur. Elle peut s'appuyer sur les informations rapportées par voie de presse, sans s'y référer à l'exclusion de toute autre preuve. Autrement dit : une requête qui reposerait uniquement sur des faits rapportés par la presse serait irrecevable.

Dans le but d'obtenir que la requête introduite par M. David Omary et autres soit déclarée irrecevable, la République-Unie de Tanzanie avait soutenu que les faits évoqués reposaient exclusivement sur des coupures de presse. Cependant, la Cour avait noté que pour étayer les faits de violences policières dont ils avaient été victimes, les requérants avaient outre la presse, également fourni l'identité des victimes disposées à apporter la preuve par leur témoignage (Requête n° 001/2012, affaire David Omary et autres c. République-Unie de Tanzanie, arrêt du 28 mars 2014).

E. La requête doit être postérieure à l'épuisement des recours internes s'ils existent, à moins qu'il ne soit manifeste à la Cour que la procédure de ces recours se prolonge de façon anormale

L'exigence de l'épuisement des voies de recours internes obéit à un principe qui admet quelques exceptions.

1. Un principe de droit international généralement reconnu

L'épuisement préalable des voies de recours internes est une exigence faite devant la CIADH, notamment en vertu de l'article 46 (1a) de la Convention interaméricaine des droits de l'homme. Par ailleurs, selon l'article 35 de la Convention européenne de sauvegarde des droits et libertés fondamentales : « La [Cour européenne des droits de l'homme] ne peut être saisie qu'après l'épuisement des voies de recours internes, tel qu'il est entendu selon les principes de droit international généralement reconnus (…) ». Selon une jurisprudence constante de la CEDH : « Les États n'ont pas à répondre de leurs actes devant un organisme international avant d'avoir eu la possibilité de redresser la situation dans leur ordre juridique interne. Les personnes désireuses de se prévaloir de la compétence de contrôle de la Cour relativement à des griefs dirigés contre un État ont donc l'obligation d'utiliser auparavant les recours qu'offre le système juridique de celui-ci » (CEDH, Requête n° 42219/07, affaire Răzvan Mihai Gherghina c. la Roumanie, arrêt du 9 juillet 2015)[44].

L'épuisement des voies de recours internes est une obligation qui s'impose au requérant et non une option. Dans l'affaire Peter Joseph Chacha devant la CrADHP, le requérant avait volontairement refusé d'attaquer les décisions rendues par la Haute Cour de Tanzanie devant la Cour suprême d'appel. Dans cette affaire, la CrADHP avait sanctionné la requête d'irrecevabilité et rappelé que l'épuisement des voies de recours internes est une exigence du droit international et non une question de choix (Requête n° 003/2012, affaire Peter Joseph Chacha c. République-Unie de Tanzanie, arrêt du 28 mars 2014).

[44] Voir le paragraphe 84 de l'arrêt du 9 juillet 2015.

2. Un principe qui ne s'applique qu'aux recours juridictionnels présentant certaines caractéristiques

En premier lieu, la CrADHP considère que l'exigence de l'épuisement des voies de recours internes se rapporte aux recours judiciaires, à l'exclusion des règlements de nature politique et de l'arbitrage. L'article 47 (2a) de la Convention interaméricaine des droits de l'homme va dans le même sens, et vise également l'épuisement des voies de recours judiciaires internes avant la saisine de la CIADH.

En deuxième lieu, devant la CrADHP, les recours judiciaires dont il s'agit portent sur les voies de recours ordinaires, à l'exclusion des voies de recours extraordinaires. C'est en vertu de cela que la Cour a décidé que l'exercice possible d'un recours en révision et d'un recours en inconstitutionnalité ne s'imposait pas au requérant, car il s'agissait de voies de recours extraordinaires (Requête n° 011/2015, affaire Christopher Jonas c. République-Unie de Tanzanie, arrêt du 28 septembre 2017).

En troisième lieu, il doit s'agir de recours juridictionnels présentant des critères d'effectivité, de disponibilité et d'efficacité. Si pour la Cour, un recours est disponible lorsque le demandeur peut poursuivre une action sans aucune entrave, son efficacité se mesure à sa capacité à remédier à la situation dont se plaint celui ou celle qui l'exerce (Requête n° 002/2013, affaire Commission africaine des droits de l'homme et des peuples c. Libye, arrêt du 3 juin 2016). Toutefois, si les critères d'effectivité et de disponibilité des recours judiciaires internes se retrouvent également à l'article 46(2a et b) de la Convention interaméricaine des droits de l'homme, l'exigence de l'épuisement des recours n'est plus justifiée lorsqu'il n'existe au sein de l'État aucune procédure judiciaire ouverte pour la protection des droits concernés, ou que l'individu présumé lésé s'en est vu refusé l'accès ou a été mis dans l'impossibilité de les épuiser. La CIADH s'est à l'occasion exprimée comme suit : « La règle de l'épuisement préalable des voies de recours internes aux termes du droit international des droits de l'homme a certaines implications qui sont présentes dans la Convention. Aux termes de la Convention, les États parties à celle-ci sont tenus de mettre à la disposition des victimes de violation des droits de la personne des recours effectifs (art. 25), des recours qui doivent être conformes aux garanties d'une procédure régulière (art. 8.1), et cela afin de respecter l'obligation générale qui leur est faite de garantir le libre et plein exercice des droits reconnus dans la Convention à toute personne relevant de leur compétence (art. 1). En conséquence, lorsqu'on invoque certaines exceptions à la règle de l'épuisement des recours internes, et notamment l'inefficacité de ces recours ou l'absence de garanties d'une procédure régulière, non seulement on allègue que la victime n'est pas obligée d'utiliser ces voies de recours mais indirectement que l'État concerné est accusé d'une nouvelle violation des obligations qu'il a assumées au titre de la Convention »[45].

Quatrièmement, dans l'hypothèse où les procédures nationales se prolongent de façon anormale, la CrADHP peut dispenser le requérant de l'exigence d'épuiser les voies de recours internes. La position de la Cour est assez relative dans ces cas. En effet, en l'absence d'un délai fixe pour sa saisine, la Cour considère que « l'appréciation du caractère normal ou anormal de la durée de la procédure relative aux recours internes doit, en effet, être effectuée au cas par cas, en fonction des circonstances propres à chaque affaire » (CrADHP, Requête n° 040/2016, affaire Miriam Kouma et Ousmane Diabaté c. République du Mali, arrêt du 21 mars 2018). La complexité de l'affaire, la coopération des parties, les lenteurs dues à l'administration de la justice nationale, sont autant de causes que la Cour apprécie pour décider du caractère anormal de la durée des procédures internes. Dans l'affaire Miriam Kouma précitée, la Cour a imputé à la requérante, les complications qui ont entrainé un prolongement du délai de traitement de l'affaire devant les juridictions nationales. En l'espèce, le procès en instance avait été suspendu à la demande des parties civiles dans l'attente de la production des pièces médicales qui devaient permettre au juge d'évaluer le préjudice et se prononcer sur les intérêts civils. Cette suspension a duré deux ans et deux mois en vue de la production de ces documents. La Cour a déclaré que cette prolongation anormale n'exonérait pas les parties de l'exigence d'épuiser les recours internes, car ces délais ont été prolongés par leur faute. La Cour a déclaré à cette occasion que « la célérité d'une procédure exige une coopération nécessaire des parties au procès pour éviter des retards indus ».

Dans une autre affaire cependant, il avait fallu huit ans et trois mois à M. Alex Thomas pour déposer son recours en appel. Ce retard excessif était dû au fait que la Haute Cour de Tanzanie refusait de lui communiquer les comptes-rendus d'audience indispensables pour interjeter appel. Dans ce cas, la Cour avait considéré que le prolongement anormal de la procédure justifiait le non-épuisement des voies de

---

45 CIADH, affaire Velasquez Rodriguez, jugement sur les exceptions préliminaires du 26 juin 1987, *Annuaire interaméricain des droits de l'homme*, pp. 808-810, § 92-93.

recours internes (CrADHP, Requête n° 005/2015, affaire Alex Thomas c. République-Unie de Tanzanie, arrêt du 20 novembre 2015).

F. La requête doit être introduite dans un délai raisonnable courant depuis l'épuisement des recours internes ou depuis la date retenue par la Cour comme faisant commencer à courir le délai de sa propre saisine

La position de la CrADHP sur la question du délai est assez singulière. D'une part, elle diffère de celle de la CmADHP qui a décidé que le délai est de six mois courant à partir de l'épuisement des voies de recours internes, c'est-à-dire à la date de la décision interne définitive. Le délai de six mois relève de l'interprétation que la CmADHP fait de l'article 56(6) de la Charte de Banjul qui désigne « un délai raisonnable » sans aucune autre précision. Cette fixation à six mois a certainement été inspirée par les systèmes interaméricain et européen de protection des droits de l'homme. En effet, en vertu de l'article 46 (1b) de la Convention interaméricaine des droits de l'homme, le délai de saisine de la CmIADH est aussi de six mois à compter de la date à laquelle l'individu présumé lésé de ses droits a pris connaissance de la décision définitive. Ce délai est également celui fixé à l'article 35 (1) de la Convention européenne de sauvegarde des droits de l'homme et des libertés fondamentales pour laquelle : « La Cour ne peut être saisie qu'après l'épuisement des voies de recours internes, tel qu'il est entendu selon les principes de droit international généralement reconnus, et dans un délai de six mois à partir de la date de la décision interne définitive ».

Toutefois, si les conditions de l'article 46(2) de la Convention interaméricaine sont réunies, à savoir que la législation de l'État n'offre aucun recours judiciaire pour la protection des droits concernés, ou que la personne présumée victime a été empêchée d'y accéder ou que les procédures judiciaires nationales se sont prolongées de façon injustifiée, le délai de six mois n'est plus opposable au requérant. Il serait opportun de relever qu'au moment de l'entrée en vigueur du Protocole additionnel n° 15 à la Convention européenne des droits de l'homme, adopté le 23 juin 2013, le délai de saisine de la CEDH sera porté de six à quatre mois après la décision nationale devenue définitive.

D'autre part, la CrADHP considère quant à elle que « le caractère raisonnable du délai pour sa saisine dépend des circonstances particulières de chaque affaire, et doit être apprécié u cas par cas » (Requête n° 005/2015, affaire Alex Thomas c. République-Unie de Tanzanie, arrêt du 20 novembre 2015). Elle a par exemple admis une requête introduite près d'un an après la décision de la Cour d'appel de Tanzanie, la plus haute instance judiciaire tanzanienne (Requête n° 009 & 011/2011, affaire Tanganyika Law Society et the Legal and Human Right Centre et Révérend Christopher r. Mtikila c. République-Unie de Tanzanie, arrêt du 14 juin 2013). Dans le même sens, la Cour a considéré que des circonstances particulières telles que l'indigence du requérant, son incarcération et le fait qu'il soit une personne ordinaire ne maîtrisant pas le droit, sont des réalités qui justifient qu'elle reçoive une requête introduite après trois ans et cinq mois (Requête n° 005/2015, affaire Alex Thomas c. République-Unie de Tanzanie, arrêt du 20 novembre 2015).

Par ailleurs, il peut arriver que le point de départ pour la computation du délai de saisine de la CrADHP ne soit pas le jour de la décision interne devenue définitive. En effet, lorsque l'État défendeur a fait la déclaration prévue à l'article 34(6) du Protocole de la Cour après la date à laquelle le requérant a épuisé les voies de recours internes, la Cour considère que le délai de sa saisine s'apprécie à compter de la déclaration de l'État. Dans un arrêt du 20 mars 2015, la Cour a retenu la date à laquelle la République-Unie de Tanzanie avait fait la déclaration autorisant la Cour à recevoir des requêtes individuelles, comme point de départ pour apprécier le délai de sa saisine, c'est-à-dire le 29 mars 2010. En raisonnant de la sorte, la CrADHP a volontairement écarté la date du 29 mars 2009 à laquelle la décision de la Cour d'appel de Tanzanie était devenue définitive, car cette dernière date était antérieure à celle à laquelle l'État défendeur avait fait la déclaration de l'article 34(6) (Requête n° 005/2015, affaire Alex Thomas c. République-Unie de Tanzanie, arrêt du 20 novembre 2015).

G. La requête ne doit pas concerner des cas qui ont été réglés conformément soit aux principes de la Charte des Nations Unies, soit de l'Acte constitutif de l'Union Africaine et soit des dispositions de la Charte ou de tout autre instrument juridique de l'Union Africaine

Dans un arrêt du 22 mars 2018, la Cour africaine a déclaré la requête irrecevable au motif que l'affaire introduite le 11 juillet 2016 par M. Jean-Claude Roger Gombert, avait déjà été réglée devant la Cour de justice de la CEDEAO conformément à l'article 56(7) de la Charte de Banjul (Requête n° 038/2016, affaire Jean-Claude Roger Gombert, arrêt du 22 mars 2018). Pour en arriver à cette conclusion, la Cour a fait un double constat :

- **Tout d'abord elle a constaté le «règlement» de l'affaire.** Selon la Cour, une affaire est réglée au sens de l'article 56(7) de la Charte lorsqu'il y a :
  - **identité des parties;**
  - **identité des demandes** : la Cour a déclaré à ce sujet que «l'identité des prétentions s'entend également de leur caractère additionnel, alternatif ou découlant d'une prétention examinée dans une cause précédente.» (Requête n° 038/2016, affaire Jean-Claude Roger Gombert, arrêt du 22 mars 2018) ;
  - **existence d'une première décision sur le fond.** Dans l'affaire Jean-Claude Gombert portée devant elle, la CrADHP a noté que la Cour de justice de la CEDEAO avait déjà rendu deux arrêts (le 24 avril 2015 et le 17 mai 2016) sur le fond de la même affaire.
- **Ensuite, elle a constaté que l'affaire réglée, l'avait été «conformément aux principes évoqués à l'article 56(7)» de la Charte.**

De façon non exhaustive, l'article 56 (7) de la Charte prévoit au moins quatre catégories d'instruments en conformité desquels l'affaire doit être réglée. Il s'agit : de la Charte des Nations Unies, de l'Acte constitutif de l'UA, des dispositions de la Charte de Banjul, et tout autre instrument juridique de l'UA. Dans l'affaire Jean-Claude Gombert, la Cour a observé que la Cour de justice de la CEDEAO s'était prononcée sur les droits consacrés par la Charte de Banjul, concernant notamment : l'égalité devant la justice, le procès équitable et l'impartialité de la justice conformément à son article 7 ; l'égalité devant la loi prévue à son article 3 ; et le recours effectif devant les juridictions nationales, en application son article 7(1) (Requête n° 038/2016, affaire Jean-Claude Roger Gombert c. République de Côte d'Ivoire, arrêt du 22 mars 2018).

En son article 35(2b), la Convention de sauvegarde des droits de l'homme et des libertés fondamentales sanctionne également la requête d'irrecevabilité, lorsque ladite requête est essentiellement la même qu'une autre requête précédemment examinée par la CEDH ou déjà soumise à une autre instance internationale d'enquête ou de règlement et si elle ne contient pas de faits nouveaux. La CEDH a d'ailleurs déclaré ce qui suit : « En ce qu'il fait obstacle à l'examen par la Cour d'une requête qui serait essentiellement la même qu'une autre précédemment tranchée, le critère de recevabilité énoncé dans la première branche de l'article 35 (2b) de la Convention vise à garantir le caractère définitif des arrêts et décisions de la Cour et à empêcher les requérants, par l'introduction d'une nouvelle requête, de chercher à former un recours contre des décisions ou arrêts antérieurs de celle-ci » (CEDH, Requête n° 71537/14, affaire Phillip Harkins c. Royaume-Uni, décision du 15 juin 2017[46]). Cette règle englobe par ailleurs les affaires pour lesquelles les requêtes ont été rayées du rôle à la suite d'un règlement amiable. En tout état de cause, la CEDH vérifie si les requêtes dont elle est saisie ont trait essentiellement à la même personne, aux mêmes faits et aux mêmes griefs. Cependant, si la requête précédente n'a jamais été l'objet d'une décision formelle, elle ne saurait faire obstacle à l'examen par la CEDH de la requête récente.

La nécessité d'éviter des contrariétés des décisions à l'échelle internationale se retrouve également au sein de la Convention interaméricaine des droits de l'homme qui exige en son article 46 (1c), que l'objet de la pétition ou communication devant la CmIADH ne soit pas en cours d'examen devant une autre instance internationale.

IV. La procédure contentieuse

Il faut distinguer la phase écrite, de la phase orale.

A. La phase écrite

La requête est introduite sous la forme d'une lettre adressée au greffe de la Cour. Elle peut être introduite par mail, fax, poste ou en personne. Le greffier en accuse réception, puis informe le requérant que celle-ci est enregistrée et indique la référence. Par exemple : requête n° 009/2011.

1. La Cour procède à quelques vérifications

Une fois la requête soumise à la Cour, le greffe peut inviter le requérant à fournir la preuve que la requête remplit les conditions prescrites à l'article 34 du règlement intérieur de la Cour. Par ce procédé, le greffe attire l'attention du requérant sur les conditions relatives à

46 Voir le paragraphe 41 de la décision du 15 juin 2017.

l'introduction de l'instance, notamment lorsque sa requête présente quelques insuffisances. À la lecture de l'article 34 :

> « 1. Le requérant dépose au greffe de la Cour, en un (1) exemplaire, une requête contenant le résumé des faits de l'affaire ainsi que les éléments de preuve qu'il a l'intention de produire.
>
> La requête est signée par la partie requérante ou par son représentant.
>
> Le Greffe en accuse réception.
>
> 2. Toute requête adressée à la Cour doit fournir des indications précises sur la/les partie(s) demanderesses ainsi que sur celle(s) contre laquelle/lesquelles elle est dirigée. Elle doit également comporter l'indication des noms et adresses des personnes désignées comme représentants.
>
> 3. La requête doit être rédigée dans l'une des langues officielles de la Cour et être envoyée en original au greffe de la Cour.
>
> 4. La requête doit indiquer la violation alléguée et comporter la preuve de l'épuisement des voies de recours internes ou de leur prolongation anormale, ainsi que les mesures attendues ou injonctions sollicitées. Les requêtes émanant d'individus et d'organisations non-gouvernementales doivent remplir les autres conditions de recevabilité prévues par l'article 56 de la Charte et l'article 40 du présent règlement.
>
> 5. Tout requérant qui, en son nom ou au nom de la victime, souhaite obtenir une réparation au titre de l'article 27 (1) du Protocole, formule sa demande de réparation dans la requête, en conformité avec le paragraphe 4 ci-dessus. Le montant de la réparation et les éléments de preuve y relatifs peuvent être soumis ultérieurement dans un délai que la Cour détermine.
>
> 6. Le greffier procède à la signification de la requête à l'autre partie par lettre recommandée accompagnée d'une demande d'accusé de réception. »

Au besoin, la Cour peut solliciter des informations supplémentaires permettant d'apprécier la cause. Elle peut par exemple demander au greffe de vérifier auprès du requérant, la preuve de l'épuisement des voies de recours internes. Ainsi, elle impartit un délai au requérant pour lui fournir les documents y relatifs et le greffe en informe ce dernier. Lorsque la requête émane d'une ONG par exemple, la Cour invite le greffier à s'assurer auprès de la Commission africaine des droits de l'homme et des peuples que celle-ci a le statut d'observateur. Le greffier saisit le secrétariat exécutif de la Commission pour vérification selon les instructions de la Cour. C'est seulement si ce statut est confirmé que la requête sera communiquée au défendeur.

2. La Communication de la requête au défendeur

Le greffe communique la requête au défendeur[47] avec une copie du dossier. À cet effet, il l'invite à indiquer les noms de ses représentants dans un délai de trente jours[48]. Le greffe lui impartit par ailleurs un délai de soixante jours pour répondre à la requête. Selon l'article 37 du règlement intérieur : « L'État défendeur répond à la requête dont il fait l'objet dans un délai de soixante (60) jours qui pourrait être prorogé par la Cour, s'il y a lieu. ». La Cour est assez flexible sur les délais de réponse.

En outre, le greffier informe le Président de la Commission de l'UA du dépôt de la requête et par l'intermédiaire de celui-ci, le Conseil exécutif de l'UA, ainsi que tous les autres États parties. Les requêtes aux fins d'intervention, s'il y a lieu, peuvent être déposées au plus tard avant la fin de la procédure écrite[49].

Le défendeur dépose sa réponse dans le délai fixé par la Cour. Le greffe transmet la copie au requérant et l'invite à déposer ses conclusions en réponse. À l'issue d'un jeu d'échanges des conclusions entre les parties, la Cour décide de la clôture de la procédure écrite. Il n'existe pas un nombre déterminé d'échanges des conclusions entre les parties. La clôture de cette phase écrite relève de l'appréciation de la Cour.

B. La procédure orale

Plusieurs remarques doivent être faites.

1. Elle n'est pas obligatoire

« Par lettre en date du 11 avril 2017, les Parties ont été informées de la décision de la Cour de clôturer la procédure écrite. La Cour n'a pas jugé nécessaire de tenir une audience publique » (Requête n° 002/2017, affaire Mohamed Abubakari c. République-Unie de Tanzanie, arrêt du 28 septembre 2017). La procédure orale n'est pas obligatoire. Dans l'affaire Frank Omary et autres c. République-Unie de

---

47 Article 35 (2) (a) du règlement intérieur.

48 Article 35 (4) (a) du règlement intérieur.

49 Article 53 (1) du règlement intérieur.

Tanzanie également, l'affaire n'a donné lieu qu'à une procédure écrite (Requête n° 001/2012, affaire Frank David Omary et autres c. République-Unie de Tanzanie, arrêt du 28 mars 2014). La procédure devant la CEDH est essentiellement écrite, et dans la majeure partie des cas, aucune audience n'est tenue.

2. Le contenu de la procédure orale

Si elle l'estime nécessaire, la Cour peut proposer une date pour la tenue de l'audience publique et informe les parties par le truchement du greffe. À ce niveau également, la Cour fait montre d'une grande souplesse dans l'appréciation des délais. Elle demande aux parties de confirmer leur disponibilité et d'indiquer si les dates proposées leur conviennent. À cette occasion, le greffier demande aux parties soit de confirmer, soit d'indiquer les noms de leurs représentants ainsi que les noms des témoins ou des experts, le cas échéant, qu'ils ont l'intention de citer à la barre durant l'audience publique.

Au cours des audiences publiques qui se tiennent au siège de la Cour, les parties ont la possibilité de présenter leurs observations orales tant sur les exceptions préliminaires que sur le fond, tandis que les membres de la Cour peuvent également leur poser des questions. Le président ou le juge qui le remplace dirige les débats.

La Cour peut, soit d'office, soit à la demande d'une partie, ou le cas échéant, des représentants de la Commission de l'UA, se procurer tous les éléments de preuve qu'elle estime aptes à l'éclairer sur les faits de la cause. Elle peut notamment décider d'entendre en qualité de témoin ou d'expert, ou à un autre titre, toute personne dont les dépositions, dires ou déclarations lui paraissent utiles à l'accomplissement de sa tâche.

Elle peut demander à toute personne ou institution de son choix de recueillir des informations, exprimer un avis ou lui faire un rapport, sur un point déterminé. La Cour a sollicité l'avis de la Commission de l'UA et de l'Institut africain de droit international sur le point de savoir si la Charte africaine sur la démocratie est un instrument relatif aux droits de l'homme au sens de l'article 3 du Protocole (Requête n° 001/2014, affaire Actions pour la Promotion des Droits de l'Homme c. la République de Côte d'Ivoire, arrêt du 16 novembre 2016). La Cour peut en tout état de cause charger un ou plusieurs de ses membres de procéder à une enquête, à une visite des lieux ou à une autre mesure d'instruction.

Le greffe transmet aux parties le compte-rendu *in extenso* des audiences publiques, à charge pour celles-ci de formuler leurs observations éventuelles dans un délai qu'il détermine. Le compte-rendu corrigé est signé par le Président et le greffier.

3. Publicité / huis clos

La Cour examine les affaires en audience publique. À la demande d'une partie ou de sa propre initiative, elle peut déroger au principe de la publicité de l'audience. En vertu de l'article 43 de son règlement intérieur, le huis clos est alors ordonné pour des besoins de moralité, de sécurité et d'ordre public.

La pratique du huis clos se retrouve dans le système européen. Cependant, la publicité qui y est le principe peut n'avoir pas cours en cas de circonstances exceptionnelles et à la demande d'une partie, de toute autre personne intéressée ou d'office par la CEDH[50].

L'article 14 du règlement de la CIADH n'utilise le terme « huis clos » que dans le seul cas des délibérations devant la Cour interaméricaine. Aussi, le texte semble s'être réservé une autre forme d'exception au principe de la publicité des débats à l'audience. Autrement dit, quand les circonstances exceptionnelles le justifient, la CIADH tient des audiences privées ou hors siège et désigne à cette occasion les personnes qui peuvent y assister.

V. Schéma du raisonnement de la Cour en vue de l'arrêt

En vue de régler le différend porté par la requête, la Cour suit une certaine logique.

A. Examen prima facie et rejet de la requête manifestement non fondée

Une fois que le défendeur a communiqué sa réponse dans les délais, la Cour peut, sans devoir citer les parties à comparaître, conclure que la requête ne repose sur aucun fondement : celle-ci est dite « manifestement non fondée »[51]. Cette posture de la Cour est assez curieuse, car

---

50 Article 63 du règlement de la CEDH.

51 Article 38 du règlement intérieur.

il ne s'agit ni d'une décision sur la compétence, ni sur la recevabilité. Il ne s'agit pas non plus d'une décision classique sur le fond de l'affaire, laquelle relève d'un examen auquel la Cour ne procèdera pas si elle en vient à la conclusion que la requête est manifestement non fondée. En l'état, la CrADHP n'a pas encore rendu une telle décision, et il est difficile de dresser un répertoire de raisons susceptibles de faire déclarer une requête manifestement non fondée.

L'article 35 (3a) de la Convention européenne des droits de l'homme, utilise le terme « manifestement mal fondée », et le sort réservé à une telle requête est, ici, l'irrecevabilité. Au sens de la CEDH, serait manifestement mal fondé : « toute requête qui, à la suite d'un examen préliminaire de son contenu matériel, ne révèle aucune apparence de violation des droits garantis par la Convention, de sorte que l'on peut la déclarer irrecevable d'emblée, sans passer au stade formel de l'examen du fond de l'affaire »[52]. Il s'agit donc d'un examen *prima facie* de la requête, qui porte sur le fond et pour lequel la Cour peut par moment solliciter les observations des parties et procéder à un examen long et minutieux du dossier. Le caractère manifestement mal fondé peut porter sur toute la requête ou ne se rapporter qu'à un ou plusieurs griefs. De nombreux cas sont recensés à la lumière des décisions de la CEDH. C'est le cas :

— lorsque le grief qui remplit pourtant toutes les autres conditions de recevabilité, ne comporte aucune apparence de violation des droits garantis par la Convention, c'est-à-dire aucune apparence d'arbitraire ou d'iniquité, ni aucune apparence de disproportion entre les buts et les moyens ou lorsqu'il existe une jurisprudence abondante et constante de la CEDH sur des affaires identiques ou similaires permettant de conclure l'absence de violation en l'espèce ;

— lorsque le grief n'est pas étayé de justificatifs qui, au sens de l'article 47 du règlement intérieur de la CEDH, doivent accompagner le formulaire qui tient lieu de requête. Il peut s'agir de l'exposé concis et lisible des faits et des violations alléguées. Dans une affaire par exemple, le requérant s'est contenté d'alléguer la violation de sa liberté d'expression, de réunion et d'association, en invoquant simplement les articles 4(1), 6(1) et 3 (a) et (d), 10, 11, 13, 14 et 17 de la Convention européenne des droits de l'homme, sans expliquer en quoi ses droits avaient été enfreints. À l'issue de l'examen de cette affaire, la CEDH a déclaré que : « Compte tenu de l'ensemble des éléments en

[52] *Guide pratique sur la recevabilité*, Conseil de l'Europe / Cour européenne des droits de l'homme, 2018, 94 pages, p. 60.

sa possession, et dans la mesure où elle est compétente pour connaître des allégations formulées, elle n'a relevé aucune apparence de violation des droits et libertés garantis par la Convention ou ses Protocoles. Il s'ensuit que cette partie de la requête est manifestement mal fondée et doit être rejetée en application de l'article 35 §§ 3 et 4 de la Convention. » (CEDH, requête n° 4241/03, affaire Yekaterina Afanasyevna Trofimchuk c. Ukraine, décision du 31 mai 2005).

B. Examen préliminaire de la compétence

En tout état de cause, la CrADHP procède dans cet ordre : « (...) à un examen préliminaire de sa compétence et des conditions de recevabilité de la requête telles que prévues par les articles 50 et 56 de la Charte et l'article 40 du [règlement intérieur] »[53]. La Cour statue sur sa compétence et se prononce sur les exceptions préliminaires soulevées par le défendeur à cet effet. Par exemple : Si le défendeur est un État dans le cadre d'une requête introduite par un individu, il peut soutenir que la Cour n'a pas la compétence personnelle et pour cause, il peut faire valoir qu'il n'a pas fait la déclaration de l'article 34(6) du Protocole autorisant la Cour à recevoir les requêtes émanant des individus. Dans sa décision du 15 mars 2003, la Cour s'est déclarée incompétente pour connaître de la requête introduite par M. Atabong Denis Atemnkeng au motif que le défendeur, en la personne de l'UA, n'était pas un État partie au Protocole de la Cour (Requête n° 014/2011, affaire Atabong Denis Atemkeng c. Union africaine, décision du 15 mars 2013). L'examen des exceptions préliminaires sur la compétence prime sur celui des autres éléments de compétence qui ne sont pas discutés entre les parties.

Il est rarement arrivé que la Cour procède à un examen de la recevabilité, avant celui de sa compétence. Cela a été le cas de l'arrêt du 14 juin 2013 (Requêtes n° 009/2011 et n° 011/2011, affaires jointes Tanganyika Law Society, the Legal and Human Rights Centre c. République-Unie de Tanzanie et Révérend Christopher Mtikila c. République-Unie de Tanzanie, arrêt du 14 juin 2013). Dans cet arrêt, la décision de la Cour sur l'exception d'incompétence intervient à partir du paragraphe 84 de l'arrêt, tandis que celle concernant la recevabilité va du paragraphe 82 au paragraphe 83.

---

[53] Article 39 (1) du règlement intérieur.

C. Examen préliminaire de la recevabilité

Ensuite, et si la Cour s'est déclarée compétente, elle statue sur la recevabilité de la requête. Elle se prononce sur les exceptions préliminaires de recevabilité lorsqu'elles ont été formulées. « La Cour statue sur la recevabilité des requêtes en tenant compte des dispositions énoncées à l'article 56 de la Charte [africaine des droits de l'homme et des peuples] »[54].

Les conditions de recevabilité ont été énoncées plus haut et concernent : l'identité de l'auteur de la requête, la compatibilité de celle-ci à l'acte constitutif de l'UA et à la Charte de Banjul, le contenu outrageant de la requête, la preuve des faits évoqués sur la base des rapports de presse, l'épuisement des voies de recours internes, le délai raisonnable de saisine de la Cour, le règlement de l'affaire par une autre instance. À titre de rappel, la Cour a par exemple considéré, pour ce qui est de la 5e condition, que l'exigence de l'épuisement des voies de recours internes se rapporte aux recours juridictionnels à condition qu'ils soient effectifs, disponibles et efficaces (Requête n° 002/2013, affaire Commission africaine des droits de l'homme et des peuples c. Libye, arrêt du 3 juin 2016). Relativement à la 6e condition posée à l'article 56 de la Charte, la Cour a considéré que « le caractère raisonnable du délai de sa saisine dépend des circonstances particulières de chaque affaire, et doit être apprécié au cas par cas » (Requête n° 005/2015, affaire Alex Thomas c. République-Unie de Tanzanie, arrêt du 20 novembre 2015).

Ce qu'il importe de retenir est que la Cour examine souvent sa compétence et sa recevabilité même lorsque celles-ci ne donnent pas lieu à discussion entre les parties.

D. Examen au fond

Si elle déclare l'affaire recevable, la Cour statue sur le fond. Elle examine les violations des droits alléguées par le requérant. Elle confronte les éléments de faits rapportés par les parties et les éléments de droit.

Dans les faits, la requête peut renvoyer à la violation des normes de droit interne. Dans une affaire, le requérant avait soutenu la violation de son droit à représentation et avait visé plusieurs articles du Code de procédure pénale. Le défendeur avait quant à lui fait valoir que

---

54 Article 6(2) du Protocole de la Cour.

la violation alléguée portait sur les normes de droit interne et que de ce fait, la requête était incompatible avec l'Acte constitutif de l'UA ou avec la Charte africaine tel que le prescrit l'article 56(2) de la Charte. Dans cette affaire, la Cour a considéré que «le fait de ne pas citer expressément la Charte dans une requête ne signifie pas nécessairement qu'elle n'a pas compétence pour connaître de l'affaire. Il suffit que ces droits dont la violation est alléguée soient inscrits dans la Charte ou dans tout autre instrument relatif aux droits de l'homme et ratifié par l'État concerné» (Requête n° 001/2012, affaire Frank David Omary et autres c. République-Unie de Tanzanie, arrêt du 28 mars 2014).

1. La Cour convoque ses propres décisions et/ou arrêts au titre d'une jurisprudence constante

Dans la construction d'une solution juridique, la Cour n'hésite pas à se référer à sa propre jurisprudence. Au paragraphe 35 d'un arrêt du 28 septembre 2017 par exemple, elle a cité un arrêt antérieur rendu dans l'affaire Peter Chacha c. République-Unie de Tanzanie : «Tant que la violation alléguée porte sur des droits protégés par la Charte ou tout autre instrument de droits de l'homme ratifié par l'État concerné, la Cour peut exercer sa compétence sur la question» (Requête n° 003/2015, affaire Kennedy Owino Onyachi et Charles John Njoka Mwanini c. République-Unie de Tanzanie, arrêt du 28 septembre 2017).

Au paragraphe 33 de son arrêt du 23 mars 2018 (Requête n° 006/2015, affaire Nguza Vinking et Johnson Nguza c. République-Unie de Tanzanie, arrêt du 23 mars 2018), la Cour s'est également référée à la décision qu'elle avait prise dans l'affaire Ernest Francis Mtingwi c. République du Malawi dans laquelle elle avait conclu : «[qu'elle] n'a pas compétence d'appel pour recevoir et examiner des recours portant sur des questions tranchées par les juridictions internes, régionales ou par d'autres Cours».

2. La Cour se réfère aux décisions d'autres instances

La Cour s'inspire des décisions d'autres organes de protection des droits de l'homme. À titre d'exemple :

La CEDH :

Après avoir observé que la République de Côte d'Ivoire était partie à la Charte africaine sur la démocratie et au Protocole de la CEDEAO sur la démocratie, la Cour a conclu que cet État était tenu de respecter ces conventions et de créer des organes électoraux indépendants et impartiaux. Au paragraphe 64 de son arrêt du 18 novembre 2016, la Cour s'est notamment rapportée au raisonnement similaire de la CEDH, dans une interprétation de l'article 3 du Protocole n° 1 de la Convention européenne des droits de l'homme (Requête n° 001/2014, affaire Actions pour la Protection des Droits de l'Homme c. République de Côte d'Ivoire, arrêt du 18 novembre 2016).

Au paragraphe 51 de son arrêt du 11 mai 2018 (Requête n° 046/2016, affaire Association pour le Progrès et la Défense des Droits des Femmes (ADPF) et Institute for Human Rights and Development in Africa (IHRDA) c. République du Mali, arrêt du 11 mai 2018), la Cour a suivi le raisonnement de la CEDH afin de déterminer le point de départ pour la computation du délai raisonnable pour le dépôt de la requête. La Cour l'a cité comme suit : «Lorsque le Requérant ne dispose d'aucun recours effectif, le délai prend naissance à la date des actes ou mesures dénoncés ou à la date à laquelle le requérant en prend connaissance ou en ressent les effets ou le préjudice» (CEDH, Requête n° 76573/01, affaire Dennis et autres c. Royaume-Uni, arrêt du 2 juillet 2002, page 6).

La Cour s'est inspirée de l'arrêt du 10 juillet 2001 rendu par la CEDH dans l'affaire Prince c. Royaume-Uni, pour arriver à la conclusion que «que le retard dans la procédure en appel (...) n'équivaut pas à un traitement cruel, inhumain ou dégradant, car ce retard ne correspond pas aux critères de sévérité d'intention, et de sévère humiliation requis par les définitions acceptées dans la jurisprudence», et la Cour ajoute «même s'il peut avoir causé l'angoisse mentale du requérant» (Requête n° 005/2013, affaire Alex Thomas c. République-Unie de Tanzanie, arrêt du 20 novembre 2015).

La CmIADH :

Au paragraphe 38(2) de l'arrêt du 28 mars 2014 dans l'affaire Urban Mkandawire c. République du Malawi, la Cour a également cité les paragraphes 35 et 36 du rapport de la Commission Interaméricaine des Droits de l'Homme (Rapport n° 89/03, Requête 12.303, Mariblanca Staff et Oscar E. Ceville c. Panama, 22 octobre 2003).

Le CDHNU :

Au paragraphe 85 de l'arrêt du 21 mars 2018, la Cour s'est rapportée au Comité des droits de l'homme des Nations Unies (CDHNU), pour relever que le droit à l'égalité devant la loi signifie également que « [t]ous sont égaux devant les tribunaux et cours de justice »[55] (Requête n° 032/2015, affaire Kijiji Isiaga c. République-Unie de Tanzanie, arrêt du 21 mars 2018).

La CIJ :

Au paragraphe 72 de son arrêt du 23 mars 2018 (Requête n° 006/2015, affaire Nguza Vinking et Johnson Nguza c. République-Unie de Tanzanie, arrêt du 23 mars 2018), la Cour s'est fondée sur une jurisprudence de la CIJ dans l'affaire Ahmadou Sadio Diallo (CIJ, affaire Ahmadou Sadio Diallo, République de Guinée c. République démocratique du Congo, arrêt du 30 novembre 2010), pour décider que pour certaines violations des droits de l'homme commises dans le secret, la charge de la preuve n'incombe à aucune partie et dépend du type de faits qu'il est nécessaire d'établir pour juger l'affaire.

E. Les mesures prises par la Cour pour mettre un terme aux violations

Lorsque la Cour estime qu'il y a violation des droits de l'homme, elle a vocation à prendre toutes les mesures nécessaires pour y mettre un terme, y compris le paiement d'une juste compensation ou l'octroi d'une réparation[56].

Il existe une gamme importante de mesures et la Cour peut adopter plusieurs attitudes :

1. Une première attitude passive

Elle consiste pour la Cour, à laisser à l'État défendeur le choix des moyens de réparation. La Cour dit à ce sujet qu'elle donne « une marge d'appréciation à l'État défendeur afin qu'il puisse identifier et activer toutes les mesures qui permettraient d'éliminer les effets des violations constatées » (Requête n° 002/2017 aux fins d'interprétation de

---

[55] Comité des droits de l'homme des Nations Unies, Observations générales n° 18 : Non-discrimination, 10 novembre 1989, paragraphe 3.

[56] Article 27 (1) du Protocole.

l'arrêt du 3 juin 2016, affaire Mohamed Abubakari c. République-Unie de Tanzanie). La Cour s'est par exemple contentée d'ordonner à la République-Unie de Tanzanie : « de prendre toutes les mesures constitutionnelles, législatives et autres dispositions utiles dans un délai raisonnable, afin de mettre fin aux violations constatées et informer la Cour des mesures prises à cet égard » (Requêtes n° 009/2011 et n° 011/2011, affaires jointes Tanganyika Law Society, the Legal and Human Rights Centre c. République-Unie de Tanzanie et Révérend Christopher Mtikila c. République-Unie de Tanzanie, arrêt du 14 juin 2013).

Dans le même sens, en se référant à l'article 41 de la Convention européenne des droits de l'homme, la CEDH a déclaré qu'« un arrêt constatant une violation entraine pour l'État défendeur l'obligation juridique au regard de la Convention de mettre un terme à la violation et d'effacer les conséquences de manière à rétablir autant que faire se peut la situation antérieure à celle-ci. Si la nature de la violation permet une *restituto in integrum,* il incombe à l'État défendeur de la réaliser, la Cour n'ayant ni la compétence, ni la possibilité pratique de l'accomplir elle-même. Si, en revanche, le droit national ne permet pas ou ne permet qu'imparfaitement d'effacer les conséquences de la violation, l'article 41 de la Convention habilite la Cour à accorder, s'il y a lieu, à la partie lésée la satisfaction qui lui semble appropriée ». (CEDH, Requêtes n° 45668/05 et 2292/06, affaire Volchkovka et Miron c. Russie, arrêt du 15 octobre 2019)[57]

2. Une deuxième attitude plus directive

Ici, la Cour indique un comportement précis à l'État défendeur. À ce titre, après avoir constaté la violation des droits protégés, elle a « ordonné à la République de Côte d'Ivoire de modifier la loi n° 2014-335 du 18 juin 2014 relative à la Commission Électorale Indépendante pour la rendre conforme [à la Charte de Banjul, à la Charte africaine de la démocratie, au Protocole de la CEDEAO sur la démocratie, au Pacte international relatif aux droits civils et politiques » (Requête n° 001/2014, affaire Action pour la Protection des Droits de l'Homme (APDH) c. République de Côte d'Ivoire, arrêt du 18 novembre 2016).

57 Voir le paragraphe 17 de l'arrêt du 15 octobre 2019.

3. Dans tous les cas la Cour ordonne des garanties de non-répétition

Les garanties de non-répétition sont des mesures prises par la Cour en vue d'assurer le suivi de l'exécution de ses décisions. Les arrêts de la Cour comportent très souvent pour le défendeur, une obligation de renseigner sur l'état de mise en œuvre des mesures qu'elle a décidée. Elle a par exemple ordonné « à [la République de Côte d'Ivoire] de lui soumettre un rapport sur l'exécution de la [...] décision dans un délai raisonnable, qui dans tous les cas, ne doit pas excéder une année, à partir de la date du prononcé [l'] arrêt. » (Requête n° 001/2014, affaire Actions pour la Protection des Droits de l'Homme c. République de Côte d'Ivoire, arrêt du 18 novembre 2016). Dans une autre affaire, à la demande du Révérend Christopher R. Mtikila, la Cour a ordonné que la République-Unie de Tanzanie lui fasse un rapport dans les six mois sur les mesures prises en vue d'exécuter l'arrêt du 14 juin 2013 (Requête n° 011/2011, affaire Révérend Christopher R. Mtikila c. République-Unie de Tanzanie, arrêt du 13 juin 2014).

Dans le système européen, et lorsqu'elle se prononce sur les dommages, la CEDH fixe des intérêts moratoires qu'elle calque sur le taux des intérêts de la facilité de prêt marginal de la Banque centrale européenne majoré de trois points de pourcentage[58]. Ces intérêts courent à l'expiration du délai qu'elle fixe pour le paiement à la partie lésée du montant dû par l'État défendeur au titre de la réparation (CEDH, Requêtes n° 14604/08 et 3 autres, affaire Mushfig Mammadov et autres contre Azerbaïdjan, arrêt du 17 octobre 2019).

4. Pour ce qui est de la réparation

La réparation implique qu'au préalable, le requérant ait formulé en son nom ou au nom de la victime, une demande en réparation. Le montant de la réparation et les preuves y relatives peuvent être soumis ultérieurement à l'introduction de la requête et dans un délai que la Cour détermine[59]. C'est le lieu de rappeler que la Cour peut se prononcer sur la demande en réparation dans l'arrêt qui constate la violation ou dans un arrêt séparé. Dans le contentieux qui l'opposait à la

---

58 Le taux de la facilité de prêt marginal est l'un des trois taux d'intérêt que la BCE fixe toutes les six semaines en vue de préserver la stabilité des prix dans la zone euro.

59 Article 34 (5) du règlement intérieur de la Cour.

République-Unie de Tanzanie, le Révérend Christopher Mtikila s'était réservé le droit de compléter l'analyse juridique visant à réclamer une indemnisation compensatoire ainsi que des mesures de réparation. Il a demandé à la Cour d'être autorisé à déposer ses conclusions sur l'octroi de la réparation dans un délai de trente jours et la Cour y a fait droit. La Cour s'est prononcée sur la réparation dans l'arrêt du 13 juin 2014, distinct de l'arrêt du 14 juin 2013 rendu plus tôt sur les violations alléguées (Requêtes n° 009/2011 et n° 011/2011, affaires jointes Tanganyika Law Society, the Legal and Human Rights Centre c. République-Unie de Tanzanie et Révérend Christopher Mtikila c. République-Unie de Tanzanie, arrêt du 14 juin 2013).

Le préjudice matériel au sens de la Cour

Pour la Cour : «il ne suffit pas d'établir que l'État défendeur a enfreint des dispositions de la Charte, il faut également fournir la preuve du préjudice dont le Requérant demande au Défendeur de fournir la compensation» (Requête n° 011/2011, affaire Révérend Christopher R. Mtikila c. République-Unie de Tanzanie, arrêt du 13 juin 2014).

Le préjudice moral au sens de la Cour

Pour la Cour, le préjudice moral : « [...] englobe les souffrances et les dommages causés à la victime, l'angoisse causée chez ses proches et la modification des conditions de vie de la victime et de sa famille, lorsque la victime est encore vivante. Le préjudice moral n'inclut pas les dommages ayant entrainé des pertes économiques» [60](Requête n° 011/2011, affaire Révérend Christopher R. Mtikila c. République-Unie de Tanzanie, arrêt du 13 juin 2014). Elle a souvent considéré que la publication et la diffusion d'un arrêt constituent en soi, une satisfaction équitable du préjudice moral (Requête n° 011/2011, affaire Révérend Christopher R. Mtikila c. République-Unie de Tanzanie, arrêt du 13 juin 2014).

---

60 Voir le paragraphe 34 de l'arrêt du 13 juin 2014.

5. Ce que la Cour ne peut pas faire pour mettre fin aux violations alléguées

La Cour a à de nombreuses reprises rappelé qu'elle n'est pas un autre degré de juridiction. En conséquence, elle a relevé qu'elle n'a pas le pouvoir d'annuler les décisions des juridictions nationales. C'est ainsi qu'elle a rejeté la demande de M. Christopher Jonas tendant à l'annulation de sa condamnation prononcée par les juridictions nationales tanzaniennes (Requête n° 011/2015, affaire Christopher Jonas c. République-Unie de Tanzanie, arrêt du 28 septembre 2017). La Cour a établi sur la question une jurisprudence constante (Requête n° 001/2013, affaire Mtingwi Ernest Francis c. République du Malawi, arrêt du 15 mars 2013; Requête n° 32/2015, affaire Kijiji Isiaga c. République-Unie de Tanzanie, arrêt du 21 mars 2018).

Dans le système européen, tout grief qui tendrait à ce que la CEDH statue comme degré supérieur de juridiction par rapport aux États est appelé «grief de quatrième instance» (CEDH, Requête n° 17621/91, affaire Kemmache c. France n° 3, arrêt du 24 novembre 1994)»[61]. Ces griefs connaissent le même sort devant la CrADHP, c'est-à-dire l'irrecevabilité.

6. Ce que la Cour ne s'autorise à accorder que dans des circonstances exceptionnelles

La CrADHP a été saisie de nombreuses demandes de remise en liberté par des requérants qui purgeaient une peine d'emprisonnement jugée illégale. La Cour a plusieurs fois déclaré «qu'une telle mesure ne pourrait être directement ordonnée par [elle] que dans des circonstances exceptionnelles et impérieuses» (Requête n° 011/2015, affaire Christopher Jonas c. République-Unie de Tanzanie, arrêt du 28 septembre 2017; Requête n° 005/2013, affaire Alex Thomas c. République-Unie de Tanzanie, arrêt du 20 novembre 2015). Elle a indiqué qu'elle pourrait ordonner la remise en liberté «si un requérant démontre à suffisance ou si la Cour elle-même établit, à partir de ses constatations, que l'arrestation et la condamnation du requérant reposent entièrement sur des considérations arbitraires et son emprisonnement continu résulterait en un déni de justice» (Requête n° 006/2016, affaire Mgosi Mwita Makungu c. République-Unie de Tanzanie, arrêt du 7 décembre

61 Voir le paragraphe 44 de l'arrêt du 24 novembre 1994.

2018)[62]. Dans le cas d'espèce, la Cour a noté que la République-Unie de Tanzanie avait violé le droit du requérant d'interjeter appel, et qu'en raison de cela, ce dernier avait passé 20 ans en prison, soit 2/3 de sa peine d'emprisonnement. La Cour a conclu que ces circonstances étaient constitutives d'un déni de justice et présentaient un caractère exceptionnel justifiant sa remise en liberté. Aussi, la Cour a ordonné sa remise en liberté.

Si la Cour ne s'est pas toujours employée à indiquer en quoi consistent les circonstances exceptionnelles et impérieuses, il est sûr que la remise en liberté relève selon elle, de la marge d'appréciation de l'État défendeur dans la mise en œuvre des mesures pour la cessation des violations constatées. C'est ainsi que dans son arrêt du 3 juin 2016, elle n'a pas prononcé la remise en liberté de M. Muhamed Abubakari. Elle a toutefois reconnu lors de l'interprétation de cet arrêt qu'une telle mesure relevait de l'appréciation de la République-Unie de Tanzanie, dans le cadre de l'exécution dudit arrêt (Requête n° 003/2017 en interprétation de l'arrêt du 18 novembre 2016 dans l'affaire Actions pour la Promotion des Droits de l'Homme c. République de Côte d'Ivoire, arrêt du 28 septembre 2017).

F. Les frais de procédure

À moins que la Cour n'en décide autrement, il est de principe que chaque partie supporte les frais de procédure[63].

G. Considérations rattachées aux arrêts de la Cour

Selon l'article 61 du règlement intérieur, les arrêts de la Cour sont signés par tous les juges et certifiés par le Président ou le juge qui le remplace et le greffier. Les arrêts de la Cour sont publiés. Ils sont signifiés aux parties en cause, transmis aux États membres de l'UA et à la Commission africaine.

Dans le contexte de la Cour, l'arrêt est un terme générique qui désigne un prononcé judiciaire vidant sa saisine. Dans la pratique, ce prononcé judiciaire peut prendre le nom d'«arrêt», ou comme dans quelques cas, le nom de «décision» (Requête n° 014/2011, Affaire Atabong Denis Atemnkeng c. Union africaine, décision sur l'incompétence du 7 décembre 2012). Toutefois, si cette distinction n'a aucune

---

62 Paragraphe 84 de l'arrêt du 7 décembre 2018.

63 Article 30 du règlement intérieur.

base juridique, à l'observation de la casuistique de la Cour, on note que les arrêts sont signés par tous les juges qui ont siégé et par le greffier, tandis que les décisions sont signées par un juge (le seul juge ayant siégé), et le greffier. Devant la CEDH, le terme « décision » renvoie au prononcé judiciaire sur l'irrecevabilité, tandis que l'arrêt est une décision sur le fond.

La CrADHP rend ses arrêts dans les quatre-vingt-dix jours qui suivent la fin des délibérations. Ces arrêts sont définitifs et ne peuvent faire l'objet d'appel. Ils sont obligatoires pour les parties en litige[64]. Bien que la Cour ne dispose pas de mécanisme d'exécution forcée, ses arrêts sont notifiés au Conseil des ministres de l'UA qui veille à leur exécution. L'exécution des arrêts de la Cour sort donc du cadre judiciaire pour relever de l'espace politique. En effet, l'article 30 du Protocole de la Cour rappelle qu'à l'occasion des sessions ordinaires de la Conférence des chefs d'État et de gouvernement, la Cour soumet un rapport annuel d'activité qui présente l'état d'exécution de ses arrêts. Le rapport d'activité de la CrADHP pour la période allant du 1er janvier au 31 décembre 2016 fait par exemple observer que l'état d'exécution des décisions de la Cour est mitigé. On peut y noter :

- **Le cas de non-exécution suivant :** Pour un arrêt du 14 juin 2013 rendu sur le fond et un arrêt sur la réparation du 13 juin 2014, la République-Unie de Tanzanie n'avait à la date du rapport, pris aucune mesure disposition utile afin de mettre fin aux violations alléguées (Requêtes n° 009/2011 et n° 011/2011, affaires jointes Tanganyika Law Society, the Legal and Human Rights Centre c. République-Unie de Tanzanie et Révérend Christopher Mtikila c. République-Unie de Tanzanie, arrêt du 14 juin 2013) ;
- **Le cas d'exécution suivant :** Pour un arrêt rendu le 5 juin 2015, au 26 mai 2016 le Burkina Faso avait notifié la Cour des mesures d'exécution suivantes : le paiement des sommes dues aux requérants, aux ayants droit de Norbert Zongo et à ses trois autres compagnons; la réouverture de l'enquête sur l'assassinat de Norbert Zongo; la publication au journal officiel du résumé de l'arrêt dans un quotidien national de large diffusion et sur le site officiel du pays tel que prescrit par la Cour (Requête n° 013/2011, affaire Norbert Zongo et autres c. Burkina Faso, arrêt du 5 juin 2015).

64 Article 61 du règlement intérieur.

Mesures de sanctions en cas de non-exécution ?

L'article 23 (2) de l'Acte constitutif de l'UA donne à la Conférence des chefs d'État et de gouvernement de l'Union, la possibilité de prononcer des sanctions. Aussi : « tout État membre qui ne se conformerait pas aux décisions et politiques de l'Union peut être frappé de sanctions notamment en matière de liens avec les autres États membres dans le domaine des transports et communications, et de toute autre mesure déterminée par la Conférence dans les domaines politique et économique ». La question est de savoir si les cas d'inexécution portés à la Conférence par la Cour dans le cadre de ses rapports d'activité peuvent faire l'objet des sanctions prévues à cet article.

Dans le système européen, la CEDH compte 4 formations principales : le juge unique, le Comité de 3 juges, la chambre de 7 juges et la Grande Chambre de 17 juges. Si les décisions d'irrecevabilité rendues par des comités et les arrêts rendus par la Grande Chambre sont définitifs et ne sont donc pas susceptibles d'appel, les parties peuvent dans les trois mois suivant le prononcé d'un arrêt de chambre, demander le renvoi de l'affaire devant la Grande Chambre pour un nouvel examen. Les décisions d'irrecevabilité et les arrêts rendus par la Grande Chambre sont définitifs et ne sont donc pas susceptibles d'appel. La demande de renvoi devant la Grande Chambre sera examinée par un panel de juges qui décidera si oui ou non il y a lieu d'y faire droit. Cette procédure de renvoi est une véritable procédure d'appel.

Pour ce qui est de l'exécution des arrêts de la CEDH, c'est le Comité des ministres du Conseil de l'Europe, composé d'un représentant par État, qui en assure le contrôle. Les résolutions sont prises à l'issue des réunions spéciales sur les droits de l'homme. C'est à l'occasion de ces réunions que l'État s'explique sur les mesures prises en vue d'exécuter l'arrêt. Le Comité s'assure du paiement, de la satisfaction équitable, et exige la preuve écrite des liquidations de la somme au requérant. Il vérifie auprès du requérant le cas échéant, le versement de la somme due par l'État. Le Protocole n° 14 institue deux recours permettant au Comité des ministres, de saisir la CEDH des difficultés d'interprétation de l'arrêt et des manquements de l'État à exécuter :

- Le recours en interprétation, ouvert au seul Comité vise à pallier l'absence de lisibilité de l'arrêt lorsque celle-ci est préjudiciable à son exécution ;
- Pour ce qui est du recours en manquement de l'État à exécuter, il convient de noter que « lorsque le Comité des ministres estime

qu'une Haute partie contractante refuse de se conformer à un arrêt définitif dans un arrêt auquel elle est partie, il peut, après avoir mis en demeure cette Partie et par décision prise par un vote à la majorité des deux tiers des représentants ayant le droit de siéger au Comité, saisir la Cour de la question du respect par cette partie de son obligation (...) »[65]. Si la Cour constate une violation de son obligation d'exécuter, elle renvoie l'affaire devant le Comité afin qu'il examine les mesures à prendre. En revanche, s'il n'y a aucune violation, la CEDH renvoie l'affaire au Comité qui décide de clore son examen.

VI. Le recours en interprétation et le recours en révision

Une partie peut introduire devant la Cour une demande en interprétation d'un arrêt dans le but d'en faciliter l'exécution. Le recours doit intervenir dans un délai de douze mois à compter de son prononcé[66].

Les arrêts de la Cour peuvent également faire l'objet de recours en révision, en cas de découverte de preuve dont la partie n'avait pas connaissance au moment où l'arrêt a été rendu. La requête en révision doit intervenir dans un délai de six mois à compter du moment où la partie concernée a eu connaissance de la preuve découverte. Le recours en révision a été introduit devant la Cour à l'occasion de l'affaire Urban Mkandawire c. République du Malawi. En effet, par requête du 16 août 2013, M. Urban Mkandawire a demandé à la Cour d'interpréter et de réviser l'arrêt qui avait été rendu contre lui le 21 juin 2013 dans l'affaire qui l'avait opposée à la République du Malawi (Requête n° 003/2011, affaire Urban Mkandawire c. République du Malawi, arrêt du 28 mars 2014 sur l'interprétation et la révision)[67].

VII. Quelques précisions particulières

Plusieurs points seront examinés.

---

65 Voir l'article 46 paragraphes 4 et 5 de la Convention européenne des droits de l'homme.

66 Article 66 du règlement intérieur.

67 Paragraphe 6 de l'arrêt du 28 mars 2014.

A. La représentation des parties

Selon l'article 28 du règlement intérieur de la Cour : « Toute partie à une affaire a le droit de se faire représenter ou de se faire assister par un conseil juridique et/ou par toute autre personne de son choix ». Si dans la quasi majorité des affaires les parties sont représentées, il existe des cas où une partie a assumé elle-même sa défense. Tel a été le cas par exemple de M. Kijiji Isiaga contre la République-Unie de Tanzanie. Dans cette affaire, l'État était représenté par :

- Mme Sarah Mwaipopo, attorney général adjoint par intérim et directeur des affaires constitutionnelles et des droits de l'homme, cabinet de l'attorney général ;
- M. Baraka Luvanda, ambassadeur, chef de l'unité des affaires juridiques, ministère des Affaires étrangères et de la Coopération internationale ;
- Mme Nkasori Sarakikya, directeur adjoint de la division des droits de l'homme, principal state attorney, cabinet de l'attorney général ;
- M. Elisha E. Suka, foreign service officer, unité des affaires juridiques, ministère des Affaires étrangères et de la Coopération internationale ;
- M. Mark Mulwambo, principal state attorney, cabinet de l'attorney général.

Bien qu'il n'ait pu obtenir sa libération immédiate, M. Kijiji Isiaga est tout de même parvenu à ce que la Cour constate la violation de son droit à un procès équitable et ordonne, à l'unanimité, à la République-Unie de Tanzanie de prendre toutes les mesures nécessaires pour y remédier (Requête n° 032/2015, affaire Kijiji Isiaga c. République-Unie de Tanzanie, arrêt du 21 mars 2018).

De même, M. Rutabingwa Chrysanthe a assuré lui-même sa défense dans l'affaire qui l'a opposée à la République du Rwanda représentée par M. Rubango Kayirura Epimaque, principal state attorney, ministère de la Justice.

Devant la CEDH, les ONG, et les personnes physiques peuvent soumettre leurs requêtes eux-mêmes ou par l'intermédiaire d'un représentant. Mais le recours à un représentant devient indispensable dès lors que l'affaire est communiquée au gouvernement de l'État défendeur pour ses observations.

B. La charge de la preuve

En principe, la Cour est d'avis que la charge de la preuve incombe à celui qui formule une allégation. La Cour l'a d'ailleurs rappelé dans un arrêt du 7 décembre 2018 (Requête n° 006/2016, affaire Mgosi Mwita Makungu c. République-Unie de Tanzanie, arrêt du 7 décembre 2018).

Elle a toutefois noté « qu'en ce qui concerne les violations des droits de l'homme, cette règle ne peut s'appliquer de manière rigide » (Requête n° 003/2015, affaire Kennedy Owino Onyachi et Charles John Njoka Mwanini c. République-Unie de Tanzanie, arrêt du 28 septembre 2017). Aussi, elle a considéré qu'en raison de leur nature, certaines violations des droits de l'homme relatives aux cas de détention au secret et de disparition forcée sont entourées de secret et sont habituellement commises hors la loi et hors la vue du public. Dans ces circonstances, les victimes de violations des droits de l'homme sont pratiquement incapables de prouver leurs allégations, car les moyens de vérifier que celles-ci sont susceptibles d'être contrôlées par l'État. Se rapportant à la position de la CIJ[68], la Cour a conclu que dans de tels cas « "aucune des parties ne supporte à elle seule la charge de la preuve", et la détermination de la charge de la preuve dépend du "type de faits qu'il est nécessaire d'établir pour juger l'affaire" »[69].

C. Les mesures provisoires

À la demande d'une partie ou de la CmADHP, soit d'office, la Cour peut ordonner des mesures provisoires dans l'intérêt de la justice ou des parties. Sur la base d'une requête introduite par la Commission africaine, la Cour a ordonné contre la République du Kenya certaines mesures en vue de préserver le peuple Ogiek d'un dommage irréparable, jusqu'à ce qu'elle se prononce sur la requête principale (Requête n° 006/2012, affaire Commission africaine des droits de l'homme et des peuples c. République du Kenya, ordonnance du 15 mars 2003).

---

[68] CIJ, République de Guinée c. République démocratique du Congo, arrêt du 30 novembre 2010, paragraphe 56.

[69] CrADHP, Requête n° 003/2015, affaire Kennedy Owino Onyachi et Charles John Njoka Mwanini c. République-Unie de Tanzanie, arrêt du 28 septembre 2017, paragraphe 143.

D. *Les jugements par défaut*

La Cour peut rendre des jugements par défaut, en l'occurrence lorsqu'une partie ne se présente pas ou s'abstient de faire valoir ses moyens. C'est dans ce sens qu'elle a rendu un jugement par défaut le 3 juin 2016 contre la Libye, après avoir constaté que cette dernière s'était manifestement abstenue de faire valoir ses moyens (Requête n° 002/2013, affaire Commission africaine des droits de l'homme et des peuples c. Libye, arrêt du 3 juin 2016).

E. *Le renvoi des affaires devant la Commission*

En application de son règlement intérieur : « la Cour peut connaître des requêtes ou les renvoyer devant la Commission »[70]. Dans ce dernier cas, la Cour transmet à la CmADHP une copie de l'ensemble des pièces de la procédure qui lui ont été soumises dans cette affaire. Dans la décision du 16 juin 2011, la Cour a décidé de renvoyer l'affaire Soufiane Ababou devant la Commission après s'être déclarée incompétente (Requête n° 002/2011, affaire Soufiane Ababou c. République algérienne démocratique et populaire, décision du 16 juin 2011). Au 22 avril 2020, la Cour a transféré 4 affaires à la CmADHP.

F. *L'amicus curiæ*

La Cour peut de manière exceptionnelle, entendre un *amicus curiæ,* c'est à dire, un ami de la Cour, afin de connaître son opinion sur une question discutée devant elle. L'ami de la Cour est une personnalité qui fait autorité dans un domaine d'activité. Par exemple, le 13 juin 2011, dans l'affaire Commission Africaine des Droits de l'Homme et des Peuples c. Grande Jamahiriya Arabe Libyenne Populaire et Socialiste, l'Union Panafricaine des Avocats (PALU) avait demandé l'autorisation à la Cour d'intervenir en tant que tel, et la Cour y a fait droit. L'*amicus curiæ* est entendu non pas comme un témoin ou comme un expert. Son avis éclaire la Cour dans l'intérêt de justice. L'*amicus curiæ* n'est pas prévu par le Protocole de la Cour ni par le règlement intérieur. Il s'agit d'une pratique prétorienne, qui, à l'inverse, est prévue à l'article 44 du règlement intérieur de la CIADH. Si cette notion apparait parfois[71]

---

70 Articles 6(3) du Protocole et 29(3) du règlement intérieur.

71 Dans l'arrêt Christine Goodwin c. Royaume-Uni : « Des observations ont également été reçues de l'organisation Liberty, que le président avait autorisée à intervenir dans la procédure écrite en qualité d'*amicus curiæ* » (CEDH, Requête

dans le langage de la CEDH, elle n'est pas connue de la Convention européenne. Aussi, le mécanisme juridique qui lui est préféré est plutôt la tierce intervention prévue à l'article 36 de ladite Convention. Il est intéressant d'observer que tout comme avec l'*amicus curiæ*, la tierce intervention a pour but d'éclairer la CEDH sur le droit international pertinent relativement aux problèmes que pose l'affaire.

G. Le règlement amiable

Le règlement amiable peut se faire sous les auspices de la Cour ou en dehors celles-ci.

1. Règlement amiable sous les auspices de la Cour

Lorsqu'elle est saisie d'une requête, la Cour peut tenter une démarche visant le règlement amiable du différend. Elle entre en relation avec les parties et prend les mesures de facilitation en vue de la conduite des négociations et de la conclusion d'un accord entre celles-ci. Cette approche est indépendante de la phase contentieuse, car rien de ce qui a été évoqué ou communiqué entre les parties ne peut être révélé dans le cadre de la procédure contentieuse. Si le règlement amiable aboutit, la Cour rend un arrêt succinct, limité à un bref résumé des faits et de la solution adoptée. La Cour peut par ailleurs décider de poursuivre l'affaire malgré l'existence d'un règlement entre les parties, autrement dit : le règlement amiable ne la lie pas.

Le règlement amiable sous les auspices de la CEDH comporte une exigence de confidentialité dont elle tire les conséquences juridiques. Si l'article 39 (2) de la Convention européenne des droits de l'homme stipule que la procédure amiable est confidentielle, la violation intentionnelle par un requérant de cette obligation, s'agissant de ce qui a été convenu au moment des négociations amiables, peut correspondre à un abus du droit de recours. C'est ainsi que la CEDH a considéré que «… on the basis of the documents submitted by the Government, it is clear that in their application for compensation, the applicants explicitly referred to the Registry's proposal prepared within the framework of friendly-settlement negotiations. It considers that this behaviour constitutes a breach of the above mentioned rule of confidentiality which must also be considered as an abuse of the right of application»

n° 28957/95, affaire Christine Goodwin c. Royaume-Uni, arrêt du 11 juillet 2002, par.9.)

(CEDH, Requêtes n° 42165/02 et 466/03, affaire Hadrabová et autres c. République tchèque, décision du 25 septembre 2007).

2. Règlement hors l'intervention de la Cour

En dehors des auspices de la Cour, les parties peuvent elles-mêmes arriver à un règlement à tout moment de la procédure, mais impérativement avant le prononcé de l'arrêt[72].

H. L'assistance judiciaire

La Cour peut dans l'intérêt de la justice, et dans les limites des ressources financières disponibles, décider de l'octroi à une partie, d'une représentation et/ou d'une assistance judiciaire gratuite. L'article 10(2) du Protocole de la Cour relève que : « Toute partie à une affaire a le droit de se faire représenter par le conseil juridique de son choix. Une représentation, ou une assistance judiciaire, peut être gratuitement assurée dans les cas où l'intérêt de la justice l'exige ».

1. La politique d'assistance judiciaire de la Cour

Les personnes habilitées à bénéficier de l'assistance judiciaire sont les individus ou les groupes d'individus agissant seuls ou conjointement. Les critères d'éligibilité sont : l'indigence, l'égalité des armes et l'intérêt de la justice. L'assistance judiciaire couvre les frais de voyage, la représentation juridique, les frais liés aux témoins, notamment les témoins experts, l'indemnité journalière de subsistance.

L'aide judiciaire peut être accordée dès le dépôt de la requête. Un requérant peut déposer sa demande d'assistance judiciaire en même temps que sa requête ou à un tout autre moment de la procédure. À la différence de la CrADHP, la CEDH n'accorde pas d'assistance judiciaire en début de procédure. Elle n'y est octroyée qu'après la présentation par le défendeur, de ses observations écrites sur la recevabilité de la requête.

Lors de sa 36e session ordinaire du 9 au 27 mars 2015, à Arusha, la Cour a donné pour instruction au greffe de demander à l'Union Panafricaine des Avocats (UPA) de fournir une assistance judiciaire à M. Kennedy Owino Onyachi et M. Charles John Njoka Mwanini, dans l'affaire qui les opposait à la République-Unie de Tanzanie. En réponse

---

72 Article 57 du règlement intérieur.

à la lettre du 16 avril 2015 adressée dans ce sens par le greffe de la Cour, le 30 juin 2005, l'UPA a informé la Cour et l'État défendeur qu'elle assurerait la représentation juridique des requérants (Requête n° 003/2015, affaire Kennedy Owino Onyachi et Charles John Njoka Mwanini c. République-Unie de Tanzanie, arrêt du 28 septembre 2017). De même, à la demande de la Cour, l'UPA avait représenté M. Christopher Jonas dans l'affaire qui l'opposait à la République-Unie de Tanzanie (Requête n° 011/2015, affaire Christopher Jonas c. République-Unie de Tanzanie, arrêt du 28 septembre 2017).

2. L'existence du fonds d'assistance judiciaire pour les organes de défense des droits de l'homme de l'Union Africaine (FAJ)

Basé au siège de la Cour, le FAJ est un fonds indépendant de l'UA et destiné à fournir une assistance judiciaire aux requérants indigents devant les organes de l'UA dotés d'un mandat en matière de droits de l'homme. Le FAJ est doté de la personnalité juridique et de la capacité de conclure des contrats et d'acquérir ou céder des biens meubles et immeubles et d'ester en justice. Il vise dans ce sens à mobiliser et à recevoir les ressources nécessaires pour financer les programmes d'assistance. Ses ressources lui proviennent des contributions volontaires des États membres, des contributions des partenaires de l'UA et des revenus de ses opérations ou des recettes de ses placements. Son fonctionnement est régi par son statut adopté par la 26e session ordinaire de la Conférence des Chefs d'État et de gouvernement de l'UA, tenue à Addis-Abeba, en Éthiopie, le 31 janvier 2016.

3. La position de la Cour sur le droit à l'assistance judiciaire dans les procédures internes

Devant la Cour, les parties ont souvent soutenu que le fait de n'avoir pas bénéficié de l'assistance judiciaire au cours des procédures judiciaires nationales constituait une violation du droit à un procès équitable prescrit à l'article 7(1) (c) de la Charte africaine. Dans l'affaire Kennedy Owino Onyachi, la Cour a considéré que malgré le silence de la Charte sur cette question, l'assistance judiciaire est un droit implicite qui doit être accordé si deux conditions cumulatives sont réunies : l'indigence des parties et l'intérêt de la justice. Pour l'appréciation de ces conditions, la Cour a examiné : « (...) (i) la gravité du crime ; (ii) la sévérité de la peine encourue ; (iii) la complexité de l'affaire ; (iv) la situation sociale et personnelle du défendeur et, pour les procédures d'appel, le fond de l'appel (s'il contient une affirmation qui requiert des connaissances ou compétences juridiques) et la nature de "la procédure dans son entièreté", par exemple, s'il existe des divergences considérables sur les points de droit ou de fait dans les jugements des juridictions inférieures» (Requête n° 003/2015, affaire Kennedy Owino Onyachi, Charles John Njoka Mwanini c. République-Unie de Tanzanie, arrêt du 28 septembre 2017).

VIII. Résumé des affaires contentieuses devant la Cour

1. AFFAIRE MICHELOT YOGOGOMBAYE c. RÉPUBLIQUE DU SÉNÉGAL

Requête n° 001/2008
Arrêt du 15 décembre 2009 à l'unanimité des neuf juges

Par une décision de juillet 2006, l'Union africaine a donné mandat au Sénégal afin de « rechercher et trouver une solution, sinon une alternative africaine au problème posé par l'ancien Chef d'État tchadien » soupçonné de complicité de crime contre l'humanité, de crime de guerre et d'actes de torture dans l'exercice de ses fonctions. Le 23 juillet 2008, le parlement sénégalais a adopté une loi portant modification de la Constitution et autorisant la rétroactivité des lois pénales en vue de juger M. Hissein Habré, réfugié au Sénégal depuis décembre 1990.

Le 11 août 2008, M. Michelot Yogogombaye, ressortissant tchadien résident à Bienne, en Suisse, ancien secrétaire général adjoint du gouvernement sous la présidence de M. Hissein Habré[73], saisi la Cour et demande le retrait de la procédure engagée par la République du Sénégal en vue d'inculper, juger et condamner ce dernier. Invoquant une violation du principe de la non-rétroactivité de la loi pénale, le requérant dénonce une instrumentalisation politique et financière de l'affaire par le Sénégal, qu'il accuse d'avoir préféré la voie judiciaire plutôt qu'une solution inspirée des traditions africaines[74].

Par un arrêt du 15 décembre 2009, la Cour n'a pas fait droit à sa demande. Elle a examiné l'exception préliminaire soulevée par la République du Sénégal portant sur son incompétence à connaître des requêtes individuelles, au regard des articles 5(3) et 34 (6) de son Protocole. Ella a conclu que : « [sa] saisine directe (...) par un individu est subordonnée au dépôt par l'État défendeur d'une déclaration spéciale autorisant une telle saisine »[75].

La Cour observe que l'État en cause n'avait pas fait la déclaration prévue à l'article 34(6) l'autorisant à recevoir la requête émanant d'un

---

73 Décret n° 774/SG/PR du 19 octobre 1990.

74 L'Ubuntu qui recherche la réconciliation par le dialogue, la recherche de la vérité et la réparation.

75 Paragraphe 34 de l'arrêt du 15 décembre 2009.

individu. Ainsi, la Cour s'est déclarée incompétente pour connaître de la requête introduite par M. Michelot Yogogombaye contre le Sénégal.

2. AFFAIRE SOUFIANE ABABOU c. RÉPUBLIQUE ALGÉRIENNE DÉMOCRATIQUE ET POPULAIRE

Requête n° 002/2011
Décision du 16 juin 2011 à l'unanimité des dix juges

Il ressort de la lecture combinée des articles 5(2) et 34(6) du Protocole relatif à la Charte africaine des droits de l'homme et des peuples portant création de la Cour africaine des droits de l'homme et des peuples du 19 juin 1998, que « la saisine directe de la Cour par un individu est subordonnée au dépôt par l'État défendeur d'une déclaration spéciale autorisant une telle saisine »[76].

Le 20 février 2011, M. Soufiane Ababou a saisi la Cour d'une requête afin de dénoncer son incorporation forcée au sein de l'armée algérienne.

La Cour a noté que l'Algérie n'avait pas déposé la déclaration prévue à l'article 34(6) de son Protocole. De ce fait, la Cour a relevé qu'en l'absence de cette déclaration, elle n'avait pas été autorisée par l'État défendeur à recevoir les requêtes émanant des individus. Elle s'est par conséquent déclarée incompétente pour connaître de la requête introduite par M. Soufiane Ababou. Dans sa décision du 16 juin 2011, la Cour a par ailleurs renvoyé l'affaire devant la CmADHP conformément à l'article 6(3) de son Protocole.

3. AFFAIRE DANIEL AMARE ET MULUGETA AMARE c. RÉPUBLIQUE DU MOZAMBIQUE ET MOZAMBIQUE AIRLINES

Requête n° 005/2011
Décision du 16 juin 2011 à l'unanimité des onze (11) juges

En novembre 2008 où vers cette date, M. Daniel Amare et M. Mulugeta Amare ont pris le vol pour Maputo, au Mozambique, avec escale à Nairobie, au Kenya. En transit à Nairobie, tandis qu'ils sont

---

[76] Paragraphe 8 de l'arrêt du 16 juin 2011.

transférés de la compagnie Ethiopian Airlines sur un vol de Mozambique Airlines en direction de Maputo, ils sont plutôt débarqués à Pemba, au Mozambique, où ils sont demeurés bloqués durant 26 jours. M. Daniel Amare et M. Mulugeta Amare ont rapporté avoir subi diverses tracasseries au cours de leur séjour à Pemba, en l'occurrence des demandes de pots-de-vin qu'ils ont refusé de payer, la confiscation de leurs passeports et visas, le vol de mille dollars, la torture et la déportation en direction de Dar es-Salaam, en Tanzanie. Grâce à l'intervention des agents tanzaniens de l'immigration, ils ont regagné Pemba, pour être ensuite rapatriés en l'Éthiopie.

Le 21 janvier 2011, ils ont saisi la Cour et sollicité que l'UA prenne des mesures nécessaires afin que Mozambique Airlines et les agents de l'immigration du Mozambique remboursent la somme dont ils ont été dépouillés.

La Cour a constaté auprès de la Commission de l'UA, que le Mozambique ne faisait pas partie de la liste des États qui ont déposé la déclaration prévue à l'article 34(6) de son Protocole. En l'absence d'une telle déclaration, la Cour a conclu qu'elle n'est pas autorisée à recevoir des requêtes émanant des individus. Le 16 juin 2011, elle s'est par conséquent déclarée incompétente et a renvoyé l'affaire devant la CmADHP en vertu de l'article 6(3) du Protocole.

4. AFFAIRE EKOLLO MOUNDI ALEXENDRE c. RÉPUBLIQUE DU CAMEROUN ET RÉPUBLIQUE FÉDÉRALE DU NIGÉRIA

Requête n° 008/2011
Décision du 23 septembre 2011 par sept voix pour contre une

M. Ekollo Moundi Alexandre, camerounais domicilié à Douala, a attrait la République du Cameroun et la République fédérale du Nigéria devant la Cour. Dans sa requête du 20 mai 2011, il a dénoncé la violation des dispositions de la Charte africaine des droits de l'homme et des peuples, notamment : l'article 3 sur l'égalité devant la loi et l'égalité de protection devant la loi ; l'article 5 sur le respect de la dignité de la personne humaine et la reconnaissance de sa personnalité juridique ; l'article 6 sur le droit à la liberté et à la sécurité de sa personne ; l'article 7 sur le droit à ce que sa cause soit entendue ; et l'article 13(3) relatif au droit d'user des biens et services publics dans la stricte égalité de tous devant la loi.

La Cour a observé d'une part, qu'à la différence du Cameroun, le Nigéria était partie à son Protocole. D'autre part, elle a noté que ces pays n'avaient pas déposé la déclaration de l'article 34(6) du Protocole. Ainsi, en l'absence de cette déclaration, la Cour a conclu qu'elle n'avait pas été autorisée par les États défendeurs à recevoir des requêtes émanant des individus.

La Cour s'est déclarée incompétente et a renvoyé l'affaire devant la CmADHP.

5. AFFAIRE ASSOCIATION JURISTES D'AFRIQUE POUR LA BONNE GOUVERNANCE c. RÉPUBLIQUE DE CÔTE D'IVOIRE

Requête n° 006/2011
Décision du 16 juin 2011 à l'unanimité des neuf juges

Le 21 mai 2011, l'Association Juriste d'Afrique pour la Bonne Gouvernance dont le siège social est à Douala, au Cameroun, a saisi la Cour d'une requête contre la République de Côte d'Ivoire, à l'effet de dénoncer violation des articles 2, 4, 5 et 6 de la Charte africaine des droits de l'homme et des peuples. Ces dispositions concernent respectivement la non-discrimination dans la jouissance des droits et libertés garantis par la Charte de Banjul ; l'inviolabilité de la personne humaine ; le respect de la dignité inhérente à la personne humaine et la reconnaissance de sa personnalité juridique ; et la sécurité de sa personne.

À la lecture de l'article 5(3) du Protocole portant création de la Cour, l'organisation non-gouvernementale qui saisit directement la Cour doit avoir la qualité d'observateur auprès de la CmADHP. Après avoir procédé aux vérifications nécessaires auprès de la Commission de l'UA, la Cour a noté que ladite association n'avait pas acquis ce statut auprès de la CmADHP.

La Cour a conclu que l'Association Juriste d'Afrique pour la Bonne Gouvernance « n'a pas qualité pour la saisir »[77]. Dans sa décision du 16 juin 2011, elle s'est déclarée incompétente et a renvoyé l'affaire devant la Commission Africaine des Droits de l'Homme et des Peuples.

---

77 Voir le paragraphe 8 de l'arrêt.

6. AFFAIRE EFOUA MBOZO'O SAMUEL c. LE PARLEMENT PANAFRICAIN

Requête n° 010/2011
Décision du 30 septembre 2011 à l'unanimité des neuf juges

« La Cour a compétence pour connaître de toutes les affaires et de tous les différends dont elle est saisie concernant l'interprétation et l'application de la Charte, du présent Protocole [portant création de la Cour] et de tout autre instrument pertinent relatif aux droits de l'homme et ratifié par les États concernés »[78].

Le 6 juin 2011, M. Efoua Mbozo'o Samuel, camerounais domicilié à Yaoundé, a saisi la Cour d'un différend de travail contre le parlement panafricain. Tandis qu'il y travaillait comme greffier adjoint chargé des affaires législatives, M. Efoua Mbozo'o Samuel reprochait au parlement d'avoir refusé de renouveler son contrat de travail et dénonçait également la publication de la vacance du poste qu'il occupait, nonobstant des états de service satisfaisants.

La Cour a noté que la requête était fondée sur une rupture du contrat en rapport avec l'article 13(a) et (b) du statut et du règlement du personnel de l'OUA, et que celle-ci relevait en conséquence de la compétence du Tribunal administratif *ad hoc* de l'UA. Elle a ajouté que les décisions de ce tribunal sont susceptibles d'appel devant la Cour Africaine de Justice et des Droits de l'Homme.

Dans sa décision du 30 septembre 2011, la Cour a déclaré qu'elle n'avait manifestement pas compétence pour connaître de la requête introduite par M. Efoua Mbozo'o Samuel.

7. AFFAIRE CONVENTION NATIONALE DES SYNDICATS DU SECTEUR ÉDUCATION (CONASYSED) c. RÉPUBLIQUE DU GABON

Requête n° 12/2011
Décision du 15 décembre 2011 à l'unanimité des huit juges

La Convention Nationale des Syndicats du Secteur Éducation (CONASYSED) est une association domiciliée à Libreville, au Gabon, autour de laquelle se sont regroupés des enseignants et leaders syndi-

[78] Article 3(1) du Protocole.

caux. Le 3 août 2011, elle a attrait la République du Gabon devant la Cour et dénoncé la violation des droits garantis par la Déclaration Universelle des Droits de l'Homme, ainsi que les articles 10 et 15 de la Charte de Banjul sur la liberté d'association et le droit au travail.

La Cour fait deux observations : d'une part, la CONASYSED n'avait pas le statut d'observateur auprès de la CmADHP tel qu'exigé par l'article 5(3) du Protocole de la Cour; d'autre part, la République du Gabon n'avait pas déposé la déclaration de l'article 34(6) du Protocole pour autoriser la Cour à recevoir les requêtes émanant d'un individu ou d'une organisation non-gouvernementale.

Ainsi, le 15 décembre 2011, la Cour s'est déclarée incompétente et a décidé de rayer la requête du rôle.

8. AFFAIRE EMMANUEL JOSEPH UKO ET AUTRES c. RÉPUBLIQUE SUD-AFRICAINE

Requête n° 004/2012
Décision du 13 mars 2012 à l'unanimité des huit juges

Le 20 février 2012, en son propre nom et pour le compte des membres de sa famille résidant en Afrique du sud, M. Emmanuel Joseph Uko a saisi la Cour d'une requête contre la République Sud-africaine. Ressortissant nigérian, le requérant a mis au passif de l'État défendeur, la violation des instruments de droits de l'homme. D'une part, la violation de la Charte africaine des droits de l'homme et des peuples, en ses articles :

- 2 sur la jouissance des droits et libertés;
- 3 sur la légalité devant et la protection de la loi;
- 4 sur l'inviolabilité de la personne humaine;
- 5 sur le respect de la dignité humaine;
- 6 sur la liberté et la sécurité des personnes;
- 7 sur le droit à une justice équitable et contradictoire;
- 10 sur la liberté d'association;
- 11 sur la liberté de réunion;
- 12 sur la protection de la famille, et;
- 19 sur l'égalité des peuples.

D'autre part, la violation du Pacte international relatif aux droits civils et politiques, plus précisément des articles :

- 7 sur l'interdiction de la torture;
- 10 sur le traitement des personnes privées de libertés;

- 12 sur la liberté d'aller et de venir;
- 13 sur l'interdiction de l'expulsion arbitraire des étrangers légalement établie sur un territoire;
- 14 relatif à l'égalité devant les cours et tribunaux;
- 17 sur le respect de la vie privée;
- 19 sur la liberté d'opinion;
- 23 sur la protection de la famille;
- 24 sur la protection de l'enfant, et;
- 26 sur l'égalité devant la loi.

En outre, M. Emmanuel Joseph Uko dénonçait la violation de la Charte africaine relative aux droits et au bien-être de l'enfant.

À la demande de la Cour, la Commission de l'UA avait mis en évidence le fait que la République Sud-africaine n'avait pas fait la déclaration de l'article 34(6) du Protocole créant la Cour. Ainsi, l'État défendeur n'avait pas autorisé la Cour à recevoir les requêtes des individus.

Le 13 mars 2012, la Cour a déclaré qu'« elle n'a manifestement pas compétence pour connaître de l'affaire introduite par Emmanuel Joseph Uko et autres contre la République Sud-africaine, et que l'affaire est par conséquent rayée du rôle (...) ».

9. AFFAIRE AMIR ADAM TIMAN c. RÉPUBLIQUE DU SOUDAN

Requête n° 005/2012
Décision du 13 mars 2012 à l'unanimité des huit juges

M. Amir Adam Timan est un ressortissant soudanais domicilié en République démocratique du Congo. Accusé par la République soudanaise d'être un opposant au gouvernement légitime, il a saisi la Cour le 25 février 2012, pour dénoncer une violation du Pacte international relatif aux droits civils et politiques. Il s'agit en l'occurrence des articles 12 et 13 consacrés à la liberté d'aller et de venir, ainsi qu'à l'interdiction d'expulsion arbitraire d'un étranger légalement établi sur un territoire.

La République du Soudan n'ayant pas fait la déclaration de l'article 34(6) du Protocole par laquelle elle accepte la compétence de la Cour pour recevoir les requêtes des individus, celle-ci s'est déclarée incompétente et a rayé l'affaire du rôle.

10. AFFAIRE YOUSSEF ABABOU c. ROYAUME DU MAROC

Requête n° 007/2011
Arrêt du 2 septembre 2011

Le 13 mai 2011, M. Youssef Ababou a sollicité devant la Cour que les documents d'état civil qu'il demandait au Consul général du Maroc et à l'Ambassade du Maroc en Algérie depuis plusieurs années, lui soient délivrés.

Par une lettre du 19 juillet 2011 et à la demande de la Cour, le conseiller juridique de la Commission de l'UA a informé celle-ci de ce que, d'une part, le Royaume du Maroc n'était pas membre de l'UA et que, d'autre part, il n'avait ni signé ni ratifié le Protocole portant création de la Cour.

Le 2 septembre 2011, la Cour a déclaré qu'elle n'était manifestement pas compétente et la requête de M. Youssef Ababou a été rayée du rôle.

11. AFFAIRE FEMI FALANA c. UNION AFRICAINE

Requête n° 001/2011
Arrêt du 26 juin 2012, par sept voix contre trois

Le 14 février 2011, M. Femi Falana, avocat nigérian résidant à Lagos, a attrait l'UA devant la Cour pour dénoncer l'incompatibilité de l'article 34(6) du Protocole de la Cour avec les objectifs de la Charte de Banjul, et en a sollicité l'annulation.

Le Nigéria n'ayant pas fait la déclaration autorisant la Cour à recevoir des requêtes émanant des individus ainsi que le prévoit l'article 34(6), M. Femi Falana n'a pu attaquer cet État pour dénoncer devant la Cour la violation des droits de ses clients. Aussi, le requérant a soutenu qu'en subordonnant la saisine directe de la Cour par les individus à la déclaration préalable de l'État en cause autorisant un tel mode de saisine, l'article 34(6) du Protocole viole l'obligation de non-discrimination, heurte l'égalité devant la loi, contrevient à l'égalité de traitement et porte atteinte à ce que sa cause soit entendue. Il a de ce fait introduit une requête contre l'UA, qu'il a présenté comme l'institution qui a adopté et publié la Charte de Banjul et le Protocole dont la disposition est querellée. Par ailleurs, il a estimé pouvoir directement attraire cette institution devant la Cour en dehors de la déclaration de l'article 34(6), en faisant valoir à cet effet, que la déclaration prévue à cet article n'est exigée que si le défendeur est un État.

Pour sa part, l'UA, qui a sollicité le rejet total de la requête, a globalement soutenu qu'elle ne saurait répondre des engagements pris par ses États membres comme l'attestent les divers préambules de ces instruments internationaux. Elle a affirmé que les instruments dont il s'agit, n'ont pas été adoptés par elle, mais par les États membres qui la composent et qui disposent du pouvoir de ratification. De plus, l'UA a ajouté que seuls les États membres ont la responsabilité d'assurer les obligations qui découlent de leurs engagements et qu'ils disposent du droit souverain de faire ou non la déclaration autorisant la Cour à recevoir les requêtes individuelles.

Dans son arrêt du 26 juin 2012, la Cour a observé que si dans la pratique, l'adoption des traités est formellement le fait de la Conférence des Chefs d'État et de gouvernement de l'UA, la signature et la ratification relèvent de la prérogative des États membres.

En outre, la Cour a affirmé que l'UA est une personne morale qui dispose de ce fait d'une personnalité juridique distincte de ses États membres et par conséquent, l'Union ne saurait répondre des obligations d'un traité dont elle n'est pas partie, en l'occurrence la Charte de Banjul, son Acte constitutif, ainsi que le Protocole portant création de la Cour.

Enfin, concluant sur le fait qu'en vertu de l'article 34(6) du Protocole, une requête individuelle n'est recevable que si elle est tournée contre un État et à la condition que celui-ci autorise ce mode de saisine, la Cour s'est déclarée incompétente pour connaître de la requête introduite par M. Femi Falana.

12. AFFAIRE BAGHDADI ALI MAHMOUDI c. RÉPUBLIQUE DE TUNISIE

Requête n° 007/2012
Décision du 26 juin 2012 à l'unanimité des dix juges

M. Baghdadi Ali Mahmoudi a adressé à la Cour une lettre en date du 31 mai 2012 accompagnée d'une demande de mesures provisoires contre la République de Tunisie.

Rappelant les dispositions des articles 5(3) et 34(6) de son Protocole, la Cour a déclaré que pour recevoir les requêtes émanant des individus ainsi que des organisations non-gouvernementales dotées du statut d'observateur auprès de la CmADHP, l'État doit faire une déclaration spéciale acceptant sa compétence : cette déclaration pouvant intervenir à tout moment à partir de la ratification de ce Protocole. Après avoir reçu du conseiller juridique de l'UA, la confirmation que la République tunisienne n'avait pas fait cette déclaration, la Cour a conclu qu'elle est pour connaître de la requête de M. Baghdadi Ali Mahmoudi. De même, elle a affirmé ne pouvoir faire droit à la demande sur les mesures provisoires dans son arrêt du 26 juin 2012.

13. COMMISSION AFRICAINE DES DROITS DE L'HOMME ET DES PEUPLES c. GRANDE JAMAHIRIYA ARABE LIBYENNE POPULAIRE ET SOCIALISTE

Requête n° 004/2011
Décision du 15 mars 2013 à l'unanimité des onze juges

Le 3 mars 2011, la CmADHP a intenté devant la Cour, une action contre la Jamahiriya Arabe Libyenne Populaire et Socialiste, pour dénoncer les violations graves et massives des droits de l'homme garanties par la Charte africaine des droits de l'homme et des peuples. Le 23 mars 2011, l'Union Panafricaine des Avocats (PALU) a été autorisée, à sa demande, à intervenir en qualité d'*amicus curiae.*

L'affaire a connu de multiples ajournements de délais pour l'échange des conclusions entre les parties et le 28 août 2011, la CmADHP a demandé un report de l'instance jusqu'à ce que la situation sur le terrain de la Libye permette de réunir les éléments de preuve et le recueillement des témoignages. Y faisant droit, la Cour a imparti un délai allant jusqu'en mars 2013 pour que le requérant fournisse les informations utiles. Le 15 mars 2013, la Cour a constaté que le requérant n'avait guère rapporté lesdites preuves, pas plus que le défendeur et PALU n'avaient formulé de réplique à cette demande d'ajournement. La Cour a conclu que la Commission n'a pas cherché à faire aboutir sa requête, mais a usé de manœuvres dilatoires. Dans sa décision du 15 mars 2013, la Cour a rayé l'affaire du rôle.

14. AFFAIRE ATABONG DENIS ATEMNKENG c. UNION AFRICAINE

Requête n° 014/2011
Décision du 15 mars 2013 à six voix contre trois

M. Atabong Denis Atemnkeng est un ressortissant camerounais membre du personnel de la Commission de l'Union Africaine. Le 18 octobre 2011, il a introduit devant la Cour une requête dirigée contre l'UA dans laquelle il a soutenu que l'article 34(6) du Protocole portant création de la Cour est une entrave au droit à la justice. Pour le requérant, cette disposition empêche la population africaine de saisir la Cour africaine des droits de l'homme et des peuples. Pour M. Atabong, le fait que la saisine directe de la Cour soit subordonnée à l'existence d'une déclaration de l'État en cause autorisant un tel recours, porte atteinte aux droits de chaque individu d'avoir accès à la justice. Aussi, il a sollicité que la Cour déclare nul et non avenu l'article 34(6).

Dans sa décision du 15 mars 2013, et au motif que l'UA n'est pas une entité étatique partie au Protocole, la Cour s'est déclarée manifestement incompétente pour connaître de la requête introduite par M. Atabong Denis Atemnkeng.

15. AFFAIRE ERNEST FRANCIS MTINGWI c. RÉPUBLIQUE DU MALAWI

Requête n° 001/2013
Décision du 15 mars 2013 à l'unanimité des dix juges

M. Ernest Francis Mtingwi a été recruté pour un contrat de quatre ans, courant du 1er janvier 2003 au 31 décembre 2006, à la Malawi Revenue Authority (MRA), une agence d'État de la République du Malawi. Au 4 novembre 2004, à l'issue de la réunion extraordinaire du Conseil d'Administration de cette agence, il a été mis fin à son contrat. Aussi, a-t-il assigné la MRA devant le Tribunal de grande instance du Malawi, sollicitant une réparation pour licenciement abusif et le tribunal a fait droit à sa demande. En janvier 2007, M. Ernest Francis Mtingwi a saisi à nouveau ledit tribunal et a fait valoir que les dommages-intérêts qui lui avaient été alloués ne reflétaient pas certains avantages de son contrat de travail, dans la mesure où certaines rubriques avaient été omises. L'Honorable Chigona, greffier adjoint en charge de l'examen de la requête aux fins de corrections, a déclaré que le jugement du tribunal sur l'octroi de la réparation ne comportait aucune omission accidentelle. Par la suite, M. Ernest Francis Mtingwi obtint de l'Honorable Juge Kamwambe du Tribunal de grande instance devant qui il fit appel, le constat qu'il y avait effectivement des omissions. Cependant, la MRA saisit la Cour suprême du Malawi qui infirma le jugement rendu par l'Honorable Juge Kamwambe.

Le 17 juin 2013, M. Ernest Francis Mtingwi introduisit un recours devant la Cour africaine des droits de l'homme et des peuples, et sollicita l'infirmation des décisions rendues par les juridictions nationales, ainsi que la prise en compte de toutes les rubriques accidentellement omises dans le paiement de ses dommages et intérêts.

En se fondant sur l'article 3 de son Protocole, la Cour nota qu'elle était compétente pour : « connaître de toutes les affaires et de tous les différends dont elle est saisie concernant l'interprétation et l'application de la Charte, du présent Protocole, et de tout autre instrument pertinent relatif aux droits de l'homme et ratifié par les États concernés. ». Elle précisa à cet effet, qu'elle n'était pas une juridiction d'appel des décisions rendues par les juridictions nationales et/ou régionales. En l'espèce, la requête introduite devant elle s'analysant en un appel contre les décisions de la Cour suprême d'appel du Malawi et du Tribunal de grande instance, la Cour africaine se déclara par conséquent incompétente pour connaître de cette requête.

16. AFFAIRE TANGANYIKA LAW SOCIETY et THE LEGAL AND HUMAN RIGHT CENTRE et RÉVÉREND CHRISTOPHER R. MTIKILA c. RÉPUBLIQUE-UNIE DE TANZANIE

Requête n° 009 & 011/2011
Arrêt du 14 juin 2013 à l'unanimité des neuf juges

En 1993, l'Assemblée nationale de la République-Unie de Tanzanie a adopté une loi de révision de la Constitution qui interdisait les candidatures indépendantes aux élections présidentielle, parlementaire et locale. Le Révérend Christopher R. Mtikila a saisi la Haute Cour de Tanzanie et a obtenu que le 24 octobre 1994, la juridiction déclare inconstitutionnels les amendements apportés à la Constitution notamment, les articles 39, 67 et 77. Parallèlement à cette décision de justice, l'Assemblée nationale tanzanienne a adopté une loi portant onzième amendement constitutionnel, promulgué le 17 janvier 1995. Cet amendement a eu pour double effet, de réformer le jugement de la Haute Cour et de rétablir l'interdiction des candidatures indépendantes. Courant 2005, le Révérend Christopher R. Mtikila a saisi une deuxième fois la Haute Cour de Tanzanie, qui le 5 mai 2006, s'est prononcée à nouveau en faveur de l'inconstitutionnalité des nouveaux amendements apportés aux articles 39, 67 et 77 de la Constitution. Cependant, faisant suite à l'appel interjeté par l'Attorney général, la Cour d'appel de la République-Unie de Tanzanie a infirmé le jugement par la Haute Cour de Tanzanie, après avoir estimé dans son arrêt du 17 juin 2010, que la question des candidatures indépendantes est de nature politique et relève de la compétence du Parlement. À la suite de cette décision, un processus de consultation politique a été engagé sur le sujet par le Parlement.

Le 2 juin 2011, la Legal and Human Right et la Tanganyika Law Society, deux ONG ayant le statut d'observateur auprès de la Commission africaine des droits de l'homme et des peuples et établies en République-Unie de Tanzanie, ont saisi la Cour Africaine des Droits de l'Homme et des Peuples. Cinq jours plus tard, un deuxième requérant, le Révérend Christopher R. Mtikila, a également saisi la Cour d'une requête. Les deux requêtes, qui ont toutes été dirigées contre République-Unie de Tanzanie, dénonçaient la violation des droits des citoyens tanzaniens. Il s'agissait des droits liés à la non-discrimination et à l'égalité devant la loi, à la liberté d'association, à la libre participation aux affaires publiques protégés par les dispositions pertinentes de la Charte africaine des droits de l'homme et des peuples, et par le Pacte international relatif aux droits civils et politiques. En outre, le deuxième requérant a sollicité une indemnité compensatoire et une réparation qu'il s'est réservé le droit d'étayer dans une analyse ultérieure. Par ordonnance du 22 septembre 2011, la Cour a décidé de joindre les deux instances.

Sur la forme, la République-Unie de Tanzanie a soulevé trois exceptions préliminaires. La première, était relative au non-épuisement des voies de recours internes, le défendeur ayant estimé que la question soulevée devant la Cour faisait l'objet d'un processus politique en cours dans l'étude de la révision de la Constitution. Au titre de la deuxième exception, la République-Unie de Tanzanie a fait valoir que la Cour a été saisie tardivement, soit près d'un an après le jugement de la Cour d'appel rendu le 17 juin 2010. Enfin, la République-Unie de Tanzanie a décliné la compétence de la Cour en soutenant que les violations alléguées ont été commises avant l'entrée en vigueur du Protocole de la Cour.

Dans l'examen de la recevabilité des requêtes, d'une part, la Cour a estimé que le deuxième requérant a effectivement épuisé les voies de recours internes, et que cette exigence concerne non pas les recours politiques, mais plutôt les seuls recours judiciaires offrant les garanties de disponibilité, de satisfaction et d'efficacité. Dans la même veine, la Cour a conclu que la nécessité pour les premiers requérants d'épuiser les voies de recours internes était inutile dans la mesure où, s'ils avaient eux aussi saisi les juridictions nationales, l'issue des procès aurait été la même que celle qu'avait déjà connue le premier requérant.

D'autre part, la Cour a estimé que la période d'un an qui s'est écoulée entre la décision rendue par la Cour d'appel en juin 2010 et l'introduction des requêtes en juin 2011, était largement justifiée par le fait que les requérants attendaient les conclusions du processus parlementaire engagé en vue d'une éventuelle révision constitutionnelle sur la question de l'admission des candidatures indépendantes. La Cour a conclu qu'en raison de cette attente, le délai de sa saisine a été raisonnable.

Enfin, la Cour a considéré que si les violations alléguées ont été commises avant l'entrée en vigueur de son Protocole[79], celles-ci se sont

---

[79] Le Protocole relatif la Charte africaine des droits de l'homme et des peuples portant création d'une Cour africaine des droits de l'homme et des peuples est adopté

prolongées jusqu'à ce moment, étant donné que les candidatures indépendantes n'étaient toujours pas admises au moment de sa saisine. Par ailleurs, les droits dont il s'agissait étaient déjà protégés par la Charte de Banjul, à laquelle la République-Unie de Tanzanie était partie au moment des faits. La Cour a en conséquence déclaré les deux requêtes recevables. Elle s'est ensuite déclarée compétente, après avoir vérifié que la République-Unie de Tanzanie avait effectivement fait la déclaration l'autorisant à recevoir des requêtes émanant des individus et ONG conformément aux articles 5(3) et 34(6) du Protocole de 1998.

Sur le fond, les requérants ont dénoncé la violation du droit à la non-discrimination et à l'égalité devant la loi, à la liberté d'association et à la libre participation à la direction des affaires publiques. La République-Unie de Tanzanie a quant à elle souligné que les restrictions constitutionnelles interdisant les candidatures indépendantes sont impersonnelles et justifiées par la nécessité de consolider l'unité de la Tanzanie Continentale et de la Tanzanie Zanzibar, ainsi que celle de maintenir les conditions d'une démocratie pluraliste.

Pour la Cour : « Les droits et libertés de chaque personne s'exercent dans le respect du droit d'autrui, de la sécurité collective, de la morale et de l'intérêt commun »[80]. Toutefois, la Cour a observé que la clause générale de limitation des libertés prévue à l'article 27(2) précitée de la Charte, ne doit pas être interprétée comme devant permettre à l'État de se soustraire de l'obligation de respecter les droits et libertés contenus dans la Charte et pour lesquelles, toutes les restrictions doivent être proportionnelles à l'objectif avancé. Elle a conclu que ni le contexte social et politique, ni le contexte historique de renforcement de l'unité nationale allégué par la République-Unie de Tanzanie ne justifient les restrictions apportées à l'expression des libertés liées à la tenue des élections.

Ainsi, le 14 juin 2013, considérant que les amendements apportés à la Constitution, ont violé les articles 2, 3, 10 et 13(1) la Charte africaine des droits de l'homme relatifs aux droits à la non-discrimination et à l'égalité devant la loi, à la liberté d'association, à la participation à la gestion des affaires publiques, la Cour a fait droit aux requérants. En conséquence, elle a ordonné à la République-Unie de Tanzanie de prendre toutes mesures légales disponibles pour mettre un terme dans un délai raisonnable aux violations alléguées et de l'en tenir informée.

---

le 10 juin 1998 à Addis-Abeba en Éthiopie et entre en vigueur le 25 janvier 2004.

[80] Article 27(2) de la Charte de Banjul.

La Cour a en outre décidé de se prononcer sur la réparation sollicitée par le Révérend Christopher R. Mtikila dans un arrêt séparé et l'a invité de ce fait à présenter ses conclusions dans un délai de trente jours.

17. AFFAIRE URBAN MKANDAWIRE c. RÉPUBLIQUE DU MALAWI

Requête n° 003/2011
Arrêt du 21 juin 2013 à la majorité de six voix contre trois

M. Urban Mkandawire était chargé de cours de langue française à l'Université du Malawi sur la base d'un contrat à durée déterminée, signé le 1er décembre 1998. Tandis qu'il débutait, de nombreuses plaintes émanant des étudiants, ainsi qu'un rapport défavorable du chef de département sur son incompétence à enseigner, ont conduit à son licenciement le 2 décembre 1999. Dans un premier élan, M. Urban Mkandawire a recouru aux juridictions nationales, notamment au Tribunal du travail, à la Haute Cour et à la Cour suprême d'appel. N'ayant obtenu satisfaction, il a porté le différend devant la Commission africaine des droits de l'homme et des peuples avant de l'y retirer et saisir la Cour d'Arusha le 13 mars 2011.

Le requérant dénonçait la violation des articles 7 et 15 de la Charte des droits de l'homme et des peuples, relatifs à son droit à un procès équitable ainsi qu'à son droit au travail. C'est dans ce sens qu'il a sollicité, devant la Cour, être réintégré dans son emploi au sein du département de français comme enseignant, ainsi que le paiement des divers droits pécuniaires parmi lesquels les dommages et intérêts compensatoires pour licenciement abusif.

Sur la forme, l'État du Malawi a soulevé deux exceptions préliminaires. D'une part, il a soutenu l'irrecevabilité de la requête en relevant que l'affaire était déjà pendante devant la Commission africaine des droits de l'homme et des peuples. D'autre part, il a relevé l'incompétence de la Cour à connaître de ce différend en s'appuyant sur le fait que les faits en cause, survenus en 1999, étaient antérieurs à l'entrée en vigueur du Protocole portant création de Cour, le 9 octobre 2008[81].

Sur le fond, l'État du Malawi a déclaré que le requérant avait bénéficié devant les juridictions nationales, d'un procès équitable dans

81 Date à laquelle l'État du Malawi a déposé l'instrument de ratification.

le respect de l'article 7 de la Charte de Banjul. De même, conformément à l'article 15 du même texte, le défendeur a jouté que le requérant était titulaire d'un contrat de travail qui prévoyait que la résiliation pouvait intervenir moyennant le paiement des salaires de trois mois. Pour le défendeur, ce droit au paiement a été reconnu à M. Urban Mkandawire devant la Cour suprême d'appel.

Sur sa compétence, la Cour a observé que l'État du Malawi a ratifié le Protocole de la Cour le 9 octobre 2008, soit ultérieurement à la date des faits. Elle a cependant relevé que ce pays était partie à la Charte de Banjul depuis 1989. En conséquence la Cour a conclu qu'il était de ce fait tenu au respect des dispositions de la Charte à la date des faits en 1999. La Cour a par ailleurs souligné que la violation des articles 7 et 15 se poursuivait au moment de sa saisine et qu'elle ne saurait retenir les exceptions soulevées par le défendeur. La Cour a noté que les conditions matérielles, personnelles et temporelles étaient remplies.

Sur la recevabilité, elle a également noté que l'affaire avait été effectivement retirée devant la CmADHP par lettre du 29 mars 2011. Toutefois, elle a déclaré que M. Urban Mkandawire n'avait pas épuisé les voies de recours internes comme l'exigent les articles 6(2) du Protocole et 56(5) de la Charte. En effet, la Cour a observé qu'au moment où la requête introductive d'instance a été adressée à son greffe le 13 mars 2011, le requérant avait encore la possibilité de réclamer des réparations pour licenciement abusif au niveau national, de même qu'il disposait d'un recours contre la décision du Tribunal de travail. La Cour a précisé que le requérant avait la possibilité d'attaquer devant la Haute Cour, le jugement du Tribunal du travail qui avait déclaré le licenciement juste et équitable, et en cas d'échec, il pouvait interjeter appel devant la Cour suprême d'appel. Ne l'ayant pas fait, ni la Haute Cour, ni la Cour suprême n'ont pu examiner le fond du recours pour licenciement abusif qui avait été examiné par le Tribunal du travail.

Aussi, par arrêt du 21 juin 2013, la Cour a déclaré la requête de M. Urban Mkandawire irrecevable en vertu des articles 6(2) du Protocole et 56(5) de la Charte. Par ce même arrêt, la requête a été rayée du rôle.

18. AFFAIRE URBAN MKANDAWIRE c. RÉPUBLIQUE DU MALAWI

Requête n° 003/2011
Arrêt du 28 mars 2014 portant sur l'interprétation et la révision, rendu à l'unanimité des neuf juges

Le 16 août 2013, M. Urban Mkandawire a introduit une nouvelle requête devant la Cour dans laquelle, il a sollicité la révision et l'interprétation de l'arrêt du 21 juin 2013, rendu par la Cour dans l'affaire qui l'a opposée à République du Malawi.

La demande en interprétation portait sur huit points :

1. En référence au paragraphe 29 de l'arrêt du 21 juin 2013 et en vertu de l'article 15 de la Charte de Banjul, le requérant s'est plaint que ses pièces à conviction « UM PATONI » et « UM HC APPEAL » n'ont pas été mentionnées dans l'arrêt;
2. Il a demandé que la Cour interprète le paragraphe 29 de l'arrêt du 21 juin 2013 et détermine si le Tribunal du travail du Malawi a violé l'article 7 de la Charte; et si en infirmant la décision rendue par la Haute Cour du Malawi, la Cour suprême d'appel n'a pas violé la Constitution;
3. M. Urban Mkandawire a relevé qu'à la différence de la Cour qui a déclaré qu'il n'avait pas épuisé les voies de recours internes, la CmADHP a affirmé que celles-ci avaient été épuisées. Aussi a-t-il demandé à la Cour d'interpréter le paragraphe 38(2) de son arrêt pour déterminer si les voies de recours internes ont été épuisées ou non;
4. Il a demandé à la Cour, si à la lecture du paragraphe 41 de l'arrêt, il avait encore la possibilité d'introduire à nouveau l'affaire devant la CmADHP, dans la mesure où celle-ci n'a pas été réglée par la Cour au sens de l'article 56(7) de la Charte;
5. En relation avec les paragraphes 19 et 29 de l'arrêt, le requérant a souhaité savoir si le rejet par la Cour, de l'argument tiré du lien de parenté entre le juge Tembo de la Cour suprême d'appel et un des étudiants dénommé Tembo qui était l'une des personnes ayant porté plainte contre lui, était inspiré de l'article 44 D4 du règlement de la Cour européenne des droits de l'homme;
6. Le requérant a souhaité savoir s'il était du pouvoir de la Cour, de rendre son arrêt après la date du 10 juin 2013, soit au-delà du délai quatre-vingt-dix jours suivant les délibérations, comme

prévu par les articles 28(1) du Protocole et 59(2) du règlement intérieur de la Cour ;

7. Le requérant a noté qu'il existe une contradiction entre le nombre de juges ayant entendu l'affaire, soit neuf juges, et le nombre de juges indiqués dans l'arrêt comme ayant pris part aux délibérations, soit dix juges ;
8. Le requérant a sollicité que la Cour interprète l'arrêt en vertu de l'article 30(3) du règlement de la Commission Interaméricaine des Droits de l'Homme, et de l'article 36 du règlement intérieur de la Cour.

Pour ce qui est de la demande en révision, M. Urban Mkandawire a cité certaines parties de l'arrêt du 21 juin 2013, notamment les paragraphes 27 et 37, qui selon lui, constituent de nouveaux éléments d'information.

Sur la demande en interprétation d'une part, la Cour a rappelé qu'au sens de l'article 28 (4) du Protocole : « l'interprétation d'un arrêt ne peut être demandée à la Cour qu'aux fins de [son exécution] »[82]. La Cour a noté que l'arrêt du 21 juin 2013 dont l'interprétation est sollicitée s'est contenté de rejeter la requête de M. Urban Mkandawire pour n'avoir pas épuisé les voies de recours internes. La Cour a déclaré que cet arrêt n'a prescrit aucune action positive de la part du requérant et ne peut faire l'objet d'une demande en interprétation.

En outre, la Cour a noté qu'aucun élément d'interprétation sollicité par M. Urban Mkandawire ne portait sur le dispositif de l'arrêt en cause comme l'exige l'article 66 (2) du règlement intérieur de la Cour. Suivant cette disposition, la requête doit indiquer « avec précision le ou les points du dispositif de l'arrêt dont l'interprétation est demandée ». La Cour a conclu que les huit points soulevés par le requérant ne portent pas sur le dispositif de l'arrêt.

Elle a par conséquent rejeté la demande en interprétation pour non-respect des articles 28(4) du Protocole et 66(2) du règlement intérieur de la Cour. Elle a auparavant admis qu'il y a eu une erreur dans l'arrêt, car effectivement, seuls neuf juges avaient entendu l'affaire et pris part aux délibérations pour un résultat de six voix contre trois.

Sur la demande en révision d'autre part, la Cour a tout d'abord déclaré qu'en vertu de l'article 28 du Protocole, la procédure de révision ne saurait être conduite si elle tend à remettre en question la règle selon laquelle les arrêts de la Cour ne peuvent faire l'objet d'appel. En

---

82 Voir le paragraphe 6 de l'arrêt du 28 mars 2014.

l'espèce, la Cour a noté qu'en citant, et de façon inexacte les parties de l'arrêt, le requérant a cherché à compromettre ce caractère acquis par l'arrêt du 21 juin 2013.

Par ailleurs, la Cour a souligné qu'au sens des articles 28(3) du Protocole et 67 du règlement intérieur, en cas de découverte de preuves dont la partie n'avait pas connaissance au moment où l'arrêt était rendu, celle-ci peut demander à la Cour de réviser son arrêt. Cependant, la Cour a observé que les paragraphes cités par le requérant ne sont pas une réalité nouvelle, ni une preuve, ni des éléments dont les parties n'avaient pas connaissance auparavant.

Le 28 mars 2014, la Cour a rejeté la requête de M. Urban Mkandawire.

19. AFFAIRE PETER JOSEPH CHACHA c. RÉPUBLIQUE-UNIE DE TANZANIE

Requête n° 003/2012
Arrêt du 28 mars 2014

Le 12 septembre 2007, l'épouse de M. Peter Joseph Chacha est appréhendée par la police tandis qu'il est en voyage. Au moment de son arrestation, de nombreux biens sont saisis à son domicile. Mise en examen pour vol et recel de biens volés, elle est ensuite mise en liberté le 25 octobre 2007. De retour à Arusha, en Tanzanie, au lendemain de la libération de son épouse, M. Peter Joseph Chacha est appréhendé à son tour au moment où il se rend au poste de police pour s'enquérir des motifs de l'arrestation de celle-ci. Le 8 novembre 2007, il comparaît devant un magistrat et est mis en accusation dans le cadre de diverses affaires pénales notamment pour vol, meurtre, vol à main armée, viol et enlèvement. Pendant toute la durée de la procédure jusqu'à sa relaxe le 3 mai 2013, il est mis en détention. Auparavant, M. Peter Joseph Chacha a adressé plusieurs requêtes infructueuses auprès du ministère de l'Intérieur, du ministère de la Justice et des Affaires constitutionnelles, du cabinet de l'*attorney general*, de la Commission des droits de l'homme et de la bonne gouvernance, pour solliciter leur intervention afin d'assurer une meilleure diligence des procédures engagées contre lui. De même, entre 2007 et 2010, il a porté, sans succès, plusieurs requêtes en matières civile et pénale devant la Haute Cour de Tanzanie devant laquelle il a sollicité la restitution de ses biens, le retrait des charges illégales portées contre lui à la suite de son arrestation et sa détention faites en violation de ses droits et libertés fondamentales prévus dans la Constitution et le Code de procédure pénale.

Ainsi, alors qu'il était encore détenu, il a saisi la Cour africaine des droits de l'homme et des peuples en date du 30 septembre 2011. Sa requête était dirigée contre l'*attorney general* de la République de Tanzanie et contre le ministère de l'Intérieur, et donc la République de Tanzanie. M. Peter Joseph Chacha a demandé la restitution de ses biens, ainsi que la réparation pour les préjudices subis du fait de la violation de son droit à la liberté.

La République-Unie de Tanzanie a soulevé diverses exceptions préliminaires. Elle a décliné la compétence matérielle de la Cour en soutenant que l'objet de la requête ne portait ni sur l'application, ni sur l'interprétation de la Charte africaine de Banjul, mais plutôt sur la loi interne notamment : la Constitution et le Code de procédure pénale tanzanien évoqués par le requérant. L'État défendeur a en outre sollicité que la Cour déclare la requête irrecevable sur le fondement du non-épuisement des voies de recours internes et de la saisine tardive de la Cour. Au fond, la République-Unie de Tanzanie a demandé à la Cour de constater que les droits et libertés du requérant n'ont pas été violés dans le cadre des procédures pénales dont il fait l'objet.

Au sujet de l'exception préliminaire d'incompétence, la Cour a considéré que dès lors que seules la législation nationale ou la Constitution forment la base d'une requête, la Cour se fondera sur l'article correspondant de la Charte ou de tout autre instrument de droit de l'homme pour rendre sa décision. Elle a observé que les violations alléguées par M. Peter Joseph Chacha concernent son droit à l'égalité devant la loi, à la sécurité, à la dignité inhérente à la personne, de ne pas être arrêté et détenu arbitrairement, son droit à un procès équitable, son droit à la reconnaissance de sa personnalité juridique. Elle a décidé que «tant que les droits dont la violation est alléguée tombent sous l'autorité de la Charte ou de tout autre instrument des droits de l'homme ratifiés par l'État concerné, la Cour exercera sa compétence dans l'affaire»[83]. Elle s'est par conséquent déclarée compétente.

En ce qui concerne la conformité de la requête de M. Peter Joseph Chacha à l'article 34(4) du règlement intérieur de la Cour et à l'article 56 de la Charte qui présente la nécessité d'indiquer la disposition

83 Voir le paragraphe 114 de l'arrêt du 28 mars 2014.

violée de la Charte, la Cour a décidé que le requérant n'était « pas tenu de mentionner les dispositions spécifiques de la Charte africaine qui ont été violées »[84].

Sur les exceptions préliminaires d'irrecevabilité, la Cour a d'une part, observé que tous les recours juridictionnels internes du requérant ont été effectués devant la seule Haute Cour de Tanzanie. Elle a rappelé qu'il existe selon le droit et la pratique en Tanzanie, un recours en appel devant la Cour suprême d'appel, qui est ouvert pour des affaires, qui comme dans le cas d'espèce, ont fait l'objet d'un rejet ou ont été rayées du rôle. Elle a déclaré que « l'épuisement des voies de recours est une exigence du droit international et non une question de choix »[85]. Elle a conclu qu'en n'ayant pas donné l'opportunité à la Cour suprême d'appel de connaître des rejets, dont certaines de ses affaires avaient fait l'objet devant la Haute Cour de Tanzanie, M. Peter Joseph Chacha a volontairement escamoté cette voie.

D'autre part, elle a décidé que le prolongement anormal des procédures internes n'était pas une raison suffisante pour dispenser M. Peter Joseph Chacha d'épuiser les voies de recours internes. À cet effet, la Cour a relevé que l'importance numérique des requêtes adressées par le requérant devant la Haute Cour, a pu avoir des effets d'engorgement sur le traitement de ses affaires, dont le traitement pour chacune d'elles, n'a en tout état de cause pas dépassé le délai de deux ans et deux mois.

Dans son arrêt du 28 mars 2014, la Cour a déclaré le recours irrecevable sur la base du non-épuisement, par le requérant, des voies de recours internes.

20. RÉVÉREND CHRISTOPHER R. MTIKILA c. RÉPUBLIQUE-UNIE DE TANZANIE

Requête n° 011/2011
Arrêt du 13 juin 2014 portant sur la réparation, rendu à l'unanimité des dix juges

Dans la première affaire Tanganyika Law Society, the Legal and Human Right Centre et Révérend Christopher R. Mtikila contre la République-Unie de Tanzanie, la requête était introduite pour dénoncer

[84] Voir le paragraphe 119 de l'arrêt du 28 mars 2014.
[85] Voir le paragraphe 142 de l'arrêt du 28 mars 2014.

la huitième modification constitutionnelle adoptée par l'assemblée nationale de la République-Unie de Tanzanie et promulguée par le Président de la République. Cette modification subordonnait la participation des candidats aux élections présidentielles, législatives et locales, à leur affiliation et investiture au sein d'un parti politique. La requête présentait cette réforme comme portant atteinte au droit du Révérend Christopher R. Mtikila de participer à la vie politique, à sa liberté d'association, ainsi qu'à son droit à la non-discrimination, droits protégés par Charte africaine de Banjul. Dans son arrêt du 14 juin 2013, la Cour a donné gain de cause au Révérend Christopher R. Mtikila et a ordonné à la République-Unie de Tanzanie de prendre toutes mesures légales disponibles afin de mettre un terme aux violations alléguées dans un délai raisonnable et de l'en informer. En outre, à sa demande, le Révérend Christopher R. Mtikila a été invité par la Cour à faire valoir ses droits à réparation dans un délai de trente jours.

C'est dans ce contexte que le 25 juillet 2013, il a adressé à la Cour un mémoire tendant au paiement de cinq milliards de shillings tanzaniens (5 000 000 000,00 TZs) couvrant :

- la réparation du préjudice moral subi en raison du stress aggravé par les diverses perquisitions dont il a été l'objet;
- la perte de la possibilité de participer à la gestion des affaires de son pays, ainsi que;
- la réparation du préjudice pécuniaire, pour la violation de ses droits et les dépenses engagées en vue de la création de son parti politique, de sa participation aux élections, et des frais de procédures juridictionnelles.

Sur la forme, la République-Unie de Tanzanie a estimé, que la prorogation du délai imparti au requérant pour son mémoire en réparation a rompu l'égalité des armes et de la justice naturelle. L'État défendeur a souligné que ledit mémoire ne lui avait pas été communiqué pour ses observations et avis. De plus, la République-Unie de Tanzanie a considéré que le requérant était forclos, dans la mesure où ses conclusions ont été reçues au greffe le 29 juillet 2013, alors que le délai fixé par la Cour, courait jusqu'au 25 juillet 2013.

Sur le fond, le défendeur a sollicité que la demande en réparation soit rejetée, ayant soutenu devant la Cour, que le montant réclamé par le requérant était injustifié et non étayé par des preuves.

Sur la prorogation du délai pour soumettre les conclusions relatives à la réparation, la Cour a noté que l'arrêt rendu en date du 14 juin 2013 a été reçu par le requérant le 26 juin 2013. Elle a conclu que le délai de trente jours, qui avait été concédé au Révérend Christopher R. Mtikila pour présenter son mémoire sur la réparation, expirait le 25 juillet 2013. Aussi, bien que la date de réception apposée par le greffe fût le 29 juillet 2013, le courrier électronique transmettant la requête au greffe était daté le 25 juillet 2013. En conséquence, la Cour a décidé qu'elle a été correctement saisie de la requête aux fins de réparation.

Sur le préjudice pécuniaire, la Cour a décidé qu'« il ne suffit pas d'établir que l'État défendeur a enfreint des dispositions de la Charte, il faut également fournir la preuve du préjudice dont le Requérant demande au Défendeur de fournir la compensation »[86]. En l'espèce, ayant noté l'absence de preuves documentaires des dommages pécuniaires allégués, la Cour a rejeté cette demande.

Sur le préjudice moral, la Cour a décidé qu'en « droit international le terme préjudice "moral" englobe les souffrances et les dommages causés à la victime, l'angoisse causée chez ses proches et la modification des conditions de vie de la victime et de sa famille, lorsque la victime est encore vivante. Le préjudice moral n'inclut pas les dommages ayant entrainé des pertes économiques »[87]. Elle a noté de la part du requérant, une absence de preuves pouvant étayer l'allégation selon laquelle, le préjudice a été causé directement par les faits de la cause. Par ailleurs, la Cour a conclu que la publication et la diffusion l'arrêt du 14 juin 2013, constituent en elles-mêmes une satisfaction équitable du préjudice moral.

Le 13 juin 2014 et après avoir rejeté les réclamations du Révérend Christopher R. Mtikila pour défaut de preuve, la Cour a déclaré que l'arrêt du 14 juin 2014 constituait en lui-même une forme suffisante de réparation du préjudice non pécuniaire. Par ailleurs et à la demande du requérant, la Cour a ordonné au titre des garanties de non-répétition, que la République-Unie de Tanzanie lui fasse un rapport dans les six mois sur les mesures prises en vue d'exécuter l'arrêt du 14 juin 2013.

---

86 Voir le paragraphe 31 de l'arrêt du 13 juin 2014.

87 Voir le paragraphe 34 de l'arrêt du 13 juin 2014.

21. ALEX THOMAS c. RÉPUBLIQUE-UNIE DE TANZANIE

Requête n° 005/2013
Arrêt du 20 novembre 2015

M. Alex Thomas est un citoyen tanzanien qui purgeait une peine de servitude pénale de trente ans à la prison centrale de Karanga à Moshi, en Tanzanie, pour les faits de vol à main armée commis au Kenya. Il déclarait avoir été injustement condamné par les juridictions d'instance[88] et d'appels[89] de la Tanzanie, en violation du Code de procédure pénale, de la Constitution et de la Charte de Banjul. Il soutenait d'une part, que les juridictions tanzaniennes étaient incompétentes pour connaître des faits survenus au Kenya. Il affirmait également que sa culpabilité n'avait pu être démontrée par le Procureur général au-delà de tout doute raisonnable. D'autre part, il faisait valoir qu'il lui avait été refusé l'exercice de son droit à la défense au cours de son procès.

En effet, le 31 décembre 1996, en même temps que quatre autres personnes, le requérant avait été mis en examen pour vol à main armée commis dans le district de Rombo, le long de la frontière entre le Kenya et la Tanzanie. Le 5 février 1997, il avait été libéré sous caution pour des raisons de santé. Par la suite, sa mise en liberté avait été prorogée par ordonnance. Au cours de son procès devant le Tribunal de district de Rombo à Mkuu, en Tanzanie, les éléments du dossier indiquaient que le requérant avait été admis à l'hôpital entre le 20 juin 1997 et le 21 février 1998. Le 30 juin 1997, un jugement avait été rendu en son absence, le condamnant à trente ans de prison ainsi qu'à douze coups de fouet. Avec un coaccusé, M. Alex Thomas avait été également condamné au paiement des dommages et intérêts pour des effets volés et demeurés introuvables. Le 3 juin 1998, tandis qu'il commençait à purger sa peine, il fit appel de sa condamnation devant la Haute Cour de Tanzanie. Le 23 mars 2000, la Haute Cour de Tanzanie a estimé que n'ayant pas comparu devant le tribunal d'instance, il ne pouvait reprocher cette juridiction de l'avoir condamné par défaut. Son recours ayant été rejeté, il a introduit le 17 avril 2003, un avis d'appel devant la Cour d'appel de Tanzanie. Afin de conduire sa procédure d'appel

---

[88] Le Tribunal de district de Rombo, à Mkuu, dans le cadre de l'affaire pénale n° 321 de 1996.

[89] La Haute Cour de Tanzanie dans le cadre de l'appel n° 82 de 1998 et du recours en appel n° 230 de 2008.

devant la Cour d'appel de Tanzanie, il a effectué dès le 23 avril 2003 plusieurs demandes à la Haute Cour de Tanzanie et à son Greffe, pour que lui soient communiqués les comptes-rendus des audiences. Face au refus de la Haute Cour de Tanzanie de lui produire les documents sollicités, M. Alex Thomas a saisi la Commission des droits de l'homme et de la bonne gouvernance de Tanzanie. Au 21 septembre 2005, alors que les comptes-rendus demandés n'avaient toujours pas été communiqués, son appel devant la Cour d'appel de Tanzanie a été rejeté pour cause de forclusion. Il effectuera par la suite de nombreuses autres tentatives infructueuses d'appel et devra attendre le 6 juin 2008 pour que sa procédure soit considérée comme valablement déposée devant la Cour d'appel : soit huit (08) ans et trois (03) mois durant laquelle le requérant aura tenté de déposer un recours devant la Cour d'appel. Alors que son appel est rejeté le 29 mai 2009, il dépose une requête en révision de cette décision de rejet. Cette requête est restée sans réponse.

Le 2 août 2013, il a introduit devant la Cour africaine, une requête contre l'Attorney général de la République-Unie de Tanzanie, pris comme le conseil juridique principal du Gouvernement. Dans sa requête, M. Alex Thomas a demandé à la Cour de constater la violation des articles 1, 3, 5, 6, 7(1) et 9(1) de la Charte de Banjul. Ces dispositions sont respectivement relatives à l'égalité devant la loi, au droit à la dignité inhérente à la personne humaine, au droit à la liberté, au droit à ce que sa cause soit entendue dans un délai raisonnable devant une juridiction compétente, et au cours d'un procès équitable, et au droit à l'information. Il a en outre sollicité l'annulation de ses condamnations, son acquittement, ainsi qu'une réparation.

Sur la forme, l'État défendeur a quant à lui soulevé l'incompétence de la Cour, au motif que ni l'application ni l'interprétation de la Charte africaine ou d'un instrument des droits de l'homme n'étaient en cause, mais plutôt, que la requête se contentait de citer les griefs contre l'application du Code de procédure pénale. La République-Unie de Tanzanie a également fait valoir plusieurs exceptions préliminaires d'irrecevabilité tirées de l'article 56 de la Charte africaine. Ces exceptions portaient sur l'incompatibilité de la requête avec la Charte et l'Acte constitutif de l'Union Africaine, sur le non-épuisement des voies de recours internes, et subsidiairement sur le fait que la requête n'a pas été introduite dans un délai raisonnable après l'épuisement des voies de recours internes. L'État défendeur a en outre sollicité que la

Cour ne reçoive pas les faits nouveaux évoqués par le requérant dans sa réplique du 8 avril 2014.

Au fond, il a sollicité que la Cour constate la bonne tenue des procédures judiciaires internes et que M. Alex Thomas soit par conséquent débouté de sa demande.

Statuant sur les exceptions préliminaires, la Cour a observé que les droits dont la violation est alléguée ne doivent pas forcément être précisés dans la requête. Pour la Cour : «il suffit que les droits dont la violation est alléguée soient protégés par la Charte ou par tout autre instrument des droits de l'homme ratifié par l'État concerné pour que la Cour ait la compétence requise pour connaître de la cause»[90]. La Cour s'est par conséquent déclarée matériellement compétente. Par ailleurs, elle a également retenu sa compétence personnelle après avoir noté que l'État défendeur avait déposé la déclaration prévue à l'article 34(6) de son Protocole le 29 mars 2010, l'autorisant par conséquent à connaître des requêtes émanant des individus.

Sur le moyen de l'incompatibilité de la requête avec la Charte et l'Acte constitutif de l'Union Africaine, la Cour a noté que les violations alléguées par M. Alex Thomas sont protégées par la Charte. La Cour a relevé à cet effet que l'Acte constitutif de l'UA prévoit que l'un des objectifs de l'UA est de promouvoir et de protéger les droits de l'homme et des peuples, conformément à la Charte et aux autres instruments pertinents relatifs aux droits de l'homme. Elle a conclu que la requête est compatible à ces deux instruments.

Au sujet du non-épuisement des voies de recours internes, la Cour a observé que la Cour d'appel de Tanzanie, en tant que la plus haute juridiction, avait rejeté le recours en appel introduit par M. Alex Thomas contre la décision de la Haute Cour de Tanzanie. La Cour a décidé que le requérant s'était conformé à la procédure en matière pénale et avait épuisé les voies de recours internes.

Relativement au dépôt tardif de la requête, la Cour a établi que «le caractère raisonnable du délai de sa saisine dépend des circonstances particulières de chaque affaire, et doit être apprécié au cas par cas»[91]. Elle a décidé que ce délai devait être calculé à compter du 29 mai 2009, date à laquelle la Cour d'appel de Tanzanie, juridiction la plus haute, avait rejeté l'appel introduit contre la décision de la Haute Cour de Tanzanie. Toutefois, compte tenu du fait que c'est le 29 mars 2010 que l'État défendeur a fait la déclaration prévue à l'article 34(6)

---

90 Voir le paragraphe 45 de l'arrêt du 20 novembre 2015.

91 Voir le paragraphe 73 de l'arrêt du 20 novembre 2015.

du Protocole, soit ultérieurement à la date de la décision de la juridiction interne la plus haute, le délai devait plutôt courir à partir de la date de ladite déclaration. Pour conclure sur la recevabilité de la requête, la Cour a ajouté que la situation particulière du requérant, personne ordinaire, indigente et incarcérée, a pu justifier qu'il n'ait pu introduire son recours devant la Cour que trois ans et cinq mois seulement après le 29 mars 2010.

S'agissant de l'exception soulevée par le défendeur selon laquelle le requérant aurait introduit des faits nouveaux dans sa réplique du 8 avril 2014, la Cour a considéré que la réplique en question présentait simplement avec plus de précision des faits déjà énoncés dans la requête introductive d'instance. Elle a décidé que dans ces conclusions en réplique, M. Alex Thomas s'est contenté d'expliciter le lien entre la Charte et les violations alléguées par le requérant.

Sur le fond :

En ce qui concerne la violation alléguée du droit à ce que sa cause soit entendue et de son droit à la défense, la Cour a tout d'abord noté que les faits reprochés à M. Alex Thomas étaient constitutifs d'une infraction grave. La Cour a ensuite relevé que son absence aux audiences pour des raisons de santé, avait été portée à la connaissance du Tribunal de district de Rombo. La Cour a enfin ajouté que M. Alex Thomas n'avait pas été représenté par un Conseil devant le Tribunal de district de Rombo. Elle a conclu qu'au vu de la gravité de l'infraction, de son état de santé et de sa non-représentation, ledit tribunal aurait dû prendre des dispositions pour ajourner le procès, au lieu de rendre une condamnation par défaut contre le requérant. Elle a déclaré que « le droit à la défense (...) implique la présence de l'accusé à tous les stades de la procédure »[92], et que « le droit d'être présent à son procès est une partie intégrante du droit à un procès équitable »[93]. Elle a conclu que le droit à ce que sa cause soit entendue et sa défense assurée n'a pas été respecté.

Sur l'allégation d'une prolongation anormale des procédures d'appel et de révision introduites par le requérant, la Cour a considéré qu'il y a eu un retard excessif dans le cadre de la procédure d'appel. Elle a observé qu'après le rejet du recours introduit devant la Haute Cour de Tanzanie le 23 mars 2000, il a fallu au requérant huit ans et trois mois pour déposer un recours en appel. Elle a noté que le requérant n'était pas parvenu à le faire à temps en raison de l'absence

---

92 Voir le paragraphe 96 de l'arrêt du 20 novembre 2015.

93 Voir le paragraphe 97 de l'arrêt du 20 novembre 2015.

des comptes-rendus d'audiences qu'il n'avait pu obtenir auprès de la Haute Cour de Tanzanie. La Cour a décidé que «le droit à un procès impartial dans un délai raisonnable est l'un des éléments fondamentaux du droit à un procès équitable»[94].

Sur le refus allégué d'accorder une assistance judiciaire au requérant, la Cour a considéré que «l'accusé ou une partie à une affaire civile ont le droit chaque fois que l'intérêt de la justice l'exige, de se voir attribuer d'office un défenseur sans frais, s'il n'a pas les moyens de le rémunérer. (...) En matière pénale, pour déterminer l'intérêt de la justice il faut tenir compte de la gravité de l'infraction et de la gravité de la peine encourue»[95]. En l'espèce, la Cour a considéré d'une part, que la gravité de l'infraction de vol à main armée pour laquelle M. Alex Thomas purgeait une peine de trente ans de réclusion criminelle; la précarité de son état de santé ayant d'autre part justifié son absence aux audiences; ainsi que sa non-représentation par un Conseil, sont autant d'éléments qui auraient dû conduire les juridictions de l'État défendeur à lui accorder une assistance judiciaire dans l'intérêt de la justice, même en dehors de toute demande.

Sur les erreurs manifestes durant le procès en première instance et devant la Haute Cour et la Cour d'appel alléguées par le requérant, la Cour africaine a observé que les juridictions n'ont pas statué sur la propriété des biens volés. Elle a par ailleurs relevé que des divergences ont existé entre l'accusation et les témoignages sur la description, la valeur des biens volés, de même qu'en ce qui concerne la connexité entre le requérant surpris à vendre les biens et le vol allégué lui-même. Elle a conclu que ces éléments ont eu une incidence négative sur le droit au procès équitable du requérant.

Sur le manquement à l'obligation qui incombe au défendeur de reconnaître les droits, les devoirs et les libertés énoncés à l'article 1 Charte et d'adopter les mesures nécessaires pour les appliquer : la Cour est arrivée à la conclusion que le défendeur n'avait pas fait sien l'article 1 de la Charte de Banjul dès lors qu'il avait privé M. Alex Thomas de son droit à être entendu, de son droit de se défendre et de celui de bénéficier d'une assistance judiciaire.

Sur le déni du droit à l'égalité devant la loi et du droit à l'égale protection de la loi évoqué par le requérant, la Cour a rejeté ce moyen selon que le requérant n'a pas pu démontrer en quoi son traite-

---

94 Voir le paragraphe 103 de l'arrêt du 20 novembre 2015.

95 Voir le paragraphe 121 de l'arrêt du 20 novembre 2015.

ment a été différent de celui d'autres justiciables dans la même situation que lui.

Sur le déni du droit au respect et à la dignité inhérente à la personne humaine, en particulier la torture et les peines ou traitements cruels, inhumains ou dégradants, la Cour a considéré « que le retard dans la procédure en appel du requérant n'équivaut pas à un traitement cruel, inhumain ou dégradant, car ce retard ne correspond pas aux critères de sévérité d'intention et de sévère humiliation requis par les définitions acceptées dans la jurisprudence »[96]. La Cour a déclaré que le retard ne constitue pas en soi un traitement cruel, inhumain ou dégradant, même s'il peut avoir causé l'angoisse mentale du requérant[97].

Sur la violation alléguée du droit à la liberté et à la sécurité des personnes, la Cour a relevé que le requérant avait été jugé et déclaré coupable par une juridiction légalement constituée et que l'emprisonnement faisait suite à une ordonnance rendue en vertu d'une condamnation prononcée par la Cour d'appel, en application de la loi nationale en vigueur. Elle a décidé que le retard excessif dans la procédure devant la Cour d'appel n'a pu avoir pour effet de violer le droit à la liberté et à la sécurité de M. Alex Thomas.

Sur la violation alléguée du droit à l'information du requérant, la Cour a décidé que le refus du Tribunal de première instance et de la Haute Cour de Tanzanie de communiquer des comptes-rendus d'audiences est constitutif de violation du droit à un procès équitable et non pas du droit à l'information au sens de l'article 9 de la Charte.

Sur la demande du requérant d'être remis en liberté, la Cour a déclaré qu'elle ne peut ordonner la mise en liberté que dans des circonstances exceptionnelles ou impérieuses. Elle a noté que ces conditions n'ont pas été rapportées par M. Alex Thomas. Elle a affirmé que « le recours approprié en l'espèce aurait été de donner au Requérant la possibilité d'une reprise de la présentation des moyens de défense ou un nouveau procès. Toutefois compte tenu de la longueur de peine déjà purgée jusqu'à présent, soit près de 20 sur 30 ans qui lui ont été infligés, ces deux solutions pourraient donner lieu à un déni de justice »[98].

---

[96] CEDH, Requête n° 33394/96, affaire Prince c. Royaume-Uni, arrêt du 10 juillet 2001, paragraphes 24 à 30 ; CEDH, requête n° 44558/98, affaire Valasinas c. Lithuanie, arrêt du 24 juillet 2011 paragraphe 117 ; et CEDH, requête n° 2346/02, affaire Pretty c. Royaume-Uni, arrêt du 29 avril 2002, paragraphe 52.

[97] Voir le paragraphe 146 de l'arrêt du 20 novembre 2015.

[98] Voir le paragraphe 158 de l'arrêt du 20 novembre 2015.

Par un arrêt du 20 novembre 2015, la Cour a ordonné à la République-Unie de Tanzanie de prendre toutes les mesures nécessaires dans un délai raisonnable pour remédier aux violations constatées, en particulier le fait d'avoir privé le requérant de reprendre la présentation des moyens de défense et de rouvrir le procès. Conformément à l'article 63 de son règlement intérieur, elle a accordé un délai de trente jours à M. Alex Thomas pour déposer sa demande en réparation.

22. CHRYSANTHE RUTABINGWA c. RWANDA

Requête n° 003/2013
Ordonnance du 14 mai 2014

Par décision approuvée en conseil des ministres le 17 septembre 1999, M. Chrysanthe Rutabingwa a été recruté par un comité technique officiel de l'État du Rwanda, afin d'assurer les fonctions d'expert chargé de l'audit et des évaluations au secrétariat de la privatisation. Le 27 février 2001, il a été licencié pour faute lourde, au motif qu'il avait divulgué des documents confidentiels de l'institution. M. Chrysanthe Rutabingwa a saisi le Tribunal de première instance de Kigali, qui lui a alloué une indemnité. Il a estimé que ce montant était insignifiant, et a demandé à être rétabli dans ses fonctions.

Le 13 avril 2013, M. Chrysanthe Rutabingwa a introduit sa requête devant la Cour et a dénoncé la violation des articles 10 et 11 de la Constitution du Rwanda. Tandis que la procédure suivait son cours et que l'État défendeur avait sollicité une prorogation du délai de réponse à la requête introduite contre lui, le requérant a indiqué au greffe son intention de se désister le 21 avril 2014.

Visant l'article 58 de son règlement intérieur, la Cour a rappelé que « lorsqu'un requérant fait connaître au Greffier son intention de se désister, la Cour lui en donne acte et fait procéder à la radiation de l'affaire du rôle. Si, à la date de la réception par le Greffe, l'État défendeur a déjà fait acte de procédure, son consentement est requis ». En l'espèce, la Cour a noté qu'au 21 avril 2014, l'État du Rwanda n'avait encore posé aucun acte de procédure.

Le consentement de l'État du Rwanda n'étant pas requis dans ce cas, le 14 mai 2014, la Cour a donné acte au requérant de son désistement et a rayé l'affaire du rôle.

23. FRANK DAVID OMARY ET AUTRES c. RÉPUBLIQUE-UNIE DE TANZANIE

Requête n° 001/2012
Arrêt du 28 mars 2014 à l'unanimité des dix juges

À la suite de la dissolution de la Communauté de l'Afrique de l'Est (EAC) le 17 mai 1984, les présidents tanzanien, ougandais et kényan ont signé un accord de médiation prévoyant le paiement des réparations liées à l'actif et au passif de l'EAC, ainsi que celui des pensions et des allocations de ses trente-et-un mille huit cent trente-et-un (31 831) anciens employés. Le gouvernement tanzanien n'ayant pas respecté ses engagements, ces derniers ont porté l'affaire devant la Haute Cour de Tanzanie en 2003, avant de la retirer le 20 septembre 2005 à la suite d'un règlement amiable conclu avec l'État de Tanzanie. Le 21 septembre 2005, l'acte de règlement a été déposé devant la Haute Cour qui a rendu à cet effet, un jugement de confirmation en faveur des plaignants. Tandis que l'État défendeur commençait à effectuer les paiements, un différend est survenu entre les ex-employés. 5 598 d'entre eux estimaient que les paiements effectués étaient contraires à l'acte de règlement. Le 15 octobre 2010, les 5 598 ex-employés ont à nouveau saisi la Haute Cour de Tanzanie en vue de faire ordonner la délivrance d'un certificat de droit au paiement afin de faire exécuter l'acte de règlement. En raison des dissensions sur le montant exigé, le juge de la Haute Cour a décidé de répartir les 5 598 anciens employés en deux groupes 3A et 3A1 : les requérants appartenant au groupe 3A1. Le 9 novembre 2010, la Haute Cour a rejeté l'affaire pour vice de forme. Cependant, la Cour d'appel qui s'en est par la suite saisie, a plutôt déclaré que la Haute Cour de Tanzanie avait commis une erreur de droit et par conséquent, elle a ordonné une nouvelle instruction de l'affaire par un autre juge de la Haute Cour. Le 23 mai 2011, la Haute Cour a rejeté la demande des requérants au motif que l'État avait déjà réglé sa dette. De suite, les requérants ont envoyé des représentants auprès du président de la Cour suprême de Tanzanie afin de s'enquérir de leur sort. La police tanzanienne est intervenue pour disperser les plaignants qui refusaient de quitter les locaux de la juridiction et exigeaient d'être entendus par le président de la Cour Suprême.

Le 27 janvier 2012, les requérants ont introduit une requête devant la Cour africaine en vue de contraindre le gouvernement tanzanien à respecter l'accord de médiation du 17 mai 1984. N'ayant perçu l'intégralité de leurs droits, les requérants ont déclaré que la République-Unie de Tanzanie a violé les articles 7, 8, 23, 25 et 30 de la Déclaration universelle des droits de l'homme. Ces dispositions sont relatives au droit à la non-discrimination, au droit à un recours effectif, au droit travail et à une juste rémunération, ainsi qu'à l'obligation pour l'État de respecter les droits consacrés par ce texte. Les requérants ont également affirmé avoir subi la violence policière. Ils ont sollicité de la Cour qu'elle :

- ordonne à l'État de Tanzanie de leur payer les pensions et indemnités dues ;
- ordonne à la Cour d'appel de Tanzanie de délivrer un acte devant en faciliter le paiement ;
- ordonne qu'une compensation soit versée en réparation des brutalités policières.

Pour sa part, la République-Unie de Tanzanie a soulevé plusieurs exceptions tirées du non-respect de six des conditions de recevabilité posées par l'article 56 de la Charte africaine. D'une part, l'État défendeur a fait valoir que la requête a été introduite au nom de « M. Katara Ernest et autres » et non pas au nom des requérants. Il a considéré qu'il s'en trouve une cause d'irrecevabilité du fait de l'identité des requérants. D'autre part, il a affirmé que la requête est contraire à l'acte constitutif de l'UA dans la mesure où, les droits dont la violation alléguée par les requérants ne porte que sur la Déclaration universelle des droits de l'homme. Ensuite, il a également déclaré que les prétentions relatives aux brutalités policières sont uniquement fondées sur des coupures de journaux. Enfin, l'État défendeur a souligné qu'en plus d'avoir été introduite devant la Cour au-delà du délai raisonnable, l'affaire demeure pendante devant les juridictions nationales. Au fond, la République-Unie de Tanzanie a soutenu que les paiements dus ont été effectués dans leur totalité, de même qu'elle n'a reconnu aucune violation faite aux droits des requérants.

Statuant sur les exceptions soulevées par l'État défendeur, la Cour a observé selon l'article 56(1) de la Charte africaine, que la requête « doit indiquer l'identité de leur auteur même si celui-ci demande à la Commission de garder l'anonymat »[99]. En l'espèce, elle a cependant noté, que si la requête a été initialement introduite sous le nom de « M. Katara Ernest et autres », ce premier s'est par la suite dissocié de l'affaire. Aussi, c'est à la demande des autres requérants

[99] Voir le paragraphe 88 de l'arrêt du 28 mars 2014.

que la Cour a remplacé ce nom par « Frank David Omary et autres ». La Cour a décidé que cette modification ne rend pas moins valable l'identité des nouveaux requérants.

Pour rejeter le moyen tiré de la non-conformité de la requête à l'Acte constitutif de l'UA et à la Charte africaine, la Cour a décidé « qu'elle n'est pas liée à la référence faite à la Déclaration dans la requête et qu'elle s'en tient aux faits de violations alléguées par les Requérants pour se prononcer sur sa compétence »[100]. En outre, elle a ajouté que « le fait de ne pas citer expressément la Charte dans une requête ne signifie pas nécessairement qu'elle n'a pas compétence pour connaître de l'affaire. Il suffit que ces droits dont la violation est alléguée soient inscrits dans la Charte [comme ce fut le cas en l'espèce] ou dans tout autre instrument relatif aux droits de l'homme et ratifié par l'État concerné »[101].

Sur le point de savoir si la requête ne se fonde pas entièrement sur des nouvelles diffusées par des moyens de communication de masse, la Cour a constaté que conformément à l'article 56(4) de la Charte, la requête ne s'est pas limitée à rassembler uniquement des coupures de presse pour rapporter les faits de violences policières. La Cour a noté à cet effet, que les requérants ont évoqué les noms de victimes disposées à étayer par leurs témoignages, les faits de brutalités policières. Elle a de ce fait rejeté ce moyen.

Sur l'épuisement des voies de recours internes, la Cour a recherché si les requérants ont épuisé les voies de recours internes, ou s'ils ont été confrontés à une prolongation anormale des procédures judiciaires internes. Tout d'abord, la Cour a apprécié l'épuisement des voies de recours internes sur les deux chefs de demandes portant sur les compensations d'une part et sur les allégations de brutalités policières d'autre part. En ce qui concerne les compensations, la Cour africaine a noté que suite à la décision de la Haute Cour du 23 mai 2011, seuls les ex-employés du groupe 3A ont demandé l'autorisation d'interjeter appel, contrairement à ceux du groupe 3A1 auquel appartiennent les requérants. Ce dernier groupe n'a démontré aucune action menée, ou tentée pour amener la Cour d'appel à statuer sur leurs revendications, ou pour interjeter appel devant celle-ci. Par ailleurs, la Cour a observé qu'en réformant la décision de la Haute Cour du 23 mai 2011, notamment sur le point de l'examen des seules conditions de saisine, la Cour d'appel de Tanzanie n'a pas statué sur le fond de l'af-

---

[100] Voir le paragraphe 91 de l'arrêt du 28 mars 2014.

[101] Voir le paragraphe 93 de l'arrêt du 28 mars 2014.

faire et ne s'est par conséquent pas prononcée sur la compensation elle-même. Elle a conclu qu'en violation de l'article 56(5) de la Charte, les requérants n'ont pas épuisé les voies de recours internes sur la demande en compensation.

Sur les brutalités policières, la Cour a observé qu'outre une lettre datée du 16 juillet 2012, dans laquelle les requérants se sont contentés de rapporter les faits décriés, ces derniers n'ont produit aucune preuve des mesures prises, ou tentées pour épuiser les voies de recours internes en ce qui concerne les allégations de violences policières.

Ensuite, pour invalider l'hypothèse d'un prolongement anormal des procédures internes, la Cour a constaté que le début de l'affaire devant les juridictions internes date de 2003 et que les retards enregistrés ont été occasionnés par les différends internes entre les plaignants.

Aussi, sur les deux chefs de demande relatifs aux compensations, et à l'allégation de brutalités policières, la Cour a constaté que les requérants n'ont pas épuisé les voies de recours internes. Aussi, dans son arrêt du 28 mars 2014 et sans besoin examiner le reste des moyens, elle a déclaré irrecevable la requête introduite par M. Frank David Omary et autres.

24. FRANK DAVID OMARY ET AUTRES c. RÉPUBLIQUE-UNIE DE TANZANIE

Requête n° 001/2012 (Révision)
Arrêt du 3 juin 2016 à l'unanimité des dix juges

Les requérants sont les ex-employés de la Communauté de l'Afrique de l'Est (EAC) qui avaient saisi la Cour en date du 17 janvier 2012 contre la République-Unie de Tanzanie. Ils dénonçaient la violation des droits consacrés par la Déclaration universelle des droits de l'homme en raison du non-paiement de l'intégralité de leurs pensions et indemnités de licenciement dues par le gouvernement tanzanien. Ils déclaraient par ailleurs, avoir subi des brutalités policières également constitutives de violations de la Déclaration universelle des droits de l'homme. Le 28 mars 2014, la Cour avait déclaré leur requête irrecevable au motif que les voies de recours internes n'avaient pas été épuisées.

Le 30 juin 2014, M. Frank David Omary et autres ont introduit une demande en révision de l'arrêt rendu le 28 mars 2014 dans l'affaire qui les opposait à la République-Unie de Tanzanie. À l'appui de leur demande, les requérants ont invoqué de nouveaux éléments de preuve et produit à cet effet neuf documents : des correspondances, rapports d'activités, articles de journaux et autres destinés à démontrer que les voies de recours avaient été épuisées devant les juridictions tanzaniennes et que la procédure interne contre le défendeur avait également connu un prolongement anormal.

Pour sa part, la République-Unie de Tanzanie a soutenu que ces documents ne constituent pas des éléments nouveaux justifiant une demande en révision. L'État défendeur a relevé le caractère équitable des procès suivis devant les juridictions tanzaniennes et a prié la Cour de rejeter la requête en révision.

La Cour a observé qu'en vertu de l'article 67(1) de son règlement intérieur, une partie peut demander la révision de l'arrêt en cas de découverte de preuves dont elle n'avait pas connaissance au moment où l'arrêt était rendu. Procédant à l'analyse des pièces produites par les requérants, la Cour a déclaré que, s'il est vrai que celles-ci mettent effectivement en cause les conclusions auxquelles elle est arrivée dans son arrêt du 28 mars 2014, seuls quatre de ces neuf documents ont retenu son attention. Par ailleurs, la Cour a relevé que parmi les quatre documents, seul l'article de journal du 16 mars 2011 n'avait pas été produit lors du premier procès. En conséquence, la Cour a décidé d'examiner cette seule pièce. La Cour a relevé que l'article du 16 mai 2011, qui tend à corroborer la prolongation anormale des procédures internes, se borne à rapporter des instructions données par le Président de la République-Unie de Tanzanie au ministre des Finances, pour le paiement des anciens retraités de la CAE/EAC. La Cour a de suite décidé que le contenu de cette pièce n'est pas de nature à influencer la décision initiale et que la « prolongation anormale des recours s'apprécie au regard des recours que l'on a effectivement exercés ou tentés d'exercer devant les juridictions internes et non à la lumière des discours et des rapports »[102].

Dans son arrêt du 3 juin 2016, la Cour a déclaré la requête irrecevable, après avoir conclu que l'article de presse du 16 mars 2011 ne constitue pas une preuve nouvelle au sens de l'article 67(1) de son règlement intérieur.

---

[102] Voir le paragraphe 49 de l'arrêt du 3 juin 2016.

25. COMMISSION AFRICAINE DES DROITS DE L'HOMME ET DES PEUPLES c. LIBYE

Requête n° 002/2013
Arrêt du 3 juin 2016 à l'unanimité des onze juges

Le 2 avril 2012, une communication est adressée par Mme Mishana Hosseinioun à la Commission africaine des droits de l'homme et des peuples (ci-après la CmADHP), au nom de M. Saïf Al Islam Kadhafi. Selon les termes de cette correspondance, M. Saïf Al Islam Kadhafi aurait été arrêté et détenu par le Conseil national de transition depuis le 19 novembre 2011, dans un lieu dont l'adresse est inconnue en Libye. La communication a également rapporté que M. Saïf Al Islam Kadhafi y serait maintenu en isolement, en dehors de toute poursuite judiciaire, sans inculpation d'aucune infraction et sans l'assistance d'un conseil. Elle a en outre, fait état de ce que la vie du détenu y serait en danger et que sa santé et son intégrité physique seraient menacées de dommages irréparables. Saisie en date du 18 avril 2012, la CmADHP a ordonné des mesures provisoires tendant à faire cesser tout préjudice irréparable au détenu. Cependant, le gouvernement de la Libye a ignoré les mesures ordonnées par la Commission. Aussi le 31 janvier 2013, la CmADHP a saisi une première fois la Cour africaine d'une requête en indication des mesures conservatoires. Y faisant droit le 15 mars 2013, la Cour a ordonné à la Libye de :

- s'abstenir de toute action portant sur des procédures judiciaires, des enquêtes ou détentions susceptibles de causer des dommages irréparables au détenu en violation de la Charte ;
- permettre au détenu de se faire assister d'un conseil ;
- lui permettre de recevoir de la visite de sa famille ;
- s'abstenir de prendre toutes mesures susceptibles de préjudicier à l'intégrité physique, mentale et à la santé du détenu.

Toutefois, cette ordonnance n'a pas été exécutée par la Libye et M. Saïf Al Islam a plus tard été condamné à mort par contumace.

Le 28 février 2013, la Commission africaine a saisi une seconde fois la Cour d'une requête contre la Libye en dénonçant la violation par celle-ci des droits garantis aux articles 6 et 7 de la Charte de Banjul : il s'agissait respectivement du droit à la liberté, à la sécurité et à l'interdiction d'arrestation arbitraire d'une part, et du droit à ce que sa cause soit entendue d'autre part. La Commission a ajouté que pour avoir refusé de se conformer à l'ordonnance de la Cour du 15 mars

2013, la Libye a aussi violé les droits du détenu. Dans sa requête, la Commission a prié la Cour de :

- rendre contre la Libye un arrêt par défaut et constater qu'elle a violé et continue de violer les droits de M. Saïf Al Islam Kadhafi consacrés aux articles 6 et 7 de la Charte de Banjul ;
- suspendre en guise de réparation, toutes procédures pénales engagées devant les juridictions internes et s'assurer, à bref délai, que le droit à un conseil de son choix, à la protection de la victime et des témoins, le droit de visite soient respectés ;
- dire et juger que la Libye ne s'est pas conformée aux mesures provisoires ordonnées par la Cour ;
- notifier l'arrêt au Conseil exécutif de l'UA et aux parties, et le publier ;
- prendre toutes mesures pour garantir un procès équitable à M. Saïf Al Islam Kadhafi.

Pour sa part, la Libye ne s'est pas représentée devant la Cour et n'a fait valoir aucun moyen. L'État défendeur s'est contenté de communiquer à la Cour des documents justifiant la réalité des poursuites devant les juridictions internes et les prorogations du délai de détention de M. Saïf Al Islam Kadhafi.

Statuant sur le bien-fondé de rendre un arrêt par défaut, la Cour a rappelé qu'en vertu de l'article 55 de son règlement intérieur : « Lorsqu'une partie ne se présente pas ou s'abstient de faire valoir ses moyens, la Cour peut, à la demande de l'autre partie, rendre un arrêt par défaut après s'être assurée que la partie défaillante a dûment reçu notification de la requête et communication des autres pièces de la procédure. La Cour, avant de faire droit aux prétentions de la partie comparante, doit s'assurer non seulement qu'elle a compétence, mais également que la requête est recevable et que les conclusions sont fondées en fait et en droit. »[103]. La Cour a non seulement observé que toutes les pièces de procédure ont été notifiées au défendeur, mais aussi que ce dernier s'est abstenu de faire valoir ses moyens de défense malgré les délais qui lui ont été accordés.

La Cour a ensuite statué *motu proprio*[104] sur sa compétence personnelle, matérielle, temporelle et territoriale. À cet effet, pour retenir sa compétence personnelle, elle a tout d'abord relevé que non seulement l'article 5(1) du Protocole donne qualité à la CmADHP pour la saisir, mais encore, que conformément à l'article 3(1) du même

103 Voir le paragraphe 40 de l'arrêt du 3 juin 2016.

104 En l'absence d'exception soulevée dans ce sens par le défendeur.

texte, la Libye a ratifié la Charte africaine[105] et le Protocole[106], ainsi que tous les textes en vigueur à son égard. De plus, pour ce qui relève particulièrement du défendeur, la Cour a observé que « le comportement d'une personne ou d'un groupe de personnes est considéré comme un fait de l'État d'après le droit international si cette personne ou ce groupe de personnes exerce en fait des prérogatives de puissance publique en cas d'absence ou de carence des autorités officielles et dans des circonstances qui requiert l'exercice de ces prérogatives »[107]. Aussi, la Cour a décidé que bien que M. Saïf Al Islam Kadhafi soit détenu en Libye par « une brigade révolutionnaire », l'État défendeur en répond, en tant qu'il a l'obligation d'adopter des mesures pour veiller à l'application des droits garantis par la Charte sur son territoire.

La Cour a ensuite déclaré qu'elle est matériellement compétente dans la mesure où, conformément aux prescriptions l'article 3(1) du Protocole, elle est saisie de l'application des articles 6 et 7 de la Charte.

Elle s'est également déclarée compétente sur le plan temporel. Pour elle, bien que les violations reprochées à la Libye datent de 2011, c'est-à-dire qu'elles sont antérieures à l'entrée en vigueur à l'égard de la Libye de la Charte africaine[108] et du Protocole créant la Cour[109], ces violations sont continues et se prolongent tout au long du procès devant la Cour.

Enfin, sur le plan territorial, elle a observé que les faits se produisent sur le territoire de la Libye. Elle s'est en conséquence déclarée compétente.

Statuant sur la recevabilité de la requête, la Cour a noté que les éléments relatifs à l'identité du requérant, à la compatibilité de la requête avec l'Acte constitutif de l'UA et avec la Charte, au langage utilisé dans la requête, à la nature des preuves, et au principe *non-bis in idem* ne sont pas en discussion, pas plus qu'ils ne posent de problème conformément aux alinéas 1, 2, 3, 4 et 7 de l'article 40 de son règlement intérieur.

---

105 Date de ratification par la Libye de la Charte africaine : le 19 juillet 1986.

106 Date de ratification par la Libye du Protocole créant la Cour : le 19 novembre 2003.

107 Voir le paragraphe 50 de l'arrêt du 3 juin 2016.

108 Date d'entrée en vigueur de la Charte à l'égard de la Libye : 26 mars 1987.

109 Date d'entrée en vigueur du Protocole créant la Cour à l'égard de la Libye : 8 décembre 2003.

Progressant sur la condition de recevabilité relative à l'épuisement des voies de recours internes, la Cour a noté que celle-ci se rapporte aux seuls recours juridictionnels effectifs, disponibles et efficaces. Elle a souligné que le recours est « disponible si le Demandeur peut poursuivre une action sans aucune entrave »[110] et que l'efficacité d'« un recours en tant que tel se mesure à sa capacité à remédier à la situation dont se plaint celui ou celle qui l'exerce ».[111] En l'espèce, la Cour a remarqué que la détention secrète en isolement, en l'absence d'un Conseil, les multiples prorogations de la détention de M. Kadhafi, ainsi que sa condamnation à mort par contumace, suffisent à démontrer que le détenu n'a pas été placé en mesure de recourir aux voies légalement prévues par la législation libyenne. Elle a conclu que l'exigence de l'épuisement des voies de recours n'est pas applicable en l'espèce du fait que ces recours ne sont pas disponibles et efficaces.

Sur l'exigence du délai raisonnable pour sa saisine, la Cour a noté que la requête du 31 janvier 2013 est intervenue moins d'un an après le constat ferme le 18 avril 2012, que la Libye ne s'était pas conformée aux mesures provisoires. Elle a considéré que ce délai était raisonnable et a déclaré la requête recevable.

Statuant sur le fond, la Cour a analysé la violation des articles 6 et 7 de la Charte. Sur la violation de l'article 6 relatif au droit à la liberté et à la sécurité, la Cour a affirmé que la privation de liberté n'est autorisée que pour autant qu'elle est conforme aux lois internes, elles-mêmes respectueuses du droit international. Elle a en outre décidé que « la détention au secret constitue quant à elle une violation grave des droits de l'homme qui peut entrainer d'autres violations telles que la torture, le mauvais traitement ou l'interrogatoire sans mesure de protection appropriée ».[112] Elle a conclu en l'espèce que les conditions de détention de M. Saïf Al Islam Kadhafi violent l'article 6 de la Charte.

En ce qui concerne la violation alléguée de l'article 7 relatif au droit à ce que sa cause soit entendue, la Cour a déclaré qu'il s'agit d'un droit fondamental, des garanties minimales d'un procès équitable. Elle a noté que le détenu n'en a bénéficié ni à son arrestation, ni à sa détention dont les nombreuses prorogations ont manifestement violé le délai raisonnable à ce que sa cause soit entendue. De plus, la Cour a constaté que sa condamnation à mort est intervenue alors qu'il n'avait pas été autorisé à bénéficier des services d'un conseil.

---

110 Voir le paragraphe 67 de l'arrêt du 3 juin 2016.

111 Voir le paragraphe 67 de l'arrêt du 3 juin 2016.

112 Voir le paragraphe 84 de l'arrêt du 3 juin 2016.

Dans son arrêt du 3 juin 2016, la Cour a confirmé son ordonnance du 15 mars 2013 et a ordonné à la Libye de protéger tous les droits consacrés aux articles 6 et 7 de la Charte africaine, en mettant fin aux procédures pénales irrégulières engagées devant les juridictions internes.

26. COLLECTIF DES ANCIENS TRAVAILLEURS DU LABORATOIRE AUSTRALIAN LABORATORY SERVICES, ALS-BAMAKO (MORILA) c. RÉPUBLIQUE DU MALI

Requête n° 002/2015
Décision du 5 septembre 2016

Le 29 décembre 2014, la secrétaire générale de la Fédération Nationale des Mines et de l'Énergie (FENAME) a saisi la cour, au nom du Collectif des anciens travailleurs du laboratoire *Australian Laboratory Services* ALS-Bamako, une société à responsabilité limitée œuvrant dans le secteur des mines, et dont le siège est à Bamako, au Mali. La requête initiale alors dirigée contre le groupe du Laboratoire ALS Mali Sarl, relevait que les employés avaient été sciemment contaminés par exposition au plomb et qu'ils avaient été abusivement licenciés. La requête faisait mention d'une demande des dommages et intérêts compensatoires, ainsi que d'une prise en charge médicale pour eux et pour leurs familles. Le 16 février 2015, le requérant a déposé une requête reformulée cette fois contre la République du Mali. Au cours de ces diverses sessions, la Cour a plusieurs fois attiré l'attention du collectif afin de reformuler cette requête pour se conformer aux dispositions des articles 34 (1), (2) et (4) du règlement intérieur, qui prescrivent les indications que doit fournir la requête. Compte tenu de ce que ces indications n'ont pas été corrigées par le requérant, la Cour en a déduit un « manque d'intérêt »[113]. Par décision du 5 septembre 2016, l'affaire a été rayée du rôle sans préjudice de la possibilité pour le requérant, de déposer une nouvelle requête dans la même affaire.

---

113 Voir le paragraphe IV du dispositif de la décision du 7 septembre 2016.

27. ACTION POUR LA PROTECTION DES DROITS DE L'HOMME (APDH) c. LA RÉPUBLIQUE DE CÔTE D'IVOIRE

Requête n° 001/2014
Arrêt du 18 novembre 2016 rendu à l'unanimité des 10 juges

Le 9 octobre 2001, le parlement ivoirien a adopté la loi n° 2001-634 créant la Commission Électorale Indépendante (CEI). Par la suite, une décision présidentielle du 15 juillet 2005 a prévu en son article 53 que le mandat des membres de la CEI devait prendre fin à l'issue des élections générales de 2010. En application de cette décision, l'Assemblée nationale a voté la loi n° 2014-335 du 28 mai 2014 modifiant la loi du 9 octobre 2001. S'appuyant sur l'inégalité créée par la surreprésentation du Président de la République dans la composition de la CEI, un collectif de vingt-trois parlementaires a saisi le Conseil constitutionnel le 30 mai 2014, pour dénoncer l'inconstitutionnalité de la nouvelle loi. Le Conseil constitutionnel n'a pas accédé à leur demande et le 18 juin 2014 loi a été promulguée. Le 12 juillet 2014, une ONG de droit ivoirien dénommée l'Action pour la Protection des Droits de l'Homme (APDH), représentée par M. Kramo Kouassi, a saisi la Cour africaine des droits de l'homme et des peuples. Pour l'APDH, la loi du 28 mai 2014 sur la CEI[114] porte atteinte aux engagements de l'État de mettre sur pied un organe électoral indépendant et impartial, ainsi que son droit de protéger l'égalité de tous devant la loi. L'APDH a dénoncé la violation de la Charte africaine sur la démocratie[115], ainsi que du Protocole de la CEDEAO sur la démocratie[116]. Le requérant a sollicité par ailleurs qu'il soit ordonné à la République de Côte d'Ivoire de modifier son organe électoral.

En réponse à la requête, l'État de Côte d'Ivoire a soulevé deux exceptions d'irrecevabilité. D'une part, il a soutenu que la requête comporte des expressions insultantes à l'endroit de l'État et de ses institutions. D'autre part, il a relevé que l'APDH n'a pas épuisé les

---

114 La loi n° 2001-634 du 9 octobre 2001 portant composition, organisation, attributions et fonctionnement de la Commission Électorale Indépendante (CEI).

115 La Charte africaine sur la démocratie, des élections et de la gouvernance en ses articles 5, 15, 16 et 17 nouveaux.

116 Le Protocole de la CEDEAO sur la démocratie et la bonne gouvernance, additionnel au Protocole relatif au mécanisme de prévention, de gestion, de règlement des conflits.

voies de recours internes. Il a sollicité qu'en cas de décision contraire de la Cour sur la recevabilité, la requête soit déclarée non fondée.

Sur le plan de sa compétence personnelle, la Cour a observé que la République de Côte d'Ivoire est effectivement partie aux divers instruments pertinents dans l'affaire à savoir : la Charte de Banjul, Protocole de la Cour, la Charte africaine sur la démocratie et le Protocole de la CEDEAO sur la démocratie. La Cour a aussi relevé que l'État défendeur a également fait la déclaration prévue à l'article 34(6) du Protocole de la Cour et que par cette déclaration, l'État défendeur l'a autorisé à recevoir les requêtes émanant des individus et des ONG. La Cour a par ailleurs noté que l'APDH est une ONG dotée du statut d'observateur auprès de la Commission africaine des droits de l'homme et des peuples.

Sur le plan de sa compétence matérielle, la Cour a observé qu'en tant que partie à la Charte africaine sur la démocratie et au Protocole de la CEDEAO sur la démocratie, l'État de Côte d'Ivoire a l'obligation de créer des organes électoraux indépendants et impartiaux. La Cour a affirmé que cette exigence procède du droit du citoyen à la participation de la direction des affaires publiques. Elle a également relevé que la Charte africaine sur la démocratie et le Protocole de la CEDEAO sont des instruments pertinents des droits de l'homme au sens de l'article 3(1) du Protocole portant création de la Cour.

S'agissant de sa compétence temporelle, la Cour a relevé que les faits à l'origine des violations alléguées (depuis la loi de 2014) sont postérieurs aux dates de l'entrée en vigueur pour la République de Côte d'Ivoire des textes pertinents, notamment : la Charte de Banjul, le Protocole de la Cour (25 janvier 2004), la Charte africaine de la démocratie (28 novembre 2013), le Protocole de la CEDEAO sur la démocratie (31 juillet 2013), la déclaration de l'article 34(6) du Protocole (23 juillet 2013).

S'agissant de sa compétence territoriale, la Cour a relevé que les faits reprochés ont été commis sur le territoire de la République de Côte d'Ivoire. En conséquence, la Cour s'est déclarée compétente.

Statuant sur les conditions de recevabilité de la requête, après a conclu que 4 d'entre elles n'ont pas fait l'objet de contestation entre les parties et ont été remplies. Elle s'est penchée sur les deux exceptions soulevées par le défendeur.

Sur l'exception préliminaire tirée du caractère injurieux des termes contenus dans la requête, la Cour a considéré qu'en déclarant entre autres que « le juge constitutionnel s'est refusé curieusement à censurer cette loi»[117], l'APDH a rapporté les actes posés par les autorités ivoiriennes et que, ces propos sont dénués de tout caractère insultant.

Sur l'exception préliminaire tirée du non-épuisement des voies de recours internes, la Cour a observé que l'article 77 de la Constitution ivoirienne offre aux associations de défense des droits de l'homme, la possibilité de déférer au Conseil constitutionnel les lois relatives aux libertés publiques. Elle a toutefois déclaré que l'APDH n'avait aucune satisfaction à saisir la Cour constitutionnelle dans la mesure où la Cour constitutionnelle s'était déjà prononcée en faveur de la constitutionnalité de la loi du 18 juin 2014 quand elle avait été saisie par M. Kramo Kouassi. De plus, pour la Cour, la loi du 18 juin 2014 ne constituait pas une loi relative à l'exercice d'une liberté publique et ne pouvait être déférée au Conseil constitutionnel pour contrôle de constitutionnalité. La Cour a conclu qu'aucun recours remplissant les critères de disponibilité, d'efficacité et de satisfaction n'était en l'état envisageable. Aussi, elle a déclaré la requête recevable.

Statuant sur le fond, la Cour a observé que la Commission centrale de la CEI ivoirienne présente un déséquilibre. L'article 5 de la loi du 28 mai 2014 contestée, fait état de ce que le parti au pouvoir y est représenté par huit membres contre quatre pour l'opposition. La Cour a conclu que «la composition de l'organe électoral ivoirien est déséquilibrée en faveur du pouvoir et que ce déséquilibre affecte l'indépendance et l'impartialité de cet organe»[118].

Par une décision du 18 novembre 2016, elle a ordonné à la République de Côte d'Ivoire de modifier la loi n° 2014-335 du 18 juin 2014 relative à la CEI, afin de la rendre conforme aux instruments de droit international des droits de l'homme.

28. KAYUMBA NYAMWASA ET AUTRES c. RÉPUBLIQUE DU RWANDA

Requête n° 016/2015
Ordonnance du 24 mars 2017 à l'unanimité des huit juges

Les vendredi 17 et samedi 18 décembre 2015, le gouvernement du Rwanda se prépare à organiser un référendum dans le but de modifier

[117] Voir le paragraphe 77 de l'arrêt du 18 novembre 2018.
[118] Voir le paragraphe 149 de l'arrêt du 18 novembre 2016.

l'article 101 de la Constitution rwandaise, et lever la limitation du nombre de mandats présidentiels à deux, afin de permettre au Président de la République d'en effectuer un troisième. Le général Kayumba Nyamwasa et sept autres citoyens rwandais exilés en Afrique du Sud[119] ont introduit une demande de mesures provisoires afin que la Cour interdise la poursuite du processus référendaire. Ils ont mis en avant la violation de l'article 23(5) de la Charte sur la démocratie qui proscrit tout amendement ou toute révision de la Constitution ou d'un instrument juridique qui porte atteinte aux principes de l'alternance démocratique.

Le 1er mars 2016, dénonçant une requête politique de « criminels en fuite »[120], la République du Rwanda a notifié à la Cour, le dépôt de l'instrument de retrait de la déclaration qu'elle avait faite en vertu de l'article 34(6) du Protocole, ce à l'occasion d'une affaire antérieure introduite en 2014 contre elle, par Mme Ingabire Umuhoza Victoire. Si la déclaration prévue à l'article 34(6) du Protocole a autorisé la Cour à recevoir des requêtes émanant des individus, avec le retrait de cette déclaration, le Rwanda a demandé à la Cour de suspendre toutes les affaires la concernant, y compris la présente.

Dans une ordonnance du 3 juin 2016, la Cour a déclaré que « le retrait par le Rwanda de sa déclaration n'a pas pour effet de suspendre les procédures dans les affaires pendantes devant la Cour visant le Rwanda »[121].

Par ailleurs, la Cour a constaté que le contexte décrit par la demande de mesures provisoires présentait une urgence, notamment celle d'arrêter le référendum prévu en décembre 2015. La Cour a de ce fait fixé l'audience publique au 25 novembre 2015. Compte tenu des difficultés pour certains de se rendre à Arusha, les requérants ont sollicité un report sans fixer de date. Advenu le référendum du 17 décembre 2015, la demande de mesures provisoire était devenue sans objet. Aussi le 24 mars 2017, la Cour a rejeté la demande de mesures provisoires.

---

119 M. Kennedy Alfred Nurudin Gihana, M. Bamporiki Abdallah Seif, M. Frank Ntwali, M. Safari Stanley, Dr Étienne Mutabazi et M. Epimaque Ntamushobora.

120 Voir le paragraphe 28(c) de l'ordonnance.

121 Voir le paragraphe 9 de l'ordonnance du 3 juin 2016 ayant pour objet le retrait de la déclaration faite par le Rwanda en vertu de l'article 34(6) du Protocole.

29. COMMISSION AFRICAINE DES DROITS DE L'HOMME ET DES PEUPLES c. RÉPUBLIQUE DU KENYA

Requête n° 006/2012
Ordonnance portant mesures provisoires rendue le 15 mars 2013 à l'unanimité des dix juges

Les Ogiek sont un groupe ethnique minoritaire de deux mille membres dont mille-cinq-cents habitent le complexe forestier de Mau, au Kenya. Il est reconnu que la communauté Ogiek dépend de cette forêt pour sa subsistance traditionnelle et que celle-ci est la source de leur identité religieuse. Soutenant que la forêt de Mau fait partie du domaine de l'État et constitue une zone de captage d'eau, le gouvernement du Kenya a émis contre les Ogiek, un avis d'expulsion en novembre 2009 exigeant leur déguerpissement. Au nom de la communauté Ogiek du complexe forestier de Mau, une plainte est adressée à la Commission africaine des droits de l'homme et des peuples, le 14 novembre 2009 contre la République du Kenya. Après avoir constaté que cette expulsion aura pour effet la destruction des moyens de survie de la communauté Ogiek, la Commission africaine a saisi la Cour en date du 13 juillet 2012, en vue de dénoncer une violation grave et massive de la Charte de Banjul[122].

C'est dans ce contexte que le requérant a prié la Cour d'ordonner à la République du Kenya de prendre les mesures suivantes :

- arrêter l'expulsion engagée et éviter de harceler ou d'intimider la communauté Ogiek ainsi que d'empiéter sur leur mode de vie traditionnel ;

---

122 Les droits dont la violation est alléguée dans la requête introduite par la Commission africaine, sont consacrés par les articles 1, 2, 4, 14, 17(2) et (3), 21 et 22 de la Charte africaine des droits de l'homme et des peuples. Ces dispositions sont respectivement relatives à la reconnaissance des libertés, des droits et devoirs énoncés dans la Charte et à l'engagement des États parties de prendre des mesures en vue de les appliquer ; au droit à la jouissance des droits et libertés reconnus sans discrimination ; à l'inviolabilité de la personne humaine ; au droit à la propriété ; au droit de prendre librement part à la vie culturelle de la communauté, au droit à la promotion et à la protection de la morale et des valeurs traditionnelles reconnues par la Charte ; au droit qu'ont les peuples de disposer librement de leurs richesses et de leurs ressources naturelles ; au droit de tous les peuples au développement économique, social et culturel dans le respect strict de leur liberté et de leur identité, et au droit à la jouissance égale du patrimoine de l'humanité.

- reconnaître les droits des Ogiek sur leurs terres ancestrales, leur délivrer un titre de propriété après une préalable consultation entre le gouvernement kényan et la communauté Ogiek, ainsi qu'aménager la législation en vue d'autoriser la propriété foncière collective ;
- indemniser les Ogiek en raison des pertes matérielles, de l'absence de développement, et pour avoir spolié ceux-ci de leurs ressources naturelles, ainsi que de leur liberté de pratiquer leur religion et leur culture.

La Cour a cependant constaté que la requête principale ne comporte aucune demande de mesure provisoire. Aussi le 31 décembre 2012, la requérante a adressé à la Cour une demande de mesures provisoires. À cet effet, elle a soutenu que le 9 novembre 2012, la République du Kenya a levé les mesures imposant les restrictions sur les transactions foncières d'au moins cinq demi-hectares de la forêt de Mau. La requérante a ajouté que cette décision serait de nature à causer aux Ogiek un préjudice irréparable, de même que cela pérenniserait et aggraverait le dommage qui fait l'objet de la requête principale.

Pour sa part, l'État défendeur n'a formulé aucune réponse à la demande de mesures provisoires nonobstant les nombreuses relances de la Cour.

La Cour a observé qu'en vertu de l'article 27(2) de son Protocole : « Dans les cas d'extrême gravité ou d'urgence et lorsqu'il s'avère nécessaire d'éviter des dommages irréparables à des personnes, la Cour ordonne les mesures provisoires qu'elle juge pertinentes ».

La Cour a considéré qu'avant d'indiquer les mesures provisoires, elle n'a pas à établir sa compétence sur le fond de l'affaire, mais « simplement s'assurer qu'elle est compétente *prima facie* ». D'une part, la Cour a déclaré que l'objet de sa saisine tombait dans le champ de sa compétence prévue à l'article 3(1) du Protocole en vertu duquel « la Cour a compétence pour connaître de toutes les affaires et de tous les différends dont elle est saisie concernant l'interprétation de la Charte, du Protocole. Elle s'est assurée au plan personnel que le défendeur est partie à la Charte africaine, du présent Protocole et de tout autre instrument pertinent relatif aux droits de l'homme et ratifiés par les États concernés ». D'autre part, la Cour a observé qu'en vertu de l'article 5(a)(1) du Protocole, la requérante fait partie des entités pouvant saisir la Cour.

La Cour a ensuite constaté qu'eu égard à la violation des droits qui leur sont garantis par la Charte, les Ogiek de la forêt de Mau connaissent une situation d'extrême gravité et d'urgence, ainsi qu'un risque de dommages irréparables. Ces droits sont relatifs à : la jouissance de leurs droits culturels et à la protection de leurs valeurs traditionnelles, la protection de la loi, l'intégrité de la personne, le droit à la propriété, le droit au développement économique, social et culturel. En conséquence, la Cour s'est déclarée compétente *prima facie* et a décidé que la situation telle que présentée justifie le prononcé des mesures provisoires.

La Cour a conclu que les faits de l'espèce exigent des mesures provisoires jusqu'à ce qu'il soit statué sur la requête principale. Le 15 mars 2013, la Cour a ordonné la remise en vigueur, avec effet immédiat des restrictions levées par la République du Kenya sur les transactions foncières dans le complexe de la forêt de Mau. Elle a également enjoint l'État défendeur, d'éviter tout acte ou action pouvant préjudicier de façon irrémédiable la requête principale jusqu'à ce qu'elle ait statué sur cette requête. Auparavant, la Cour a pris le soin de préciser que les mesures provisoires ordonnées ne détermineront en rien sa position en ce qui concerne l'examen ultérieur de la requête principale.

30. KENNEDY OWINO ONYACHI et CHARLES JOHN NJOKA MWANINI c. RÉPUBLIQUE-UNIE DE TANZANIE

Requête n° 003/2015
Arrêt du 28 septembre 2017 à l'unanimité des sept juges

Arrêtés le 30 novembre 2002 sur le territoire du Kenya pour les faits de vol qualifié commis en République-Unie de Tanzanie, M. Kennedy Owino Onyachi et M. Charles John Njoka Mwanini sont mis en accusation devant le Tribunal de première instance de Nairobi, au Kenya, pour vol à main armée. À la demande de la Tanzanie, le Tribunal de première instance de Nairobi a ordonné leur extradition le 21 mars 2003. M. Kennedy Owino Onyachi et M. Charles John Njoka Mwanini ont fait valoir qu'ils ont été conduits sur le territoire de la Tanzanie avant l'expiration du délai d'appel contre la décision d'extradition. Ils ont ajouté que la décision sur leur extradition avait néanmoins été attaquée par un de leur proche devant la Haute Cour. Ils ont affirmé que le 30 juillet 2003, la Haute Cour a rendu un jugement qui ne leur a pas été communiqué. M. Kennedy Owino Onyachi et M. Charles

John Njoka Mwanini ont déclaré que leur arrivée en Tanzanie le 22 mars 2003 avait été couverte par plusieurs chaînes locales. D'après eux, cette couverture médiatique a facilité leur identification par des témoins au Commissariat de police de Dar es-Salaam. Le 26 mars 2003, ils sont conduits devant le Tribunal de première instance de Kisutu pour répondre de deux chefs d'accusation, à savoir : l'entente en vue de commettre un acte criminel et le vol à main armée. Le 11 mars 2005, alors que ledit tribunal prononce leur acquittement, ils sont à nouveau arrêtés et gardés à vue au Commissariat central de police de Dar es-Salaam. Le gouvernement qui a fait appel de l'acquittement devant la Haute Cour de Tanzanie, en a obtenu l'annulation le 19 décembre 2005, ainsi que la condamnation de M. Kennedy Owino Onyachi et M. Charles John Njoka Mwanini, à trente ans de servitude pénale. Cette condamnation sera confirmée le 24 décembre 2009 à l'issue d'un pourvoi devant la Cour d'appel de Tanzanie. M. Kennedy Owino Onyachi et M. Charles John Njoka Mwanini seront notifiés de cette dernière décision de confirmation le 2 novembre 2011, soit près de deux ans plus tard. Par la suite, M. Charles John Njoka Mwanini introduira une demande en vue de la révision de cet arrêt. En raison de la notification tardive de l'arrêt de la Cour d'appel, il sollicitera également une prorogation du délai de soixante jours normalement imparti pour la demande en révision. Sa requête sera tout de même rejetée pour forclusion.

Le 7 janvier 2015, les requérants ont saisi la Cour et ont dénoncé plusieurs faits constitutifs de violations de leurs droits par la République-Unie de Tanzanie. Il s'agit notamment :

- du caractère abusif de la garde à vue sur le territoire du Kenya ;
- de la privation de leur droit de faire appel de la décision d'extradition ;
- du caractère non fondé de leur extradition intervenue en l'absence de pacte d'extradition entre le Kenya et la Tanzanie ;
- de la violation par le Kenya de tous les principes du droit international et des droits de l'homme ;
- de la privation de liberté après leur acquittement et leur placement en garde à vue sans nourriture ni communication pendant cinq jours au Commissariat de central de police de Dar es-salaam ;
- de l'inconstitutionnalité et de la non-conformité à l'article 7(2) de la Charte africaine, de la déclaration de leur culpabilité et de leur condamnation à trente ans de prison.

Les requérants ont également prié la Cour de constater la violation par le Kenya, des articles 1 et 7 de la Charte africaine. Ces articles concernent respectivement l'engagement de l'État à faire respecter les droits et libertés prévus par la Charte et le droit des requérants à ce que leur cause soit entendue. Ils ont en outre demandé à la Cour de :

- déclarer que leur droit au procès équitable a été violé, car leur identification au Commissariat par des témoins a été biaisée par la diffusion antérieure et prématurée de leurs images dans les médias ;
- dire que la déposition du témoin à charge (PW8) était illégale, dans la mesure où elle s'est fondée sur leur identification qui aurait dû être rejetée ;
- dire que pour ne leur avoir pas fourni une assistance judiciaire au cours de la procédure d'appel, l'État défendeur a enfreint l'article 7 de la Charte ;
- déclarer que leur droit à un procès équitable a été violé, car la procédure d'extradition est intervenue alors qu'ils n'avaient pas pu relever appel de l'ordonnance d'extradition ;
- ordonner la réparation et toutes autres mesures que la Cour jugera appropriées.

Pour sa part, l'État défendeur a fait valoir l'incompétence la Cour pour connaître cette affaire. Il a évoqué le défaut de qualité des requérants dans la mesure où il n'a pas fait la déclaration autorisant la Cour à recevoir les requêtes émanant des individus en vertu des articles 5(3) et 34(6) du Protocole. En outre, il a soutenu que la requête doit être rejetée non seulement parce qu'en violation l'article 40 (5) et (6) du règlement intérieur de la Cour, les voies de recours internes n'ont pas été épuisées, mais aussi en raison du fait que la requête a été introduite en dehors du délai raisonnable. L'État défendeur a estimé sur ce premier point que les requérants auraient dû saisir la Haute Cour d'un recours en inconstitutionnalité avant de porter le différend devant la Cour africaine.

Au fond, la République-Unie de Tanzanie a dit n'avoir violé aucune norme de droit international et des droits de l'homme. Elle a par conséquent sollicité que la Cour déboute les requérants de l'ensemble des demandes formulées.

La Cour a tout d'abord procédé à un examen préliminaire de sa compétence. Sur le plan matériel, la Cour a déclaré qu'elle est compétente pour toutes les affaires et de tous les différends dont elle est saisie concernant l'interprétation et l'application de la Charte, du

Protocole, et de tout autre instrument pertinent relatif aux droits de l'homme et ratifié par les États concernés[123]. En l'espèce, elle a noté que la requête comporte des allégations de violations des droits protégés par la Charte et d'autres instruments internationaux relatifs aux droits de l'homme ratifiés par l'État défendeur.

Elle a par ailleurs considéré que si elle n'a pas vocation à décider de la valeur des preuves réunies par les tribunaux domestiques aux fins d'examen de la condamnation contre les requérants, elle se doit par contre de vérifier si l'évaluation des faits et éléments de preuves, leur collecte et la procédure suivie à cet effet par la juridiction nationale, ont été conformes aux exigences d'un procès équitable.

Enfin, la Cour a déclaré qu'elle n'est pas justifiée à examiner la constitutionnalité des lois nationales, mais qu'elle est en mesure d'apprécier la conformité de la législation nationale tanzanienne à la Charte africaine ou à tout autre instrument internationaux relatifs aux droits de l'homme et ratifiés par l'État défendeur. La Cour a déclaré qu'elle est matériellement compétente.

Sur le plan personnel, la Cour a constaté que les allégations portées dans la requête concernent d'une part la République du Kenya dont les requérants sont les ressortissants, et d'autre part, la République-Unie de Tanzanie. La Cour a noté que la République-Unie de Tanzanie est partie à la Charte et au Protocole, et qu'elle a fait la déclaration de l'article 34(6) du Protocole qui l'autorise à recevoir les requêtes adressées par des individus. La Cour a relevé qu'à la différence de la Tanzanie, le Kenya n'a pas fait la déclaration du même type. Aussi, compte tenu de la nationalité kényane des requérants, la Cour a invité, sans succès, la République du Kenya à participer plutôt en tant que tiers intervenant dans l'affaire. Elle a décidé qu'elle est compétente pour connaître de l'affaire à l'égard de la seule République-Unie de Tanzanie.

Pour valider les autres aspects temporel et territorial de sa compétence, la Cour a déclaré que les violations alléguées sont continues et a noté qu'elles se sont produites sur le territoire d'un État partie au Protocole, à savoir celui de la République-Unie de Tanzanie.

Ensuite, statuant sur la recevabilité, la Cour s'est penchée sur les deux exceptions préliminaires soulevées par l'État défendeur. Celles-ci sont tirées du non-épuisement des voies de recours internes, et du non-respect du délai de saisine de la Cour.

---

123 Conformément à l'article 3(1) du Protocole.

Sur l'exception tirée du non-épuisement des voies de recours internes, la Cour a constaté que six des allégations faites par les requérants devant elles n'ont pas été explicitement portées devant les juridictions internes[124]. Toutefois, la Cour a considéré que les droits concernés par ces allégations constituaient le fondement des recours qu'ils ont exercés dans le cadre des procédures judiciaires, et que les autorités nationales ont eu la latitude de remédier à ces violations. Selon la Cour « il ne serait pas raisonnable d'obliger les requérants à déposer une nouvelle requête devant les juridictions internes pour demander réparation pour ces faits »[125]. La Cour a déclaré que les deux autres allégations relatives aux vices dans la procédure d'identification et à la violation de la présomption d'innocence ont bel et bien été soulevées devant les juridictions nationales. La Cour a en outre relevé que l'exigence de l'épuisement des voies de recours internes s'applique aux seuls recours judiciaires ordinaires, disponibles et efficaces. Selon la Cour, le recours en inconstitutionnalité est un recours qui n'est « pas commun, qui n'est pas de droit et qui ne peut être exercé qu'à titre exceptionnel… et est un recours extraordinaire »[126]. D ce fait elle a décidé que les requérants n'étaient pas tenus de l'exercer pour remédier à la violation de leurs droits. Elle a conclu que les requérants ont épuisé les voies de recours internes.

Sur l'exception tirée du non-respect du délai raisonnable pour le dépôt de la requête, la Cour a relevé que l'article 40(6) de son règlement intérieur ne donne aucune précision sur le délai précis pour sa saisine. Elle a déclaré que la question de savoir si « une requête a été déposée dans un délai raisonnable ou non après l'épuisement des voies de recours internes est décidée au cas par cas en fonction des circonstances de chaque cas »[127]. La Cour a ajouté que lorsque les recours internes ont été épuisés avant que l'État défendeur ait fait la déclaration prévue à l'article 34(6) du Protocole, le délai raisonnable commence à courir à compter du jour où l'État défendeur a déposé

124 La Cour a visé les allégations concernant la violation de tous les principes reconnus du droit international ; la violation du droit à l'égalité devant la loi et à l'égale protection de la loi ; celle relative à l'arrestation à nouveau des requérants à la suite de la décision d'acquittement ; la détention au secret des requérants ; la délivrance tardive des décisions rendues par les juridictions nationales ; l'absence d'assistance judiciaire.

125 Paragraphe 54 de l'arrêt du 28 septembre 2017.

126 Paragraphe 56 de l'arrêt du 28 septembre 2017.

127 Paragraphe 62 de l'arrêt du 28 septembre 2017.

l'instrument de ladite déclaration. La Cour a convenu d'apprécier le délai raisonnable séparément à l'égard des deux requérants.

Pour ce qui est de M. Kennedy Owino Onyachi, elle a constaté que l'arrêt de la Cour d'appel a été rendu le 24 décembre 2009 et que les requérants en ont reçu copie le 2 novembre 2011. Elle a considéré que le délai pertinent pour M. Kennedy Owino Onyachi devait normalement courir à partir de cette dernière date. Cependant, elle a noté qu'entre cette date et l'introduction de la requête devant elle le 7 janvier 2015, il s'est écoulé une « période relativement longue » de trois ans et deux mois. Elle a néanmoins jugé que M. Kennedy Owino Onyachi est « (...) une personne profane, incarcérée, indigente, sans formation juridique et sans assistance judiciaire »[128]. Tout ceci ayant justifié la longue durée, la Cour en est venue à la conclusion qu'elle a été saisie dans un délai raisonnable.

Pour ce qui est de M. Charles John Njoka Mwanini, la Cour a relevé qu'il a introduit une demande de révision de l'arrêt de la Cour d'appel et que celle-ci a été rejetée le 9 juin 2014. Elle a considéré qu'à son endroit, le délai raisonnable doit être examiné à partir de cette dernière date. Poursuivant son analyse, la Cour a observé qu'entre le 9 juin 2014 et sa saisine le 7 janvier 2015, il s'est écoulé près de sept mois. Aussi, après avoir relevé que M. Charles John Njoka Mwanini est « (...) une personne profane, incarcérée, indigente, sans assistance judiciaire [129]», la Cour a déclaré que la requête a été introduite dans le délai raisonnable au sens des articles 56(6) de la Charte et 40(6) du Protocole.

Validant la recevabilité de la requête, elle a noté que toutes les autres conditions de recevabilité liées à l'identité des requérants, aux termes utilisés dans la requête, à la compatibilité avec l'Acte constitutif de l'UA, à la nature des éléments de preuve et au respect du principe *non bis in idem*[130] ont été remplies.

Statuant sur le fond de la requête, la Cour a noté que les requérants ont formulé plusieurs allégations pour appuyer la violation des articles 1, 3, 5, 6 et 7 de la Charte de Banjul.

---

128 Paragraphe 68 de l'arrêt du 28 septembre 2017.

129 Paragraphe 67 de l'arrêt du 28 septembre 2017.

130 Ces exigences sont celles de l'article 40 (1), (2), (3), (4) et (7) du règlement intérieur de la Cour.

1. Sur les allégations de violation du droit à un procès équitable au regard de l'article 7 de la Charte africaine

Les requérants ont fait de nombreuses allégations pour soutenir la violation de leur droit au procès équitable. Celles-ci ont été tour à tour examinées par la Cour.

a. L'allégation relative à l'illégalité de l'extradition.

La Cour a observé que c'est le Kenya qui a procédé à l'extradition des requérants et non pas l'État défendeur. Elle a souligné que le Kenya n'a pas fait la déclaration prévue à l'article 34(6) du Protocole l'autorisant à recevoir des requêtes émanant des individus ou des ONG. Elle a conclu qu'elle ne peut par conséquent connaître de l'illégalité de l'extradition.

b. Les violations alléguées relatives à la séance d'identification

La Cour a recherché si la séance d'identification qui a conduit à la condamnation des requérants a été conforme aux dispositions de la Charte de Banjul et aux instruments relatifs aux droits de l'homme. La Cour a rappelé qu'il est un principe général appliqué au sein de la République-Unie de Tanzanie selon lequel la séance d'identification n'est pas une nécessité et n'est pas organisée si les témoins connaissent, ou ont vu les suspects auparavant. La Cour a noté que pour confirmer la condamnation des requérants telle que prononcée par la Haute Cour, la Cour d'appel s'est uniquement fondée sur la déposition du témoin oculaire PW8 qui les a identifiés lors de la séance d'identification. D'une part, la Cour a observé que les témoins qui ont participé à la séance d'identification ont déclaré n'avoir pas vu les requérants à la télévision avant ladite séance. Néanmoins, la Cour note qu'en dehors de la télévision, les images des requérants ont été diffusées dans les journaux locaux. Elle a constaté qu'il existe un doute sur le contexte de cette séance d'identification étant donné que ni la Cour d'appel ni la Haute Cour n'ont pu vérifier si les témoins avaient ou non lu les journaux. La Cour a conclu que la séance d'identification a été entachée d'irrégularités qui ont émaillé l'équité du procès.

c. Les allégations relatives à l'alibi des requérants

Les requérants ont affirmé qu'ils disposaient d'un alibi selon lequel, ils n'étaient pas sur le territoire de la Tanzanie au moment des faits. Ils ont affirmé que cet alibi a été arbitrairement rejeté par la Cour d'appel et la Haute Cour en violation du droit à un procès équitable. La Cour a noté que l'examen de l'alibi est une composante du procès équitable. Elle a considéré que si les juridictions nationales tanzaniennes ont procédé à son examen, elles ont néanmoins fondé la culpabilité des requérants sur le seul témoignage du PW8, dont la déposition avait été obtenue à la suite d'une identification irrégulière. La Cour a conclu à la violation du droit au procès équitable.

d. L'allégation relative à la déclaration de culpabilité et à la condamnation des requérants à trente ans de réclusion

La Cour a analysé l'affirmation des requérants selon laquelle leur culpabilité et leur condamnation sont contraires à la Constitution tanzanienne et à l'article 7(2) de la Charte africaine. Elle a noté qu'en vertu de cette dernière disposition : « Nul ne peut être condamné pour une action ou une omission qui ne constituaient pas, au moment où elle a eu lieu, une infraction légalement punissable. Aucune peine ne peut être infligée si elle n'a pas été prévue au moment où l'infraction a été commise. La peine est personnelle et ne peut frapper que le délinquant. ». La Cour a recherché si la condamnation des requérants, prononcée le 19 décembre 2005 et confirmée le 24 décembre 2009, a été faite en conformité avec la loi tanzanienne. La Cour a relevé à cet effet que les requérants ont été reconnus et punis sur la base d'une législation qui existait déjà au moment de la commission des faits le 5 novembre 2002 : il s'agit notamment des articles 285 et 286 du Code pénal réprimant les infractions de vol à main armée et d'entente en vue de commettre un vol ; de l'article 5(b) de la loi sur les peines minimales modifiée par la loi de 1994 qui prescrit une peine minimale de trente ans de réclusion pour le vol à main armée. Elle a conclu que la déclaration de culpabilité et la condamnation n'ont pas violé l'article 7(2) de la Charte africaine.

e. La violation relative à l'assistance judiciaire

Sur ce point, la Cour a constaté que les requérants ont été représentés par des avocats devant le tribunal de première instance et devant la Haute Cour de Tanzanie, mais pas devant la Cour d'appel. La Cour a considéré que nonobstant le silence de la Charte, l'assistance judiciaire est un droit implicite qui doit être accordé sous deux conditions cumulatives : l'indigence des parties et l'intérêt de la justice. Pour la Cour, plusieurs facteurs procèdent de l'appréciation de ces conditions : « (...) (i) la gravité du crime ; (ii) la sévérité de la peine encourue ; (iii) la complexité de l'affaire ; (iv) la situation sociale et personnelle du défendeur et, pour les procédures d'appel, le fond de l'appel (s'il contient une affirmation qui requiert des connaissances ou compétences juridiques) et la nature de "la procédure dans son entièreté", par exemple, s'il existe des divergences considérables sur les points de droit ou de fait dans les jugements des juridictions inférieures ». Dans l'espèce, la Cour a constaté que la première condition liée à l'indigence des requérants n'est pas contestée. Elle a observé que la deuxième condition relative à l'intérêt de la justice se justifie en raison de la sévérité de la peine encourue de trente ans, ainsi que de la gravité des faits de vol à main armée, sans oublier en outre, l'impact considérable sur la liberté des requérants. Par ailleurs, la Cour a considéré que l'affaire a présenté une réelle complexité qui a pu nécessiter des connaissances juridiques et techniques : au rang de celles-ci, la Cour a noté le nombre important de témoins, soit vingt-deux à charge et dix à décharge ; la contrariété en fait et en droit entre la décision du Tribunal de première instance qui a prononcé l'acquittement, et la Haute Cour d'appel qui a prononcé la condamnation ; le fait que même ayant confirmé la condamnation de la Haute Cour, la Cour d'appel avait suivi un raisonnement différent. Au vu de tout cela, la Cour a conclu que l'intérêt de la justice commandait l'attribution d'une assistance judiciaire gratuite aux requérants devant la Cour d'appel. Elle a déclaré que pour n'avoir pas accordé l'assistance judiciaire aux requérants, l'État défendeur a effectivement violé l'article 7(1) (c) de la Charte africaine.

f. L'allégation relative au retard dans la transmission des copies de l'arrêt

La Cour s'est penchée sur l'allégation du retard dans la transmission des copies de l'arrêt de la Cour d'appel de Tanzanie. La Cour a recherché si ce retard a porté atteinte au droit des requérants de former un recours en révision de la décision de la Cour d'appel et si cette situation a transgressé leur droit au procès équitable prévu à l'article 7(1) de la Charte. À ce propos, la Cour a noté que le droit tanzanien ouvre la possibilité aux parties de former un recours en révision contre les décisions de la Cour d'appel et que pour le mener à bien, la partie requérante doit nécessairement disposer des copies du jugement dont elle veut obtenir la révision. La Cour a relevé qu'entre la décision de la Cour d'appel et la transmission de celle-ci aux requérants, il s'est écoulé près deux ans sans aucune justification. Elle a conclu que ce retard a enfreint le droit des requérants à poursuivre un recours possible, à savoir le recours en révision. La Cour a déclaré que cette situation a porté atteinte au droit à être entendu visé l'article 7(1) de la Charte.

2. Sur les allégations relatives à l'arrestation arbitraire en violation de l'article 6 de la Charte

Pour soutenir les faits d'arrestation arbitraire, les requérants ont porté à la connaissance de la Cour qu'ils ont été gardés à vue au Kenya durant trois semaines, et qu'ils ont fait l'objet d'une nouvelle arrestation à la suite de leur acquittement.

a. L'allégation relative à la garde à vue des requérants pendant trois semaines

La Cour a déclaré qu'elle n'a pas compétence pour connaître de l'allégation contre la République du Kenya. Aussi, la Cour a rejeté cette allégation.

b. L'allégation relative à la nouvelle mesure d'arrestation après acquittement

Sur l'arrestation des requérants à la suite de leur acquittement devant le Tribunal de première instance, la Cour a observé que le 26 mars 2003, ils ont été conduits devant le Tribunal de Kisutu pour les faits de vol à main armée et d'entente en vue de commettre une infraction. La Cour a constaté qu'après leur acquittement et leur mise en liberté, les requérants ont à nouveau été déférés pour les faits de vol et de vol à main armée. La Cour a observé qu'ils ont par la suite été privés de leur liberté tout au long de leur procédure judiciaire interne. Aussi, la Cour a recherché si l'arrestation des requérants n'a pas été contraire à l'article 6 de la Charte. Cette disposition est écrite en ces termes : «Tout individu a droit à la liberté et à la sécurité de sa personne. Nul ne peut être privé de sa liberté sauf pour des motifs et dans des conditions préalablement déterminées par la loi; en particulier nul ne peut être arrêté ou détenu arbitrairement». Recherchant si l'arrestation des requérants a été arbitraire, la Cour s'est déterminée à l'analyse de deux critères : la légalité de la détention et l'existence de motifs clairs et raisonnables.

Sur la légalité de la détention d'une part, la Cour a noté que celle-ci constitue la base juridique qui a justifié la privation de liberté. En l'espèce, la Cour a observé que les requérants avaient à nouveau été arrêtés sur la base de l'article 265 du Code pénal punissant le vol.

S'agissant de l'existence de motifs clairs et raisonnables d'autre part, la Cour a considéré que cette condition signifie que l'arrestation ou la privation ne peuvent être effectuées sans justification appropriée ou sans motif raisonnable. En l'espèce, elle a noté que les requérants ont été acquittés dans la procédure pour vol à main armée et d'entente en vue de commettre une infraction. Elle a observé que suite à leur acquittement, ceux-ci ont à nouveau été arrêtés et maintenus pour les mêmes faits mais sur de nouvelles infractions du Code pénal à savoir : le vol et le vol à main armée. Elle a constaté que l'État défendeur n'a donné aucune raison pour expliquer les nouvelles accusations portées contre les requérants. La Cour a décidé « qu'il est inapproprié et injuste et donc arbitraire d'arrêter une nouvelle fois quelqu'un et de porter contre lui de nouvelles accusations sur la base des mêmes faits sans justification après qu'il ou elle a été acquitté d'un crime particulier par un tribunal. Le droit à la liberté devient illusoire et la procédure judiciaire finit par être imprévisible si les individus peuvent être à nouveau arrêtés et accusés de nouveaux crimes après qu'un tribunal de justice a déclaré leur innocence »[131]. La Cour a constaté que la nouvelle arrestation des requérants n'avait aucun motif raisonnable, entre le moment où ils ont été acquittés par le tribunal de résidence et la déclaration de culpabilité prononcée à leur encontre en appel par la Haute Cour de l'État défendeur. La Cour a conclu que le droit à la liberté des requérants prescrit à l'article 6 de la Charte a été violé.

3. L'allégation relative à la détention des requérants au secret en violation de l'article 5 de la Charte

La Cour a fait savoir que la charge de la preuve est souple dans le cas de certaines violations des droits de l'homme telles que la détention secrète ou les disparitions forcées, qui sont souvent commises hors la loi et hors la vue du public. La Cour a considéré que la charge de la preuve est partagée et déterminée en fonction du type de faits qu'il est nécessaire d'établir pour juger l'affaire. Mais en l'espèce, la Cour a rejeté les allégations par lesquelles les requérants ont affirmé avoir été détenus dans une unité de police au secret durant quatre jours sans nourriture, faute pour les avocats qui les ont représentés d'avoir pu rapporter ces faits.

4. Sur l'allégation de la violation de l'article 3 de la Charte

La Cour a affirmé qu'en vertu de l'article 3 de la Charte : « toutes les personnes bénéficient d'une totale égalité devant la loi et à une égale protection de la loi ». La Cour a néanmoins rejeté l'allégation des requérants au motif qu'ils n'ont pas rapporté la preuve qu'ils ont fait

---

131 Voir le paragraphe 137 de l'arrêt du 28 septembre 2017.

l'objet d'une discrimination, c'est-à-dire d'un traitement différencié et injustifié par rapport à d'autres individus dans une situation similaire.

5. Sur l'allégation relative à la violation de tous les principes reconnus des droits de l'homme

La Cour a déclaré qu'elle ne peut se prononcer sur cet aspect dans la mesure où les requérants n'ont indiqué ni le droit, ni le principe général dont la violation était décriée, pas plus qu'ils n'ont appuyé cette affirmation avec des faits.

6. Sur l'allégation selon laquelle l'État défendeur a violé l'article 1 de la Charte

La Cour a déclaré que « Si [elle] conclut que l'un des droits, devoirs et libertés énoncés dans la Charte est réduit, violé ou non, cela signifie nécessairement que l'obligation énoncée de l'article 1 de la Charte n'a pas été respectée et a été violée »[132]. La Cour a décidé qu'ayant déjà conclu à la violation des articles 6 et 7 de la Charte de Banjul, l'État défendeur a effectivement enfreint l'engagement qui lui incombe de promouvoir les droits et libertés promus par la Charte.

Dans son arrêt du 28 septembre 2017, la Cour a déclaré que la République-Unie de Tanzanie a violé les articles 1, 6, 7(1) et 7(1c) de la Charte qui concernent respectivement : l'engagement qui incombe à l'État de prendre les mesures en vue d'assurer l'application les droits et libertés contenus dans Charte ; le droit à l'égalité devant la loi et l'égale protection de la loi ; le droit au respect de la dignité humaine ; le droit à la liberté et la sécurité ; le droit de saisir une juridiction nationale compétente ; le droit à la présomption d'innocence ; le droit à la défense et celui de se faire assister par un défenseur de son choix ; le droit de ne pas être condamné en dehors de la loi. La Cour a également ordonné à l'État défendeur de prendre toutes mesures pour mettre fin à ces violations et de rétablir les requérants dans leurs droits. Elle a ajouté que ces mesures pourraient consister en la libération des requérants. Par ailleurs, la Cour a demandé à l'État défendeur de l'informer des mesures de prise dans les six mois de la décision. Elle a en outre décidé de se prononcer sur la réparation des requérants dans un juge-

---

132 Voir le paragraphe 159 de l'arrêt du 28 septembre 2017.

ment séparé et à cet effet, elle leur a donné un délai de trente jours pour formuler leurs observations.

31. ÉPOUX DIAKITE c. RÉPUBLIQUE DU MALI

Requête n° 009/2016
Arrêt du 28 septembre 2017 à l'unanimité des onze juges

Le 14 novembre 2012, le domicile des époux Diakité est cambriolé par des inconnus et à cette occasion, divers objets sont dérobés. Ce même jour, une plainte contre inconnus est déposée au parquet de la République du district de Bamako, au Mali. Quinze jours plus tard, M. Oumar Maré est surpris en possession d'un couteau volé chez le voisin immédiat des requérants la même nuit de l'incident décrié plus haut. Celui-ci est aussitôt conduit au commissariat de police du 12e arrondissement de Bamako avant d'être libéré cinq jours plus tard après recueillement des dépositions des plaignants et des témoins. Les époux Diakité disent avoir saisi en vain le commissaire principal de cette unité, le procureur de la République et le procureur général de Bamako, pour qu'une suite soit donnée à leur plainte. Ils soutiennent en outre que l'attitude du commissaire de police a entravé leur droit de saisir les juridictions nationales compétentes ainsi que le prévoit l'article 7 de la Charte de Banjul. Ils déclarent également que pour avoir libéré l'un des responsables du forfait dont ils ont été les victimes, les autorités judiciaires maliennes ont également violé nombre de leurs droits à savoir : le droit à l'égalité devant la loi et l'égalité de protection[133], le droit à la paix[134], le droit à la propriété[135].

Dénonçant «l'inertie de la police et du parquet»[136], les requérants ont saisi la Cour le 19 février 2016 et l'ont prié de bien vouloir :

- condamner l'État du Mali à prendre une loi spéciale, afin d'encadrer la durée de l'enquête préliminaire dans un délai dont le non-respect rendra le procès-verbal d'enquête préliminaire irrégulier;
- condamner l'État du Mali à adopter une loi qui reconnaît la responsabilité de l'État pour les fautes procédurales commises par ses agents;

133 Les requérants ont visé l'article 3 de la Charte africaine.
134 Les requérants ont visé l'article 23 de la Charte africaine.
135 Les requérants ont visé les articles 14 de la Charte africaine et 2(3) (a) du PIDCP.
136 Voir le paragraphe 44 de l'arrêt du 28 septembre 2017.

- condamner l'État défendeur à lui payer la somme de 32 867 000 FCFA au titre du préjudice matériel, moral et couvrant les honoraires d'avocat et les frais de procédure.

L'État du Mali a quant à lui sollicité que la requête introduite par les époux Diakité soit déclarée irrecevable pour non-épuisement des voies de recours internes. Sur le fond, l'État défendeur a demandé que la Cour rejette les prétentions de ses adversaires.

Tout d'abord, et nonobstant l'absence de contestation sur sa compétence, la Cour a statué sur celle-ci. Sur le plan matériel et conformément à l'article 3(1) de son Protocole, la Cour a constaté que la requête porte effectivement sur la violation des droits protégés par la Charte africaine et par le Pacte international relatif aux droits civils et politiques. Dans la même veine, elle a noté que l'État défendeur est partie à ces instruments internationaux.

Sur le plan personnel, la Cour a relevé que l'État défendeur est partie au Protocole et qu'il a fait la déclaration de l'article 34(6) de ce Protocole, par laquelle il a autorisé la Cour à recevoir des requêtes émanant des individus.

Sur le plan temporel, la Cour a observé que les violations alléguées sont postérieures à l'entrée en vigueur à l'égard de l'État défendeur, du Protocole et au dépôt de l'instrument de la déclaration de l'article 34(6) de son Protocole par cet État.

Sur le plan territorial, la Cour a noté que les faits reprochés se sont déroulés sur le territoire de l'État défendeur. Au vu de ces éléments, la Cour s'est déclarée compétente.

Ensuite, la Cour s'est penchée sur la recevabilité de la requête en se fondant sur l'article 56 de la Charte africaine. Elle a noté que six des conditions prévues dans cet article n'ont fait l'objet d'aucune discussion. Ces conditions sont relatives à l'identité des parties, à la compatibilité de la requête avec la Charte et à l'Acte constitutif de l'UA, au contenu outrageant ou insultant de la requête, aux sources de la requête, au délai raisonnable pour introduire le recours, au principe *non bis in idem*. La Cour a ajouté que rien dans le dossier n'a suggéré que celles-ci n'ont pas été remplies.

Par ailleurs, la Cour a observé que seule l'exception tirée du non-épuisement par les requérants des voies de recours internes a été soulevée par la République du Mali. Sur ce point, la Cour a déclaré qu'au sens de l'article 56 (5) de la Charte africaine, l'exigence de l'épuisement des voies de recours internes s'applique aux seuls recours juridictionnels disponibles, efficaces et satisfaisants. En l'espèce, la Cour a recherché si les requérants ont pu disposer d'un recours permettant de contourner l'inertie de la police et du parquet. Analysant le critère de disponibilité, la Cour a noté qu'au titre de l'article 62 du Code de procédure pénale malien : « Toute personne qui se prétend lésée par un crime ou un délit peut, en portant plainte, se constituer partie civile devant le juge d'instruction compétent ». La Cour a conclu que les requérants avaient au moins la possibilité de saisir directement le juge d'instruction compétent.

S'agissant de l'efficacité et du caractère satisfaisant, la Cour a rappelé qu'en vertu de l'article 90 du Code de procédure pénal malien : « le juge d'instruction procède, conformément à la loi, à tous les actes d'information qu'il juge utile à la manifestation de la vérité ». La Cour a déduit qu'en se constituant partie civile, la victime d'une infraction peut directement demander au juge d'instruction de déclencher une enquête et qu'à cette occasion, celui-ci peut procéder à tous actes demandés par les parties. La Cour a déclaré qu'en vertu de ce Code, la victime dispose également de la possibilité de faire appel contre une ordonnance par laquelle ledit juge refuserait de procéder aux mesures d'instruction sollicitées. Pour la Cour, la saisine du juge d'instruction constituait en l'espèce un recours disponible, efficace et satisfaisant que les requérants n'a pas cru devoir effectuer. La Cour a rappelé que « l'épuisement des voies de recours internes est une exigence du droit international et non une question de choix et qu'il appartient au plaignant d'entreprendre toutes les démarches nécessaires pour épuiser ou au moins essayer d'épuiser les recours internes ; qu'il ne suffit pas que le plaignant mette en doute l'efficacité des recours internes de l'État du fait d'incidences isolées »[137].

Le 28 septembre 2017, la Cour a déclaré la requête irrecevable pour non-épuisement des voies de recours internes.

32. CHRISTOPHER JONAS c. RÉPUBLIQUE-UNIE DE TANZANIE

Requête n° 011/2015
Arrêt du 28 septembre 2017 à l'unanimité des onze juges

Les faits dans cette affaire ont révélé que le 1er octobre 2002, M. Christopher Jonas et un certain M. Erasto Samson ont, à l'aide de

137 Paragraphe 53 de l'arrêt du 28 septembre 2017.

violences, dérobé de l'argent ainsi que divers objets de valeur appartenant à M. Habibu Saidi, qui à cette occasion, a été blessé à la machette. Le 13 février 2004, ils ont été condamnés à trente ans de prison et à douze coups de bâton pour vol à main armée par le Tribunal de district de Morogoro, en Tanzanie. Par la suite, M. Christopher Jonas a fait appel de sa condamnation devant la Haute Cour de Tanzanie, mais le 12 septembre 2005, son recours a été rejeté. Le 21 septembre de la même année, il a saisi la Cour d'appel de Tanzanie. Dans son arrêt du 27 mars 2009, la Cour d'appel a confirmé sa condamnation et a néanmoins annulé la peine corporelle.

Le 11 mai 2015, M. Christopher Jonas a porté le litige devant la Cour africaine en dénonçant les vices de procédure judiciaire qui ont conduit à sa condamnation. À l'appui de sa requête, il a soutenu qu'en fondant sa condamnation sur le témoignage incohérent de M. Habibu Saidi, les juridictions nationales ont commis une erreur de droit et de fait. Il a ajouté qu'au moment des faits, les normes pénales prévoyant une condamnation à trente ans de prison n'étaient pas encore entrées en vigueur. Il a également fait valoir qu'il lui a été dénié le droit à l'information et qu'il n'a pas eu droit à un conseil, pas plus qu'il n'a bénéficié d'une assistance judiciaire. Pour l'ensemble des griefs relevés, le requérant a décrié la violation de l'article 13(b) (c) de la Constitution tanzanienne, ainsi que des articles 1, 2, 3, 4, 5, 6 et 7(1) (c) et 7(2) de la Charte africaine. Il a prié la Cour :

- de le rétablir dans ses droits;
- de constater les violations alléguées;
- d'annuler sa condamnation et d'ordonner sa mise en liberté;
- d'ordonner les mesures de réparation pour le préjudice subi;
- de prendre toutes mesures ou recours que la Cour jugera nécessaires.

Pour sa défense, la République-Unie de Tanzanie a formulé des exceptions préliminaires sur la compétence de la Cour, ainsi que sur la recevabilité de la requête. Sur le premier point, l'État défendeur a soutenu que la requête n'a pas évoqué la compétence de la Cour et que celle-ci est au demeurant incompétente pour ordonner la mise en liberté du requérant. Sur la recevabilité, il a d'une part déclaré que le requérant n'a pas épuisé les voies de recours internes, et d'autre part, il a affirmé que la Cour a été saisie tardivement en violation de l'article 40 (5) et (6) de son règlement intérieur. Sur le fond, la République-Unie de Tanzanie a prié la Cour de constater qu'aucune entorse à la Constitution, ni à la Charte africaine n'a été faite au cours de la procédure instruite contre le requérant. L'État défendeur a par conséquent demandé à la Cour de rejeter la requête dans sa totalité.

Selon l'article 39 (1) du règlement intérieur, la Cour «procède à un examen préliminaire de sa compétence (...)». À ce propos, la Cour a rappelé qu'«elle n'est pas une instance d'appel des décisions rendues par les juridictions nationales. [Mais cela] n'affecte pas sa compétence à examiner si les procédures devant les juridictions nationales répondent aux standards internationaux établis par la Charte ou les autres instruments de droits de l'homme applicables»[138]. Elle a conclu qu'elle est matériellement compétente dans la mesure où la requête comporte des allégations de violation des droits contenus dans la Charte.

Sur les autres aspects de sa compétence, la Cour a considéré qu'elle est personnellement compétente, selon que l'État défendeur a fait la déclaration prévue à l'article 34(6) du Protocole qui permet aux individus de la saisir en vertu de l'article 5(3) du même texte. Sur le plan temporel, la Cour a noté que les violations alléguées sont continues et qu'au jour de sa saisine, le requérant purgeait encore sa peine. En s'appuyant sur le fait que les violations ont été perpétrées sur le territoire de l'État défendeur qui est partie à son Protocole, la Cour s'est également déclarée compétente sur le plan territorial.

Ensuite, la Cour a statué sur la recevabilité de la requête en tenant compte des dispositions énoncées aux articles 50 et 56 de la Charte, et 40 du règlement intérieur. La Cour s'est penchée en premier sur les conditions de recevabilité soulevées par le défendeur, notamment : l'épuisement des voies de recours internes et le délai de saisine de la Cour.

Sur l'exception d'irrecevabilité tirée du non-épuisement des voies de recours internes, la Cour a noté que le requérant a fait appel de sa condamnation auprès de la plus haute instance judiciaire de Tanzanie, à savoir la Cour d'appel, et que celle-ci a confirmé les jugements rendus par le Tribunal de District de Morogoro et la Haute Cour de Tanzanie. La Cour a par ailleurs observé que le recours en inconstitutionnalité de la décision de la Haute Cour et le recours possible en révision des arrêts de la Cour d'appel sont des voies de recours extraordinaires. Contrairement à l'État défendeur qui les a présentés comme étant des recours ouverts au requérant, la Cour a déclaré que les recours extraordinaires ne sont pas concernés par l'exigence de

[138] Paragraphe 28 de l'arrêt du 28 septembre 2017.

l'épuisement des voies de recours internes et que M. Christopher Jonas n'était pas tenu de les exercer. Aussi, la Cour a rejeté ce moyen.

Relativement à l'exception d'irrecevabilité tirée du non-respect du délai raisonnable pour l'introduction de la requête, la Cour a noté que l'article 56(6) de la Charte ne fixe aucun délai et se contente de souligner que la requête doit « Être introduite dans un délai raisonnable courant depuis l'épuisement des recours internes ou depuis la date retenue par la Cour comme faisant commencer à courir le délai de sa propre saisine ». À ce sujet, la Cour a observé que les voies de recours internes ont été épuisées le 27 mars 2009, date à laquelle la Cour d'appel a rejeté le recours introduit par le requérant. Cependant, elle a relevé que cette date est antérieure au dépôt par l'État défendeur, de la déclaration prévue par l'article 34(6) du Protocole qui autorise la Cour à recevoir des requêtes émanant des individus. Cette déclaration étant intervenue le 29 mars 2010, la Cour a décidé que c'est à compter de cette dernière date que la computation du délai doit être faite, soit cinq ans, un mois et douze jours jusqu'à la saisine de la Cour le 11 mai 2015. La Cour a recherché si ce délai est raisonnable au sens de l'article 56(6) de la Charte et elle a décidé que la situation particulière du requérant justifie une souplesse dans l'appréciation du délai. Elle a pris en compte le fait qu'il est incarcéré, indigent, qu'il n'a bénéficié d'aucune assistance gratuite d'un avocat devant les juridictions nationales, qu'il est illettré et ignorait jusqu'ici l'existence de la Cour en raison de sa mise en place récente. La Cour a conclu que le délai de cinq ans, un mois et douze jours est de ce fait raisonnable.

La Cour a conclu que rien n'indique le non-respect des autres conditions d'irrecevabilité visées aux articles 1, 2, 3, 4 et 7 de son règlement intérieur. Elle a déclaré la requête recevable.

Sur le fond, la Cour a décidé que bien qu'ayant allégué la violation des articles 1, 2, 3, 4, 5, 6, 7(1) (c) et 7 (2) de la Charte, le requérant n'a conclu que sur les violations relatives au droit au procès équitable. La Cour n'a par conséquent examiné que les seules violations des dispositions de l'article 7 de la Charte.

1. Sur l'allégation selon laquelle le requérant a été condamné sur la base d'une déposition qui ne corrobore pas les éléments de l'acte d'accusation

Pour la Cour, il ressort des articles 7 de la Charte et 14 du PIDCP que toute personne a droit à un procès équitable. À la lumière des procès-verbaux d'interrogatoire au niveau national, la Cour a observé que le requérant a été arrêté en flagrant délit de vol à main armée et qu'outre la victime, trois autres témoins oculaires ont affirmé l'avoir vu commettre le forfait qui lui est reproché. La Cour a par ailleurs noté que la Cour d'appel de Tanzanie a examiné tous les moyens du requérant avant de rendre sa décision. La Cour a précisé «que son rôle se limite, s'agissant de l'évaluation des preuves sur lesquelles la condamnation par le juge national a été basée, à apprécier si de manière générale, la façon dont ce dernier les a évaluées est en conformité avec les dispositions pertinentes des instruments internationaux des droits de l'homme applicables»[139]. Elle a conclu que l'évaluation des preuves par les juridictions nationales a été conforme aux exigences du droit au procès équitable. Elle a déclaré par conséquent qu'il n'y a pas eu violation de l'article 7(1c) de la Charte.

2. Sur l'allégation selon laquelle le requérant n'a pas bénéficié d'une assistance judiciaire

La Cour a souligné «qu'une personne indigente, poursuivie en matière pénale a spécialement droit à l'assistance judiciaire gratuite lorsque l'infraction concernée est grave, et que la peine prévue par la loi est sévère»[140]. En l'espèce, la Cour a considéré que ces conditions sont réunies en la personne du requérant et que de ce fait, il devait bénéficier d'office et gratuitement des services d'un avocat. La Cour a conclu que l'État défendeur a violé l'article 7 (1c) de la Charte en ne fournissant pas au requérant une assistance judiciaire au cours des procédures internes.

Sur l'allégation selon laquelle la peine de trente ans n'était pas en vigueur au moment où le vol a été commis

La Cour a noté que le requérant a abandonné ce moyen. En outre, elle a relevé que la peine de trente ans de servitude était la peine minimale pour l'infraction de vol à main armée en vigueur depuis 1994, avant la commission des faits. Elle a conclu qu'il n'y a sur ce point aucune violation de la Charte africaine.

---

139 Paragraphe 68 de l'arrêt du 28 septembre 2017.

140 Paragraphe 77 de l'arrêt du 28 septembre 2017.

3. Sur l'allégation selon laquelle l'État défendeur a violé l'article 1er de la Charte

La Cour a rappelé que « lorsque l'un quelconque des droits, des devoirs ou des libertés inscrits dans la Charte a été restreint, violé ou non appliqué, elle déduit que l'obligation énoncée à l'article 1er de la Charte n'a pas été respectée ou qu'elle a été violée »[141]. La Cour a déclaré que pour n'avoir pas accordé une assistance judiciaire de manière automatique et gratuite au requérant, l'État défendeur a violé l'article 1er de la Charte.

4. Sur la demande en réparation

La Cour a relevé, selon l'article 27(1) du Protocole que « lorsqu'elle estime qu'il y a eu violation d'un droit de l'homme ou des peuples, [elle] ordonne toutes les mesures appropriées afin de remédier à la situation, y compris le paiement d'une juste compensation ou l'octroi d'une réparation ». Sur ce point, la Cour a noté que le requérant a sollicité : être rétabli dans ses droits, l'annulation de sa condamnation, être mise en liberté et être réparé pour le préjudice subi.

En ce qui concerne la demande de mise en liberté du requérant, la Cour a déclaré qu'elle ne pourrait ordonner une telle mesure que dans des circonstances exceptionnelles et impérieuses. Elle a rejeté la demande de mise en liberté du requérant dans la mesure où ce dernier n'a pas fait état de telles circonstances.

S'agissant de l'annulation de la condamnation et de la peine, la Cour a déclaré qu'elle n'a pas le pouvoir d'annuler les décisions rendues par les juridictions nationales.

La Cour a décidé que les parties ne lui ont adressé aucun mémoire sur les autres formes de réparation sollicitées. Par conséquent, elle a décidé d'y statuer dans une phase ultérieure de la procédure.

Dans son arrêt du 28 septembre 2017, la Cour a déclaré que la République-Unie de Tanzanie a violé l'article 7(1c) de la Charte en ce qui concerne le droit du requérant de bénéficier d'une assistance judiciaire gratuite, et par conséquent, elle a conclu que l'État défendeur a également violé l'article 1 de la Charte. Elle a rejeté l'ensemble des autres chefs de demande et a invité le requérant à soumettre un mémoire sur les autres formes de réparation dans les trente jours à compter du prononcé de l'arrêt.

---

141 Paragraphe 88 de l'arrêt du 28 septembre 2017.

33. REQUÊTE N° 002/2017 AUX FINS D'INTERPRÉTATION DE L'ARRÊT DU 3 JUIN 2016 DANS l'AFFAIRE MOHAMED ABUBAKARI c. RÉPUBLIQUE-UNIE DE TANZANIE

Arrêt du 28 septembre 2017,
rendu à l'unanimité des onze juges

Le 27 janvier 2017, la République-Unie de Tanzanie a saisi la Cour aux fins d'interpréter son arrêt du 3 juin 2016 dans l'affaire qui l'a opposée à M. Mohamed Abubakari. Dans son arrêt du 3 juin 2016, la Cour avait conclu à la violation par la République-Unie de Tanzanie, des articles 7 de la Charte de Banjul et 14 du PIDCP. Elle avait par ailleurs ordonné « (...) à l'État défendeur de prendre toutes les mesures requises, dans un délai raisonnable, pour remédier aux violations constatées, à l'exclusion de la réouverture du procès, et d'informer la Cour, dans un délai de six mois à partir de la date du présent arrêt, des mesures ainsi prises »[142]. Dans sa requête en interprétation, la République-Unie de Tanzanie a soutenu que cet arrêt pose des difficultés d'exécution en raison des interprétations divergentes qu'elle suscite chez les acteurs de l'administration nationale de la justice pénale. Aussi, elle a prié la Cour de lui apporter un éclairage sur les mesures concrètes auxquelles renvoie l'expression « toutes les mesures requises ». Elle a également sollicité que la Cour lui explique le sens de « remédier aux violations constatées », dans la mesure où les actes concernés ont déjà été posés au niveau national.

Dans ses observations, M. Mohamed Abubakari a fait valoir que l'arrêt dont il s'agit avait imparti un délai de six mois à la République-Unie de Tanzanie pour rendre compte des mesures prises en vue de sa mise en œuvre. Il a affirmé que contrairement à cette exigence, la République-Unie de Tanzanie a adressé un rapport tardif qui ne comportait qu'une application partielle des mesures ordonnées par la Cour. Il a ajouté que si ledit État était de bonne foi, il aurait sollicité cette interprétation avant d'adresser son rapport, soit le plus tôt possible avant l'expiration du délai de six mois fixé par la Cour. Il a en outre relevé que le droit tanzanien offre plusieurs formules en vue de prendre toutes les mesures requises dans un délai raisonnable,

---

142 Paragraphe 7 de l'arrêt du 28 septembre 2017.

notamment : la remise de peine prévue à l'article 27(2) du Code pénal, la mise en liberté définitive ou conventionnelle prévue à l'article 38 du Code pénal et la grâce présidentielle de l'article 45 de la Constitution. Il a soutenu que le retard accusé par l'État dans la transmission de son rapport a contribué à aggraver et à prolonger la violation de ses droits. Aussi, il a prié la Cour de :

- constater que la République-Unie de Tanzanie ne s'est pas conformée à l'ordonnance de la Cour de tenir son rapport dans les délais ;
- de rejeter la requête et d'ordonner sa libération en attendant la décision sur les réparations.

Statuant sur sa compétence, la Cour s'est rapportée à l'article 28(4) du Protocole qui dispose que « la Cour peut interpréter son arrêt ». Elle a observé que la demande dont elle est saisie a pour objet l'interprétation de son arrêt du 3 juin 2016 et elle s'est de ce fait déclarée compétente.

Sur la recevabilité, la Cour a rappelé que selon l'article 66 (1) et (2) de son règlement intérieur, la demande en interprétation n'est déclarée recevable que si :

- elle a pour objectif de faciliter l'exécution de l'arrêt ;
- elle est déposée dans un délai de douze mois à compter de la date du prononcé de l'arrêt ;
- elle indique avec précision le ou les point(s) du dispositif de l'arrêt dont l'interprétation est souhaitée.

La Cour a conclu que la première condition relative à la finalité de la demande est remplie, dans la mesure où la requête introduite porte sur des expressions contenues dans le dispositif de son arrêt, en vue d'en permettre l'exécution.

S'agissant de la deuxième condition relative au délai, la Cour a noté que le délai concerné par l'article 66 du règlement intérieur est de douze mois. Elle a observé que la requête a été introduite le 30 janvier 2017, soit huit mois et vingt-sept jours depuis le prononcé de l'arrêt dont l'interprétation est demandée. Elle a conclu que le délai prévu à l'article 66 du règlement intérieur a été respecté.

Sur le troisième point, la Cour a observé que la République-Unie de Tanzanie a précisé les points du dispositif qu'elle souhaite voir interpréter. La Cour a déclaré la requête recevable.

Au sujet de l'interprétation proprement dite, la Cour a noté « qu'en examinant une demande en interprétation, elle est amenée non pas à compléter ou à modifier la décision qu'elle a rendue, décision définitive ayant force de chose jugée, mais à en clarifier le sens et la portée»[143]. La Cour a rappelé «le principe généralement appliqué par les juridictions internationales selon lequel la réparation doit, autant que possible, effacer les conséquences de l'acte illicite et rétablir l'état qui aurait vraisemblablement existé si ledit acte n'avait pas été commis»[144].

Sur l'interprétation de l'expression «toutes les mesures requises», la Cour a relevé que la forme la plus appropriée de redressement en cas de violation du droit au procès équitable, se résume pour l'État à deux options : le réexamen de l'affaire au cours d'un procès équitable ou l'option de prendre toutes les mesures requises afin que le requérant se retrouve dans la situation ayant précédée la violation. La Cour a estimé que la première formule ne serait pas juste dans la mesure où, le temps de l'instruction d'un nouveau procès pourrait prolonger les dix-neuf ans de détention déjà passée par le requérant. Elle a considéré que selon la deuxième possibilité, l'État disposerait d'une marge d'appréciation et qu'en l'espèce, il pourrait activer des leviers afin d'éliminer les effets des violations constatées. À ce propos, la Cour a rappelé qu'elle avait indiqué dans son arrêt du 3 juin 2016, ne pouvoir prononcer la mise en liberté que dans des conditions exceptionnelles et impérieuses. Elle a déclaré que rien n'empêche l'État de prendre lui-même cette mesure.

Dans son arrêt du 28 septembre 2017, la Cour a conclu d'une part que «"toutes les mesures requises" incluent la libération du Requérant et toute autre mesure qui permettrait d'effacer les conséquences des violations constatées, le retour à la situation antérieure et le rétablissement du Requérant dans ses droits»[145].

D'autre part, la Cour a déclaré que par «remédier aux violations constatées», il faut-comprendre «effacer les effets des violations constatées» par «l'adoption des mesures indiquées [ci-dessus]».[146]

---

143 Paragraphe 30 de l'arrêt du 28 septembre 2017.

144 Paragraphe 31 de l'arrêt du 28 septembre 2017.

145 Paragraphe 38 de l'arrêt du 28 septembre 2017.

146 Paragraphe 39 de l'arrêt du 28 septembre 2017.

34. REQUÊTE N° 003/2017 AUX FINS D'INTERPRÉTATION DE L'ARRÊT DU 18 NOVEMBRE 2016 DANS l'AFFAIRE ACTIONS POUR LA PROMOTION DES DROITS DE L'HOMME (APDH) c. RÉPUBLIQUE de CÔTE D'IVOIRE

Arrêt du 28 septembre 2017 à l'unanimité des dix juges

Le 4 mai 2017, la République de Côte d'Ivoire a demandé à la Cour d'interpréter l'arrêt qu'elle a rendu le 18 novembre 2016, dans l'affaire qui l'a opposée à l'ONG Actions Pour la Promotion des Droits de l'Homme (APDH). Le dispositif de la décision rendue au 18 novembre 2016 était libellé comme suit :

« 5) Dit que l'État défendeur a violé son obligation de créer un organe électoral indépendant et impartial, prévu par l'article 17 de la Charte africaine sur la démocratie et l'article 3 du Protocole de la CEDEAO sur la démocratie et qu'il a également, par voie de conséquence, violé son obligation de protéger le droit des citoyens de participer librement à la direction des affaires publiques de leur pays, garanti par l'article 13 (1) et (2) de la Charte africaine des droits de l'homme et des peuples ;

6) Dit que l'État défendeur a violé son obligation de protéger le droit à une égale protection de la loi, garanti par l'article 10(3) de la Charte africaine sur la démocratie, l'article 3 (2) de la Charte africaine des droits de l'homme et des peuples et l'article 26 du Pacte International relatif aux Droits Civils et Politiques ;

7) Ordonne à l'État défendeur de modifier la loi n° 2014-335 du 18 juin 2014 relative à la Commission Électorale Indépendante pour la rendre conforme aux instruments ci-dessus mentionnés auxquels il est partie ;

8) Ordonne à l'État défendeur de lui soumettre un rapport sur l'exécution de la présente décision dans un délai raisonnable, qui dans tous les cas, ne doit pas excéder une année, à partir de la date du prononcé du présent arrêt (…) »[147].

Dans sa requête, la République de Côte d'Ivoire demande à la Cour de répondre à trois questions : en premier lieu, elle a souhaité que la Cour lui fournisse des indications sur l'organisation de la nouvelle

---

147 Paragraphe 6 de l'arrêt du 28 septembre 2017.

Commission Électorale Indépendante (CEI), les modalités de désignation de ses membres, ainsi que la répartition des sièges. Ensuite, elle a souhaité savoir s'il serait pertinent de soumettre la loi électorale au contrôle de constitutionnalité afin d'assurer l'indépendance et l'impartialité de ladite Commission. Enfin, la requérante a demandé à la Cour de clarifier la notion de « lois relatives à des libertés publiques ».

Dans ses observations du 19 juin 2017, l'APDH a sollicité que la Cour déclare la requête irrecevable au motif que les questions formulées ne visent pas l'interprétation de l'arrêt du 18 novembre 2016.

Tout d'abord, la Cour s'est déclarée compétente pour connaître de l'espèce. Elle s'est fondée sur l'article 28 (4) du Protocole en vertu duquel « la Cour peut interpréter ses arrêts ».

Ensuite, statuant sur la recevabilité de la requête, la Cour a observé qu'au regard de l'article 66 (1) et (2) de son règlement intérieur, trois conditions doivent à ce titre être remplies :

- la demande en interprétation doit être introduite dans un délai de douze mois à compter de la date du prononcé de l'arrêt;
- celle-ci doit en outre indiquer avec précision le ou les point(s) du dispositif de l'arrêt dont l'interprétation est demandée, et;
- avoir pour objectif de faciliter l'exécution de cet arrêt.

Sur la première condition relative au délai, la Cour a noté que l'arrêt a été prononcé le 18 novembre 2016. Elle a conclu que la requête en interprétation introduite le 4 mai 2017 l'a été dans le délai de douze (12) mois.

Au sujet de la deuxième condition, la Cour a relevé que la requête n'indique pas avec précision les points du dispositif de l'arrêt dont l'interprétation est sollicitée.

Sur la troisième condition, la Cour a considéré que les deux dernières questions contenues dans la requête ne portent sur aucun point du dispositif de l'arrêt. Elle a ajouté que la première question vise plutôt à obtenir l'avis de la Cour sur la manière de mettre la loi du 18 juin 2014 en conformité avec les instruments de droit international. Elle a toutefois déclaré que la mise en œuvre de la loi du 18 juin 2014 est du seul ressort de la République de Côte d'Ivoire. Aussi, sur cette condition, la Cour a conclu que ces trois questions ne visent pas à clarifier le sens ou la portée du dispositif de l'arrêt.

En conséquence, dans son arrêt du 28 septembre 2017, elle a déclaré la requête irrecevable.

35. REQUÊTE N° 001/2017 AUX FINS D'INTERPRÉTATION DE L'ARRÊT DU 20 NOVEMBRE 2016 DANS l'AFFAIRE ALEX THOMAS c. RÉPUBLIQUE-UNIE DE TANZANIE

Arrêt du 28 septembre 2017 à l'unanimité des dix juges

Le 30 janvier 2017, la République-Unie de Tanzanie saisit la Cour en vue d'interpréter l'arrêt qu'elle a rendu le 20 novembre 2015, dans l'affaire qui l'a opposée à M. Alex Thomas. Le dispositif de cet arrêt était rédigé comme suit :

« Par ces motifs,

La Cour décide

(...)

vii. À l'unanimité, qu'il y a eu violation des articles 1 et 7 (1) (a), (c) et (d) de la Charte et de l'article 4(3) (d) du PIDCP.

viii. Par six (6) voix contre deux (2), la juge Elsie N. THOMPSON, Vice-présidente et le juge Rafaa BEN ACHOUR ayant voté contre, de rejeter la demande du Requérant visant à ordonner sa remise en liberté.

ix. À l'unanimité, ordonne au Défendeur de prendre toutes les mesures requises dans un délai raisonnable pour remédier aux violations constatées, en excluant en particulier la possibilité de reprendre la présentation des moyens de la défense et de rouvrir le procès, et d'informer la Cour des mesures prises, dans un délai de six (6) mois à compter de la date du présent arrêt. »

Dans sa requête en interprétation, la République-Unie de Tanzanie fait valoir qu'elle rencontre des difficultés dans la mise en œuvre de l'arrêt du 20 novembre 2015 et sollicite que la Cour lui apporte quelques clarifications. Elle souhaite en premier lieu savoir le sens que la Cour a entendu donner à l'expression « toutes les mesures requises » et dans la même lancée, elle demande à la Cour de préciser les mesures qu'elle pourrait prendre.

Ensuite, la République-Unie de Tanzanie souhaite aussi savoir si les violations alléguées sont celles énoncées dans le dispositif de l'arrêt ou si la violation à laquelle il faut remédier se limite à l'expression « en excluant en particulier la possibilité de reprendre la présentation des moyens de la défense et de rouvrir le procès ».

En dernier lieu, elle demande à la Cour de clarifier le sens du mot anglais «precluding», et veut savoir si la Cour a entendu par là, lui ordonner la réouverture du procès de M. Alex Thomas. Si tel est le cas, la République-Unie de Tanzanie demande à la Cour de lui dire à partir de quelle étape le procès devrait être repris.

Dans ses observations du 18 avril 2017, M. Alex Thomas prie la Cour de constater que la République-Unie de Tanzanie ne s'est pas conformée à l'arrêt du 20 novembre 2015, et sollicite sa libération. À l'appui de ses observations, il souligne tout d'abord que la République-Unie de Tanzanie a tardivement soumis son rapport sur la mise en œuvre de l'arrêt, de même qu'elle n'a apporté aucune réponse à sa demande en réparation. Ensuite, il soutient qu'il a subi un préjudice du fait de la non-exécution de l'arrêt et de l'introduction de la présente instance en interprétation. En outre, M. Alex Thomas relève qu'en utilisant le mot anglais «precluding», la Cour a interdit à la République-Unie de Tanzanie de procéder à la réouverture de son procès. Il note enfin qu'au regard du droit interne, la République-Unie de Tanzanie dispose de plusieurs mesures pour remédier à sa condamnation intervenue de façon illégale. Parmi celles-ci, il cite : la remise de peine, la remise en liberté avec ou sans condition, la grâce présidentielle.

Statuant premièrement sur sa compétence, la Cour note qu'en vertu de l'article 28(4) de son Protocole, elle peut interpréter ses arrêts.

La Cour observe ensuite que pour être recevable selon l'article 66(1) et (2) de son règlement intérieur, la requête aux fins d'interprétation doit remplir trois conditions :

- elle doit avoir pour objectif de faciliter l'exécution de l'arrêt;
- elle doit être déposée dans un délai de douze mois à compter de la date du prononcé de l'arrêt, et;
- elle doit indiquer avec précision les points du dispositif de l'arrêt dont l'interprétation est demandée.

Au sujet de la première condition, la Cour conclut que la requête du 30 janvier 2017 vise à expliciter certains points du dispositif de l'arrêt du 20 novembre 2015 et cherche par conséquent à en faciliter l'exécution. Ensuite, la Cour constate que la requête a été déposée un peu plus de deux mois après l'expiration du délai prescrit et reçoit néanmoins celle-ci dans l'intérêt de la justice. S'agissant de la troisième condition, la Cour décide que la requête indique avec précision les points du dispositif de l'arrêt. La Cour déclare par conséquent la requête en interprétation recevable.

Sur le fond de l'affaire, et relativement à la première demande de la République-Unie de Tanzanie sur le sens de l'expression « toutes les mesures requises », la Cour rappelle que l'interprétation consiste à clarifier le sens et la portée et non pas à modifier ou à compléter une décision rendue. Elle note que pour réparer la violation du droit à un procès équitable, la République-Unie de Tanzanie peut soit réexaminer l'affaire en se conformant aux exigences du procès équitable, soit prendre toutes mesures de nature à remettre M. Alex Thomas dans la posture qui était la sienne avant la survenance des violations décriées. La Cour considère que la première option présente des risques de dilatoire pour ce dernier qui a déjà passé vingt-et-un ans en détention correspondant à la moitié de sa peine. Par contre, elle note au titre de la deuxième option que la République-Unie de Tanzanie dispose d'un pouvoir d'appréciation des moyens susceptibles d'effacer les effets des violations. Par ailleurs, à la demande de libération de M. Alex Thomas, la Cour décide qu'elle n'est justifiée à prononcer elle-même la remise en liberté que dans des circonstances exceptionnelles. Elle précise qu'une telle mesure peut toutefois être envisagée par la République-Unie de Tanzanie.

Dans sa deuxième demande, la République-Unie de Tanzanie a souhaité savoir si les violations alléguées sont celles qui sont énoncées dans le dispositif de l'arrêt ou si la violation à laquelle il faut remédier se limite à l'expression « en excluant en particulier la possibilité de reprendre la présentation des moyens de la défense et de rouvrir le procès ». À ce propos, la Cour relève que l'expression « toutes les mesures requises » « inclut la libération du Requérant et toute autre mesure qui permettrait d'effacer les conséquences des violations constatées, le retour la situation antérieure et le rétablissement du Requérant dans ses droits »[148]. Elle ajoute que par « remédier aux violations constatées », il faut comprendre « effacer les effets des violations constatées »[149] en adoptant les mesures précitées.

Concernant troisièmement le sens du terme « precluding », « qui signifie interdire, empêcher ou exclure la possibilité de »[150], la Cour fait savoir qu'elle proscrivait à la République-Unie de Tanzanie de reprendre la présentation des moyens de la défense ou de rouvrir le procès de M. Alex Thomas.

---

148 Paragraphe 39 de l'arrêt du 28 septembre 2017.

149 Paragraphe 40 de l'arrêt du 28 septembre 2017.

150 Paragraphe 40 de l'arrêt du 28 septembre 2017.

36. AFFAIRE KIJIJI ISIAGA c. RÉPUBLIQUE-UNIE DE TANZANIE

Requête n° 032/2015
Arrêt du 21 mars 2018 à l'unanimité des dix juges

La nuit du 4 avril 2004 dans le village de Kihongera, en Tanzanie, trois individus munis d'armes à feu et de machettes se sont introduits dans le domicile de Mme Rhobi Wambura en présence de ses deux enfants. À l'aide de violences, ces individus ont emporté avec eux la somme d'un million de shillings tanzaniens, ainsi qu'un sac de vêtements. Au cours de l'enquête de police, Mme Rhobi Wambura a désigné son voisin, M. Bihari Nyankongo et le neveu de ce dernier, M. Kijiji Isiaga, comme étant ses assaillants. Le premier passera aux aveux et conduira à l'arrestation de M. Kijiji Isiaga le 7 avril 2004. Ce dernier est déclaré coupable de coups et blessures suivis de vol aggravé par le Tribunal de district de Tarime et condamné à trente ans de prison, ainsi qu'à douze coups de fouet. Ce jugement sera confirmé devant la Haute Cour de Tanzanie le 5 août 2005 et devant la Cour d'appel le 19 septembre 2012.

Le 8 décembre 2015, M. Kijiji Isiaga a saisi la Cour africaine pour dénoncer les irrégularités qui ont vicié son procès devant les juridictions nationales. Il a affirmé que la déclaration de culpabilité et sa condamnation reposaient sur des témoignages et des pièces à conviction obtenues et exploitées de façon irrégulières. À l'appui de sa requête, il a soutenu que les témoignages à l'origine de son identification présentaient des incohérences et contradictions. En outre, le requérant a déclaré n'avoir jamais été en possession des objets volés qui ont servi de pièces à conviction. Il a ajouté que c'est à tort que la Cour d'appel s'est fondée sur ces pièces pour appliquer à son encontre, la théorie de la possession. Aussi, il a sollicité de la Cour qu'elle :

- annule la déclaration de culpabilité ainsi que sa condamnation ;
- ordonne sa remise en liberté et lui octroie des réparations ;
- rende toute autre ordonnance qu'elle estimera juste.

Dans sa réponse du 12 avril 2017, la République-Unie de Tanzanie a tout d'abord soulevé l'incompétence de la Cour. À ce sujet, elle a fait valoir que la Cour n'est pas une juridiction d'appel et ne peut réexaminer les points déjà jugés par les juridictions nationales. Ensuite, la République-Unie de Tanzanie a contesté la recevabilité de la requête en relevant le non-épuisement des voies de recours internes, ainsi que le délai tardif de saisine de la Cour. Sur le fond, elle a prié la Cour de rejeter la requête au motif qu'aucune entorse n'avait été causée à l'égalité devant la loi et à l'égale protection devant la loi, de même qu'aux droits de la défense du requérant. La défenderesse a poursuivi en soutenant qu'à cet effet, la Cour d'appel avait examiné tous les moyens et apprécié les éléments de preuve qui lui étaient soumis. Pour elle, la Cour d'appel a jugé pertinent de fonder la culpabilité du requérant en s'appuyant sur la doctrine de la possession récente et sur son identification visuelle. Elle a par ailleurs demandé à la Cour de ne concéder aucune réparation à M. Kijiji Isiaga.

En vertu de l'article 39(1) de son règlement intérieur, la Cour procède d'abord à un examen préliminaire de sa compétence.

Premièrement, sur le plan matériel la Cour note qu'au regard des articles 3(1) du Protocole et 26(1) (a) de son règlement intérieur : « elle exerce sa compétence dès lors que l'objet de la requête concerne des violations alléguées des droits protégés par la Charte ou par tout autre instrument international relatif aux droits de l'homme et ratifié par un État partie »[151]. Elle observe en l'espèce, que la requête porte sur les cas de violations des droits protégés par la Charte de Banjul.

Par ailleurs, la Cour relève que si elle « n'est pas une instance d'appel pour confirmer ou infirmer les jugements des juridictions nationales en se fondant simplement sur la manière dont elles ont apprécié les éléments de preuve pour tirer une conclusion particulière »[152], il est de jurisprudence que « lorsque des violations alléguées des droits de l'homme se rapportent à la manière dont les preuves ont été examinées par les tribunaux nationaux, la Cour est compétente pour apprécier si cet examen est conforme aux normes internationales en matière de droits de l'homme »[153]. Elle note sur ce point que la requête porte sur l'appréciation des éléments de preuve par les juridictions tanzaniennes. Sur ces deux fondements, la Cour se déclare matériellement compétente.

Deuxièmement, la Cour décide qu'elle est compétente sur le plan personnel dans la mesure où, la requête est dirigée contre la République-Unie de Tanzanie qui est partie à la Charte de Banjul et a fait la déclaration de l'article 34(6) du Protocole autorisant la Cour à connaître des requêtes émanant des individus.

---

151 Paragraphe 33 de l'arrêt du 21 mars 2018.
152 Paragraphe 34 de l'arrêt du 21 mars 2018.
153 Paragraphe 34 de l'arrêt du 21 mars 2018.

Troisièmement, elle se déclare compétente sur le plan temporel et pour cause, le fait que le requérant purge toujours sa peine d'emprisonnement donne aux violations alléguées un caractère continu.

Enfin, les faits ayant été commis sur le territoire d'un État partie au Protocole, la Cour se déclare territorialement compétente.

Après s'être déclarée compétente pour connaître de la requête du 8 décembre 2015, la Cour en apprécie la recevabilité. Elle examine en premier les exceptions d'irrecevabilité soulevées par l'État défendeur.

Sur l'exception d'irrecevabilité tirée du non-épuisement des voies de recours internes, la Cour fait savoir que le respect de cette règle ne s'impose que si les recours internes sont disponibles, à moins qu'il soit prouvé que les voies de recours sont inefficaces ou insatisfaisantes ou que les procédures se sont poursuivies de façon anormale. La Cour rappelle qu'il est de jurisprudence constante devant elle, que « la règle de l'épuisement des recours internes renforce et maintient la primauté des systèmes nationaux de protection des droits de l'homme par rapport à la Cour »[154], et qu'elle n'a pas une compétence de première instance pour connaître d'une question qui n'a pas été soulevée au niveau national. Elle déclare en outre que la règle de l'épuisement des voies de recours internes ne concerne que les recours judiciaires ordinaires. En l'espèce, la Cour observe que le requérant a effectivement saisi la Cour d'appel de Tanzanie qui est la plus haute instance judiciaire du pays. Elle en conclut, contrairement à ce qu'en a dit l'État défendeur, que M. Kijiji Isiaga n'était dès lors tenu d'exercer aucun recours en révision ou en inconstitutionnalité qui du reste, sont tous des recours extraordinaires. Pour ces motifs, la Cour rejette l'exception soulevée par l'État défendeur.

S'agissant de l'exception d'irrecevabilité tirée du non-respect du délai raisonnable avant la saisine de la Cour, la Cour rappelle que l'article 40(6) de son règlement intérieur prévoit sans le déterminer « un délai raisonnable courant depuis l'épuisement des recours internes ou depuis la date retenue par la Cour comme faisant commencer à courir le délai de sa propre saisine ». Elle note que « le caractère raisonnable du délai de saisine dépend des circonstances particulières de chaque affaire et doit être déterminé au cas par cas ». En l'espèce, la Cour observe qu'elle a été saisie le 8 décembre 2015, soit deux ans et onze mois depuis l'arrêt de la Cour d'appel du 19 décembre 2012. Elle

---

154 Paragraphe 44 de l'arrêt du 21 mars 2018.

décide cependant que le « Requérant est profane, indigent et incarcéré, sans connaissance juridique ni assistance judiciaire (...) il est plausible que le Requérant n'était pas informé de l'existence de la Cour et de la manière de la saisir »[155]. La Cour déclare qu'en raison de ces circonstances, le délai de sa saisine est raisonnable.

En second lieu, au sujet des conditions de recevabilité non discutées par les parties, la Cour observe que celles-ci sont remplies. Il s'agit notamment des conditions relatives à l'identité du requérant, à la compatibilité de la requête avec l'Acte constitutif de l'UA, au langage utilisé dans la requête, à la nature des preuves, et au principe selon lequel la requête ne doit pas concerner des cas qui ont été réglés conformément soit aux principes de la Charte des Nations Unies ou de l'Acte constitutif de l'Union africaine et soit des dispositions de la Charte ou de tout autre instrument juridique de l'Union africaine. La Cour déclare la requête recevable, et examine le fond de l'affaire.

Sur le fond, trois violations sont rapportées devant la Cour : les violations du droit à un procès équitable, du droit à l'égalité devant la loi et à l'égale protection de la loi, ainsi que la violation du droit à la non-discrimination.

1. Sur les violations alléguées du droit à un procès équitable

Pour examiner les violations alléguées du droit à un procès équitable, la Cour se fonde sur l'allégation relative aux éléments de preuve ayant servi à l'identification du requérant d'une part, et celle portant sur le défaut d'assistance judiciaire d'autre part.

a. L'allégation relative aux éléments de preuve sur la base desquels le requérant a été identifié
b. Tandis que pour le requérant, l'identification faite par les victimes était entachée d'irrégularités, la République-Unie de Tanzanie a quant à elle déclaré que la Cour n'est pas une juridiction d'appel, et comme telle, son office se limite à l'appréciation de la légalité des procédures et non pas au réexamen des éléments de preuve présentés devant les juridictions nationales.

La Cour note que si les juridictions nationales ont en matière de preuve, un large pouvoir d'appréciation, « s'agissant en particulier des preuves qui ont servi de base à la condamnation du Requérant, la Cour estime qu'il ne lui revient pas en effet de se prononcer sur leur valeur pour revoir cette condamnation. Toutefois, elle considère que rien ne

155 Paragraphe 55 de l'arrêt du 21 mars 2018.

lui interdit d'examiner ces preuves, comme éléments du dossier qui lui est soumis, afin de savoir si, de façon générale, la manière dont le juge national les a appréciées a été conforme aux exigences d'un procès équitable au sens notamment de l'article 7 de la charte»[156]. La Cour ajoute en outre, qu'«un procès équitable requiert que la condamnation d'une personne à une sanction pénale et particulièrement à une lourde peine de prison, soit fondée sur des preuves solides»[157]. Elle observe dans les faits de la cause, qu'afin d'éviter des erreurs, la jurisprudence tanzanienne exige que l'identification visuelle doit être soutenue par d'autres preuves indirectes, et fasse partie d'une description claire de la scène du crime. Elle observe en l'espèce que la condamnation de M. Kijiji Isiaga a été établie grâce à son identification par trois victimes, les dépositions de deux autres témoins à charge, ainsi que de l'exploitation des pièces à conviction réunies sur la scène du crime et sur l'un des coaccusés, qui ont toutes permis une description cohérente du crime et des assaillants. La Cour relève que le requérant, qui n'a contesté l'utilisation des pièces à conviction comme moyen de preuve ni démontré aucune raison apparente pouvant soutenir que les victimes auraient menti, n'a au demeurant rapporté aucune preuve susceptible de faire tomber l'accusation. Estimant que les juridictions internes ont fait une bonne appréciation des preuves en leur possession, la Cour a rejeté ce moyen.

a. Sur l'allégation portant sur le défaut d'assistance judiciaire

Sur ce point, le requérant a affirmé s'être trouvé dans une situation désavantageuse en raison de l'absence d'avocat. La Cour observe que sans donner de précision sur la gratuité, l'article 7(1c) de la Charte garantit le droit d'être assisté par un défenseur de son choix. La Cour ajoute qu'«une personne accusée d'une infraction pénale a automatiquement droit à une assistance judiciaire gratuite, même si elle n'en a pas fait la demande, lorsque l'intérêt de la justice l'exige, en particulier si elle est indigente, l'infraction est grave et la peine prévue par la loi est lourde»[158]. Elle observe dans les faits de la cause, qu'il n'est pas contesté que le requérant n'a pas été assisté d'un avocat, pas plus que son indigence n'a souffert de discussion. Elle note que les peines d'emprisonnement de trente et douze ans auxquelles sont respectivement passibles les personnes condamnées pour vol à main armée, et

156 Paragraphe 66 de l'arrêt du 21 mars 2018.
157 Paragraphe 67 de l'arrêt du 21 mars 2018.
158 Paragraphe 78 de l'arrêt du 21 mars 2018.

coups et blessures, sont des peines lourdes. Elle conclut que même s'il ne l'a pas expressément sollicité comme l'a avancé la République-Unie de Tanzanie, l'intérêt de la justice commandait dans ces conditions une assistance judiciaire gratuite au bénéfice de M Kijiji Isiaga. En conséquence, la Cour déclare que l'État défendeur a violé l'article 7(1) (c) de la Charte.

2. Sur la violation alléguée du droit à l'égalité devant la loi et à l'égale protection de la loi

Le requérant a affirmé que la Cour d'appel n'a tenu aucun compte des faits et arguments qu'il a relevés au sujet des preuves retenues contre lui, et que la République-Unie de Tanzanie a violé de ce fait le droit à l'égalité devant la loi et à l'égale protection de la loi consacrés à l'article 3(1) et (2) de la Charte de Banjul.

Se rapportant à l'article 26 du PIDCP, la Cour précise d'une part que le droit à l'égale protection de la loi signifie que « la loi doit interdire toute discrimination et garantir à toutes les personnes une protection égale et efficace contre toute discrimination, notamment de race, de couleur, de sexe, de langue, de religion, d'opinion politique et de toute autre opinion, d'origine nationale ou sociale, de fortune, de naissance ou de toute autre situation ». Elle note que ce droit est reconnu dans la Constitution de la République-Unie de Tanzanie.

D'autre part, la Cour déclare que l'égalité devant la loi signifie que « [t]ous sont égaux devant les tribunaux et les cours de justice ». La Cour constate qu'en l'espèce, non seulement la Cour d'appel a examiné tous les moyens du requérant et les a jugés sans fondement, mais encore, que dans l'intérêt de la justice, celui-ci a été autorisé à déposer son acte d'appel après les délais fixés par la législation tanzanienne. La Cour déclare que le requérant n'a pas été traité de façon inéquitable, de même qu'il n'a subi aucun traitement discriminatoire. Par conséquent, la Cour rejette ce moyen.

3. Sur la violation alléguée du droit à la non-discrimination

Sur ce point, la Cour observe que le requérant s'est contenté de dire que la Cour d'appel a porté atteinte à son droit de ne pas faire l'objet de discrimination sans indiquer le type de traitement discriminatoire dont il a fait l'objet par rapport à une autre personne se trouvant dans la même situation. En outre, la Cour rappelle que l'article 2 de la Charte interdit plusieurs motifs de discrimination fondés entre autres sur la race, l'ethnie, la couleur, et que le requérant n'a pas indiqué celui auquel se rattachait la discrimination alléguée. En l'absence de preuve de la part du requérant, la Cour décide qu'il n'y a eu aucun traitement discriminatoire constitutif de la violation de l'article 2 de la Charte.

4. Sur les réparations demandées

La Cour rappelle qu'au terme de l'article 27 (1) du Protocole, lorsqu'elle estime qu'il y a eu violation d'un droit de l'homme ou des peuples, elle a vocation à ordonner toutes les mesures appropriées afin de remédier à la situation, y compris le paiement d'une juste compensation ou l'octroi d'une réparation. Le requérant a sollicité de la Cour plusieurs mesures.

Sur la demande en annulation des décisions rendues par les juridictions nationales à l'encontre du requérant, la Cour rappelle qu'elle n'est pas une juridiction d'appel et ne peut de ce fait annuler ou infirmer les décisions des juridictions internes. Par conséquent, la Cour rejette cette demande.

En ce qui concerne la demande de remise en liberté du requérant, la Cour déclare «qu'elle ne peut ordonner la remise en liberté du Requérant que dans des circonstances exceptionnelles ou impérieuses»[159]. Le requérant n'ayant pas rapporté la preuve de telles circonstances, la Cour rejette cette demande.

Pour ce qui est des autres formes de réparation sollicitées par le requérant et laissées à la discrétion de la Cour, la Cour décide qu'elle se prononcera sur cette demande dans un arrêt séparé, parce qu'aucune des parties n'a fait de développement précis à ce sujet.

Dans sa décision du 21 mars 2018, la Cour constate que la République-Unie de Tanzanie a violé le droit de M. Kijiji Isiaga à un procès équitable en ce qui concerne notamment l'assistance judiciaire gratuite prévue à l'article 7(1c) de la Charte. Elle ordonne à l'État défendeur de prendre toutes les mesures nécessaires pour remédier aux violations constatées, et de l'informer des mesures prises dans un délai de six mois à compter de la date de l'arrêt. Elle accorde par ailleurs un délai de trente jours au requérant pour déposer ses observations sur la réparation. À l'État défendeur, elle accorde également un délai de trente jours à compter de la réception des observations écrites du requérant pour y répondre.

---

[159] Paragraphe 78 de l'arrêt du 21 mars 2018.

37. AFFAIRE MIRIAM KOUMA ET OUSMANE DIABATE c. RÉPUBLIQUE DU MALI

Requête n° 040/2016
Arrêt du 21 mars 2018 à l'unanimité des dix juges

Dans la nuit du 13 février 2014, Mme Miriam Kouma, une commerçante, à Bamako, et son fils M. Ousmane Diabaté, sont agressés à la machette par M. Boussourou Coulibaly. Ce dernier est un client mécontent qui avait déboursé 9 000 FCFA pour l'achat d'un singe en janvier 2014. Au lendemain de cet achat, il était venu restituer l'animal et exigeait le remboursement, prétextant que sa maman n'avait pas apprécié la domestication dudit animal. Régulièrement, tandis qu'il réclamait son argent, il se heurtait à la résistance de Mme Miriam Kouma. La nuit des faits, alors qu'elle venait de le sommer de ne plus mettre les pieds chez elle, il s'est précipité chez les voisins, s'est saisi d'une machette et lui a asséné plusieurs coups jusqu'à évanouissement. Son fils, M. Ousmane Diabaté a été également blessé alors qu'il venait au secours de sa mère. Alertés par les cris, les voisins se sont saisis de l'assaillant et l'ont conduit devant la police. Tandis que le ministère public a requis la relaxe de M. Boussourou Coulibaly en soutenant sa démence, le Tribunal de première instance de la commune V du district de Bamako l'a plutôt condamné à un an de prison pour coups et blessures simples : le jugement a été rendu le 27 février 2014. Dans cette décision, le tribunal s'est réservé les intérêts de la partie civile qui n'avait pas encore produit la preuve de son incapacité de travail. Faisant suite à l'appel interjeté par le conseil de M. Boussourou Coulibaly, la Cour d'appel a renvoyé l'affaire devant le Tribunal de première instance de la Commune V du district de Bamako, au motif que celui-ci ne s'était pas prononcé sur les dommages et intérêts de la partie civile.

L'affaire étant pendante devant ce tribunal, Mme Miriam Kouma et M. Ousmane Diabaté ont saisi la Cour le 1er juillet 2016 pour dénoncer le manquement de l'État malien à son obligation de conduire une procédure approfondie et impartiale basée sur la juste qualification. Ils ont soutenu que M. Boussourou Coulibaly aurait dû être poursuivi pour tentative de meurtre avec préméditation. Ils ont ajouté que les actes dont ils ont été victimes ont porté atteinte à leurs droits, notamment : le droit à la dignité et à l'intégrité, le droit au travail, le droit à la santé, le droit d'accès à la justice.

Aussi, les requérants ont demandé à la Cour de :

- condamner l'État du Mali pour avoir failli à son obligation de mener des poursuites approfondies et impartiales conformément à l'article 3 du Protocole de Maputo, à l'article 1 de la Charte et à l'article 16 de la Charte sur les droits et le bien-être de l'enfant;
- dire que l'État du Mali a porté atteinte à leurs droits garantis par les articles 5,7, 15, 16, et 17 de la Charte; 3, 6 et 14 du protocole de Maputo; 11 et 14 de la Charte sur les droits et le bien-être de l'enfant; 7 du PIDCP et 5 de la DUDH;
- Ordonner à l'État défendeur de leur payer au titre des dommages et intérêts, le montant de 110628205 francs et de 70026000 francs respectivement pour la mère et son fils.

Dans son mémoire en défense, la République du Mali a demandé à la Cour de déclarer la requête irrecevable, en soutenant que les voies de recours internes n'ont pas été épuisées. En outre, l'État défendeur a sollicité que la requête soit déclarée non fondée.

Statuant sur sa compétence en vertu de l'article 39 de son règlement intérieur, la Cour observe tout d'abord, que sur le plan matériel, la requête du 1er juillet 2016 porte sur la violation des droits protégés par les instruments internationaux auxquels l'État défendeur est partie.

Elle note ensuite que sur le plan personnel, la République du Mali a fait la déclaration prévue aux articles 5(3) et 34(6) du Protocole autorisant la Cour à recevoir les requêtes émanant des individus.

Elle observe par ailleurs sur le plan temporel que les violations alléguées sont postérieures à l'entrée en vigueur à l'égard de l'État défendeur, des instruments internationaux garantissant les droits des requérants.

Enfin, elle note sur le plan territorial, que les faits décriés se sont déroulés sur le territoire de l'État défendeur qui est partie à la Charte de Banjul et au Protocole portant création de la Cour. En conséquence, la Cour se déclare compétente pour connaître de l'affaire.

Sur la recevabilité de la requête, la Cour observe que les discussions entre les parties ont porté sur l'exigence de l'épuisement des voies de recours internes. Les requérants ont reconnu n'avoir pas souscrit à cette condition prescrite à l'article 40(5) du règlement intérieur de la Cour. À leur décharge, ils ont fait valoir que le recours pendant devant la Cour d'appel avait été prolongé de façon anormale et qu'il était inefficace. Ils ont également fait valoir qu'un recours civil en réparation était devenu sans objet, dans la mesure où la qualification des actes commis par M. Boussourou Coulibaly avait été minimisée. Ainsi, ils ont demandé à la Cour de faire une exception à la règle de l'épuisement des voies de recours interne.

1. Sur l'allégation du prolongement anormal de la procédure interne

La Cour se penche sur l'allégation anormale de la procédure interne et déclare que « l'appréciation du caractère normal ou anormal de la durée de la procédure relative aux recours internes doit, en effet, être effectuée au cas par cas, en fonction des circonstances propres à chaque affaire »[160]. La Cour cherche à savoir si en l'espèce, l'affaire était complexe, si les parties ont collaboré à la célérité de la procédure et si les autorités judiciaires ont fait preuve de négligence ou d'une lenteur inadmissible. À cet effet, elle note qu'entre l'arrestation de M. Boussourou Coulibaly la nuit des faits et sa comparution devant le Tribunal de première instance de la Commune V du district de Bamako, rien n'indique que l'affaire a présenté des éléments de complexité devant justifier une procédure longue. Ensuite, elle observe qu'il aura fallu huit jours à ce tribunal pour rendre son jugement sur la condamnation de l'accusé et vingt-cinq jours à la Cour d'appel pour prononcer le renvoi de l'affaire à nouveau devant le Tribunal de première instance. La Cour note que si ces délais ne lui semblent pas problématiques, la durée de deux ans et deux mois dont se plaignent les requérants, est celle de la procédure devant le Tribunal de première instance de la Commune V du district de Bamako statuant comme juridiction de renvoi et appelé à se prononcer sur les intérêts civils des requérants. La Cour estime que « la célérité d'une procédure exige une coopération nécessaire des parties au procès pour éviter des retards indus »[161]. Elle relève qu'entre le 24 mars 2014 et le 1er juillet 2016, date de saisine de la Cour, le Tribunal attendait la production des pièces médicales par les requérants, afin de pouvoir procéder à l'appréciation et à la quantification du préjudice. La Cour note également que c'est à la demande de l'avocat des requérants que le Tribunal avait initialement réservé les intérêts civils. La Cour conclut que la prolongation de la procédure interne décriée par les requérants leur est en partie imputable. Aussi, la Cour décide de rejeter ce moyen.

---

160 Paragraphe 37 de l'arrêt du 21 mars 2018.

161 Paragraphe 45 de l'arrêt du 21 mars 2018.

2. Sur l'allégation de l'inefficacité du recours devant la Cour d'appel

Les requérants font valoir qu'ils n'ont exercé aucun recours en requalification des faits devant la Cour d'appel dans la mesure où cette juridiction n'a offert aucune chance d'aboutir à une requalification des faits en tentative de meurtre avec préméditation. La Cour déclare que « "il ne suffit pas que le plaignant mette en doute l'efficacité des recours internes, du fait d'incidences isolées" pour se décharger de l'obligation d'épuiser les voies de recours internes. (...) "Il appartient au plaignant d'entreprendre toutes les démarches nécessaires pour épuiser ou, au moins, essayer d'épuiser les recours internes" »[162]. En l'espèce, ayant observé que les requérants ont volontairement refusé d'utiliser un recours en requalification sans rapporter la preuve que celui-ci n'aurait pas atteint l'objectif souhaité, la Cour a rejeté cette allégation.

3. Sur l'allégation de l'inefficacité du recours civil

Les requérants ont considéré que les procédures internes n'offraient aucun intérêt à partir du moment où, sans l'avis du médecin traitant, la procédure a été conduite devant un tribunal correctionnel pour coups et blessures, au lieu de l'être pour tentative de meurtre avec préméditation devant un tribunal criminel. Les requérants ont estimé que dès lors, les chances de réparation du préjudice subi ont été anéanties. Toutefois, la Cour considère que c'est dans l'intérêt des requérants, que saisit du jugement rendu la première fois par le Tribunal de première instance le 27 février 2014, la Cour d'appel a renvoyé à nouveau l'affaire devant cette juridiction afin qu'il soit décidé sur la réparation. La Cour conclut qu'il est prématuré pour les requérants, encore en instance de réparation devant le tribunal d'instance, de se déclarer sur l'inefficacité du recours en appel qu'ils ne pourront exercer que lorsque ledit tribunal se sera prononcé sur les intérêts civils. Ainsi, la Cour a rejeté ce moyen tendant à considérer que les recours internes sont inefficaces, ineffectifs et insatisfaisants.

Dans son arrêt du 21 mars 2018, la Cour a déclaré la requête irrecevable pour non-épuisement des voies de recours internes conformément aux articles 56 de la Charte et 40(5) du règlement intérieur.

---

162 Paragraphe 52 de l'arrêt du 21 mars 2018.

38. AFFAIRE JEAN-CLAUDE ROGER GOMBERT c. RÉPUBLIQUE DE CÔTE D'IVOIRE

Requête n° 038/2016
Arrêt du 22 mars 2018 à l'unanimité des neuf juges

Français domicilié à Abidjan, en Côte d'Ivoire, M. Jean-Claude Roger Gombert est le fondateur et l'actionnaire majoritaire des sociétés AFRECO et AGRILAND. Dans le cadre des activités de celles-ci, il a convenu de vendre à M. Kone Dossongui, la plantation industrielle d'agrumes ANDRE, située dans la région de Divo. L'accord a été conclu le 9 juin 1999 pour un montant de deux cents millions de francs CFA, et le vendeur, qui a reçu une avance de cent soixante millions, a refusé de signer l'acte notarié de vente établi par son notaire. L'acheteur qui occupait déjà la plantation a saisi les juridictions nationales ivoiriennes afin de contraindre le vendeur à respecter ses obligations. Entre 2000 et 2014, à l'initiative des cocontractants, l'affaire a été portée devant de nombreuses juridictions parmi lesquelles le Tribunal de Divo, la Cour d'appel de Daloa et la Cour suprême de Côte d'Ivoire. Insatisfait de certaines des décisions rendues, M. Jean-Claude Roger Gombert a saisi la Cour de Justice de la CEDEAO qui a rendu deux arrêts de rejet au fond les 24 avril 2015 et 17 mai 2016.

Le 11 juillet 2016, M. Jean-Claude Roger Gombert a porté l'affaire devant la Cour pour dénoncer plusieurs violations notamment : son droit à ce que cause soit entendue devant une juridiction impartiale consacrée à l'article 7(1d) de la Charte; son droit à l'égalité devant la loi prévu aux articles 7 de la Déclaration universelle des droits de l'homme, 3 de la Charte et 2(2) de la Constitution; son droit à un recours effectif consacré aux articles 8 de la Déclaration universelle des droits de l'homme, 3(4) du Pacte international relatif aux droits civils et politiques (PIDCP), et 7(1) de la Charte. Le requérant a demandé à la Cour de constater qu'il est propriétaire de la Société AGRILAND et que, détenant quatre-vingt-quinze pour cent du capital social, il est directement affecté par les violations des droits de l'homme à l'encontre de cette société. Il a en outre demandé à la Cour de dire que sa société et lui ont été victimes de violations des droits de l'homme du fait de la justice ivoirienne et que l'État en est responsable. Enfin, il a sollicité que la République de Côte d'Ivoire soit condamnée à lui payer à titre de dédommagement, la somme de dix milliards (10 000 000 000) de francs CFA.

Dans son mémoire en défense du 3 janvier 2017, l'État défendeur a demandé à la Cour de déclarer la requête irrecevable et mal fondée, en ce sens qu'aucune atteinte aux droits de l'homme n'a été portée à l'encontre du requérant. L'État de Côte d'Ivoire a en conséquence sollicité que la Cour déboute ce dernier de sa demande en indemnisation.

En vertu de l'article 39(1) de son règlement intérieur, la Cour a procédé à l'examen préliminaire de sa compétence. Elle a observé que ce point n'a fait l'objet d'aucune contestation de la part des parties. La Cour a néanmoins établi sa compétence ainsi qu'il suit : sur le plan personnel premièrement, elle a noté que la requête a été introduite après la ratification de son Protocole et le dépôt de la déclaration prévue à l'article 34(6) de ce Protocole par l'État défendeur.

Sur le plan matériel ensuite, la Cour a observé que la requête portait sur la violation de la Charte et du PIDCP auxquels l'État de Côte d'Ivoire est partie. Sur le plan temporel troisièmement, la Cour a noté que les violations alléguées ont débuté après le dépôt de la déclaration prévue à l'article 34(6) du Protocole et qu'elles se sont poursuivies jusqu'au 5 juin 2014, date à laquelle la Cour suprême a rendu la décision contestée.

Sur le plan territorial enfin, la Cour a constaté que les faits se sont déroulés en Côte d'Ivoire. En conséquence, la Cour s'est déclarée compétente.

La Cour a ensuite statué sur la recevabilité de la requête en tenant compte des articles 50 et 56 de la Charte, et 40 de son règlement intérieur. Elle a noté que le défendeur a soulevé trois exceptions d'irrecevabilité fondées sur le non-épuisement des voies de recours internes, la saisine tardive de la Cour et le règlement antérieur du différend conformément aux principes de la charte des Nations unies, de l'Acte constitutif de l'UA et de la Charte.

A. Sur l'exception tirée du non-épuisement des voies de recours internes

L'État défendeur a soutenu qu'en méconnaissance des articles 56 de la Charte et 40 du règlement intérieur de la Cour, le requérant a dirigé ses recours internes, non pas contre lui, mais plutôt contre la Compagnie de Gestion et de Participation (CGP), qui est une personne morale de droit privé. Le requérant a affirmé quant à lui que le droit positif ivoirien n'offre aucun recours relatif à la situation portée devant la Cour et en s'appuyant sur les décisions rendues par les juridictions nationales, il a déclaré avoir épuisé les voies de recours dans le litige l'opposant à la CGP.

La Cour, a noté qu'en tant que la plus haute juridiction de Côte d'Ivoire, la Cour suprême a mis un terme aux procédures internes en rejetant le pourvoi en cassation formé dans le cadre de cette affaire. La Cour a ajouté que « l'épuisement des voies de recours internes procède de l'utilisation de tous les moyens procéduraux utiles prévus dans le corpus juridique de l'État défendeur à l'effet de régler le différend porté devant les autorités nationales compétentes (...) pris dans ce sens, les recours internes sont censés être dirigés contre l'entité considérée par le plaignant comme responsable de la violation alléguée, qu'il s'agisse d'un particulier ou d'une personne morale de droit privé ou public telle que l'État. »[163]. En conséquence, la Cour a observé que si le différend a opposé à l'origine la société AGRILAND à la CGP, ces deux entités étant des personnes morales de droit privé, les recours internes n'auraient pu être dirigés contre l'État à moins de prouver sa responsabilité. Enfin, la Cour a souligné qu'elle est plutôt saisie de la responsabilité de l'État de Côte d'Ivoire pour les violations des droits du requérant par les juridictions nationales, et qu'il n'est contesté d'aucune partie, que les voies de recours disponibles ont été épuisées, puisque l'arrêt de la Cour suprême est insusceptible de recours. La Cour a décidé que les voies de recours internes ont été épuisées.

B. Sur l'exception d'irrecevabilité tirée de la saisine tardive de la Cour

L'État défendeur a dénoncé la saisine tardive de la Cour effectuée le 11 juillet 2016, soit deux ans et un mois après l'arrêt de la Cour suprême ivoirienne du 5 juin 2014. Le requérant a quant à lui souligné que ce délai correspondait à la durée de la procédure devant la Cour de justice de la CEDEAO. Le requérant a également déclaré que l'article 40(6) du règlement intérieur de la Cour africaine des droits de l'homme et des peuples n'a fixé aucune limite temporelle à la saisine de la Cour.

La Cour a rappelé qu'en vertu de l'article 56(6) de la Charte, les requêtes doivent « être introduites dans un délai raisonnable courant depuis l'épuisement des recours internes ou depuis la date retenue par la Cour comme faisant commencer à courir le délai de sa propre saisine ». En l'espèce, la Cour a déclaré que le délai raisonnable devrait

---

163 Paragraphe 27 de l'arrêt du 22 mars 2018.

courir à partir du 5 juin 2014. Elle a en outre cherché à savoir si le délai deux ans et un mois est raisonnable au sens de l'article précité. Pour la Cour, bien que la saisine de la Cour de Justice de la CEDEAO ne fasse pas partie des recours internes à épuiser, elle a par ailleurs relevé que l'article 56(7) du Protocole donne tout de même au requérant la possibilité de porter le différend devant cette juridiction sous-régionale. Aussi, la Cour a décidé que la saisine de cette instance doit être prise en considération dans l'appréciation du caractère raisonnable du délai. En conséquence, la Cour a conclu que le délai de deux ans et un mois mis par le requérant pour la saisir est raisonnable. Aussi la Cour a-t-elle rejeté cette exception soulevée par le défendeur.

C. Sur l'exception tirée du règlement antérieur du différend par la Cour de Justice de la CEDEAO

L'État défendeur a fait valoir que l'affaire portée devant la Cour avait déjà été connue dans les mêmes termes par la Cour de Justice de la CEDEAO. En conséquence, il a demandé à la Cour de déclarer la requête irrecevable en vertu de l'article 56(7) de la Charte. Le requérant a soutenu pour sa part que la Cour de Justice de la CEDEAO n'a pas fait application de l'article 56(7) de la Charte et que l'affaire portée devant elle n'était pas identique à la requête du 11 juillet 2016 devant la Cour africaine. Le requérant a précisé que la requête devant la Cour de justice de la CEDEAO n'a pas évoqué le dessaisissement de la Cour d'appel de Daloa comme un cas de violation des droits de l'homme.

La Cour a rappelé qu'en vertu de l'article 56(7) de la Charte, les requêtes ne doivent : «pas concerner des cas qui ont été réglés conformément soit aux principes de la Charte des Nations Unies, soit de la Charte de l'Organisation de l'Unité Africaine, soit des dispositions de la présente Charte». Aussi, la Cour a cherché à savoir si l'affaire devant elle avait déjà été réglée d'une part, et si elle l'avait été conformément aux principes référencés.

Sur le premier point, la Cour a déclaré qu'au sens de l'article 56(7) précité, le règlement de l'affaire implique trois conditions :

1. l'identité des parties;
2. l'identité des demandes ou leur caractère additionnel, alternatif ou découlant d'une demande introduite dans une première cause, et;
3. l'existence d'une première décision sur le fond.

La Cour a recherché si l'ensemble de ces points sont réunis dans le cadre de la présente affaire.

Relativement à la première condition, la Cour a noté que la République de Côte d'Ivoire était le défendeur devant les deux juridictions. La Cour a recherché s'il en était de même pour le demandeur. D'une part elle a observé que l'affaire portée devant la Cour de Justice de la CEDEAO a été introduite par la Société AGRILAND agissant comme demanderesse aux poursuites et diligences de son président-directeur général, M. Jean-Claude Roger Gombert ayant élu domicile en l'étude de son conseil Maître Émile SONTE, avocat de la Cour d'appel d'Abidjan. D'autre part la Cour a relevé que l'affaire portée devant elle, a été introduite par M. GOMBERT Jean-Claude Roger qui a pour domicile élu l'étude de son conseil, Maître SONTE Émile, avocat à la Cour d'appel d'Abidjan. La Cour a déclaré qu'en tant que juridiction des droits de l'homme et des peuples, elle a vocation à connaître de la violation des droits d'individus, des groupes d'individus et des peuples et non pas des droits des autres personnes morales de droit privé ou public. Elle a cependant affirmé que, bien que la société AGRILAND fût demanderesse devant la Cour de Justice de la CEDEAO, les droits auxquels elle prétendait étaient intimement liés aux droits personnels de M. Jean-Claude Roger Gombert en raison de sa position dans l'entreprise. La Cour a conclu qu'il y a identité des parties dans l'affaire portée devant la Cour de Justice de la CEDEAO et celle portée devant elle.

En ce qui concerne la deuxième condition relative à l'identité des demandes, la Cour a noté qu'à l'exception de la demande relative à la partialité de la Cour d'appel de Daloa, les demandes portées devant elle sont les mêmes qui avaient été adressées à la Cour de Justice de la CEDEAO, notamment celles de :

- dire que les actes des juridictions nationales sont constitutifs de violations de ses droits garantis, entre autres par la Charte, et;
- faire condamner la Côte d'Ivoire à lui payer deux milliards (2 000 000 000) FCFA.

Néanmoins la Cour a décidé que «l'identité des prétentions s'entend également de leur caractère additionnel, alternatif ou découlant d'une prétention examinée dans une cause précédente»[164]. En conséquence, bien que la question sur la partialité de la Cour n'ait pas été adressée devant la Cour de Justice de la CEDEAO, la Cour a déclaré que cette prétention participe du même ensemble que les autres prétentions formulées devant la Cour de Justice de la CEDEAO. Pour s'en convaincre, la Cour a observé que le requérant avait saisi la Cour suprême du problème de l'impartialité

164 Paragraphe 51 de l'arrêt du 22 mars 2018.

de la Cour d'appel de Daloa, et avait sollicité que celle-ci soit dessaisie de l'affaire. La Cour suprême avait fait droit à sa demande et la Cour d'appel de Daloa avait été dessaisie au profit de la Cour d'appel d'Abidjan. La Cour africaine a considéré qu'en s'étant prononcé sur l'allégation de violation liée à la procédure devant la Cour d'appel d'Abidjan, la Cour de Justice de la CEDEAO a couvert le règlement de l'allégation relatif la partialité de la Cour d'appel de Daloa. La Cour africaine a décidé que ces deux prétentions font partie d'un même ensemble. La Cour a conclu que les demandes formulées devant elle par le requérant et devant la Cour de Justice de la CEDEAO, sont identiques.

S'agissant de la troisième condition, la Cour a noté que celle-ci est vérifiée dans la mesure où, la Cour de Justice de la CEDEAO a rendu sur cette même affaire, deux jugements au fond les 24 avril 2015 et 17 mai 2016. Au vu des faits et de l'article 56(7) de la Charte, la Cour a conclu que l'affaire portée devant elle avait été réglée devant la Cour de Justice de la CEDEAO.

Par ailleurs, la Cour a déterminé si l'affaire réglée l'avait été conformément aux principes évoqués à l'article 56(7) de la Charte. Elle a observé que la Cour de Justice de la CEDEAO avait statué en se fondant sur l'égalité de la justice, l'égalité devant la loi, le recours effectif devant les juridictions nationales, respectivement prévus aux articles 7, 3 et 7(1) de la Charte. La Cour a noté que la Cour de Justice de la CEDEAO avait jugé l'affaire sur la base des mêmes dispositions de la Charte que celles évoquées dans la requête du 11 juillet 2016 qui lui a été adressée. La Cour a de ce fait retenu l'exception soulevée par l'État défendeur.

En définitive, la Cour a conclu que la requête du 11 juillet 2016 ne remplissait pas les conditions de recevabilité prévues à l'article 56(7) de la Charte. Dans son arrêt du 22 mars 2018, elle a déclaré celle-ci irrecevable, au motif que l'affaire avait déjà été réglée conformément aux dispositions de la Charte devant une autre juridiction.

39. AFFAIRE NGUZA VIKING (BABU SEYA) et JOHNSON NGUZA (PAPI KOCHA) c. RÉPUBLIQUE-UNIE DE TANZANIE

Requête n° 006/2015
Arrêt du 23 mars 2018 à l'unanimité des dix juges

M. Nguza Viking (Babu Seya) et son fils, M. Johnson Nguza (Papi Kocha), sont deux ressortissants de la République Démocratique du

Congo (RDC), qui se sont établis en République-Unie de Tanzanie et y exercent comme musiciens. Arrêtés par les forces de police le 12 octobre 2003, M. Nguza Viking et son fils sont conduits au poste de police de Magomeni, en République-Unie de Tanzanie. Le 16 octobre 2003, dans le cadre de l'affaire n° 555 de 2003, ces derniers, accompagnés de M. Nguza Mbangu et M. Francis Nguza également fils biologiques de M. Nguza Viking, ainsi qu'un enseignant, sont mis en examen pour répondre de dix chefs d'accusation de viol et onze chefs d'accusation de crime contre nature devant le Tribunal de première instance de Kisutu, à Dar es-Salaam. Ils sont accusés de viol collectif et de sodomie sur dix élèves de l'école primaire de Mashujaa, âgés de six à dix ans. Le 25 juin 2004, l'enseignant est acquitté tandis que les quatre autres accusés sont condamnés à la peine de réclusion à perpétuité et au paiement de deux millions de shillings tanzanien à chacune des victimes. Les condamnés ont fait appel du jugement devant la Haute Cour dans l'affaire pénale n° 84 de 2004. Le 27 janvier 2005, après avoir requalifié les faits de crime contre nature, en chef de viol collectif, la Haute Cour a rejeté l'appel. Par la suite, le contentieux a été porté devant la Cour d'appel de Tanzanie dans l'affaire pénale n° 56 de 2006. Dans son arrêt du 11 février 2010, la Cour d'appel a acquitté M. Nguza Mbangu et M. Francis Nguza. Cette juridiction a en outre déclaré M. Nguza Vinking coupable de deux chefs de viol. Elle a également déclaré M. Nguza Viking et M. Johnson Nguza coupables de viol collectif et ils ont été acquittés des autres chefs d'accusation. La peine de réclusion à perpétuité a été remplacée par une peine de trente ans de réclusion. Le 9 avril 2010, les deux condamnés ont introduit un recours en révision dans l'affaire pénale n° 5 de 2010 qui sera rejeté le 13 novembre 2013.

Le 6 mars 2015, M. Nguza Viking et M. Johnson Nguza ont saisi la Cour africaine afin de relever que : «

- ils n'ont pas été immédiatement informés des accusations portées contre eux et qu'ils ont été détenus au secret pendant quatre jours, sans possibilité d'entrer en contact avec un avocat ou avec toute autre personne. Ils ont été maltraités par des agents de police qui les ont insultés et ils sont restés en garde à vue pendant un certain temps avant qu'un agent de police ne leur signifie les accusations de viol;
- le procès était inéquitable pour diverses raisons parce que le tribunal a plusieurs fois rejeté les demandes en vue de présenter des preuves : les résultats de leurs analyses de sang et d'urine

n'ont pas été présentés comme preuve devant le tribunal de première instance, alors même que les victimes alléguées affirmaient avoir été infectées par le VIH/sida et la blennorragie, le tribunal a rejeté la demande du premier Requérant pour que des analyses médicales soient effectuées afin d'établir son impuissance sexuelle ;

- le tribunal s'est fondé sur les déclarations des victimes alléguées comme éléments de preuve, alors qu'il s'agissait de récits décrivant de mémoire, le local où le viol aurait eu lieu, sans tenir compte du fait que les enfants et leurs parents avaient visité la maison des accusés avant l'audience et qu'ils avaient plusieurs fois examiné les lieux ;
- les chefs d'accusation portés contre eux ont été montés de toutes pièces à des fins de vengeance et le jugement rendu n'était pas fondé sur des preuves crédibles ;
- leur droit à un procès équitable a également été violé ;
- l'État défendeur a violé tous les principes reconnus en matière de droits de l'homme et en droit international ;
- leur procès a été inéquitable et entaché de vices de procédure imputables aux juridictions nationales et à d'autres agences et institutions de l'État défendeur ;
- leur procès était inéquitable à tous les niveaux : ils ont été harcelés et leurs moyens de défense n'ont pas été dûment pris en considération et tout cela a entrainé des violations de la Charte africaine en ses articles 1, 2, 3, 5,7(1) (b), 13 et 18(1). »

Aussi, les requérants ont sollicité que la Cour :

- leur assure une représentation juridique gratuite et une assistance judiciaire ;
- entende l'avis d'un expert afin de clarifier les faits de la cause ;
- prenne des mesures pour assurer la comparution comme témoins des jeunes enfants, de leurs parents et de leurs enseignants ainsi que d'un expert pédiatre ;
- déclare que la République-Unie de Tanzanie a violé les dispositions précitées de la Charte africaine des droits de l'homme et des peuples ;
- enjoigne à l'État défendeur de les remettre en liberté ;
- rende une ordonnance sur les mesures de réparation et prenne toute autre mesure qu'elle estimera juste.

Dans son mémoire en défense, la République-Unie de Tanzanie a tout d'abord soulevé l'incompétence matérielle de la Cour. À cet effet, l'État défendeur a fait valoir qu'en sollicitant que la Cour se prononce sur des questions de droit et de preuve déjà tranchées par la plus haute juridiction, à savoir la Cour d'appel de Tanzanie, les requérants lui demandent d'agir comme un autre degré de juridiction.

L'État défendeur a ensuite soutenu l'irrecevabilité de la requête en s'appuyant sur deux motifs : la forclusion des requérants d'une part, et d'autre part, le fait que l'affaire portée devant la Cour avait déjà été réglée conformément soit aux principes de la Charte des Nations Unies, soit de l'Acte constitutif de l'UA, soit des dispositions de la Charte ou de tout autre instrument juridique de l'UA.

En outre, soulignant l'absence de violation des droits des requérants, l'État défendeur a au fond, prié la Cour de rejeter la demande relative à la comparution des témoins et de dire qu'il n'y a pas lieu à réparation. Il a également demandé à la Cour de déclarer comme non fondée la requête introduite contre lui et d'ordonner que les requérants continuent de purger leur peine.

A. Sur la demande des requérants en vue d'une citation des témoins à comparaître

La Cour a estimé que les observations écrites des requérants étaient suffisantes pour l'examen de l'affaire et a rejeté leur demande tendant à la comparution, comme témoins, des jeunes enfants, de leurs parents et enseignants.

B. Sur la Compétence

Conformément à l'article 39(1) de son règlement intérieur, la Cour a procédé à un examen préliminaire de sa compétence.

1. Sur l'exception préliminaire d'incompétence matérielle

La Cour a rappelé qu'elle n'est pas une juridiction d'appel des décisions rendues par les juridictions nationales. Elle a cependant décidé que « cela n'écarte pas sa compétence pour apprécier si les procédures devant les juridictions nationales répondent aux normes internationales établies par la Charte ou par les autres instruments applicables des droits de l'homme auxquels l'État défendeur est partie ». En l'espèce, la Cour a noté qu'elle a vocation à déterminer si les procédures internes, relatives aux chefs d'accusation qui constituent l'essence de la requête devant elle, ont été menées conformément aux normes internationales énoncées dans la Charte et autres instruments.

S'agissant de l'allégation selon laquelle la requête lui demanderait d'agir, à tort, comme un degré de juridiction, la Cour a par ailleurs observé que conformément à l'article 3(1) de son Protocole, la requête porte sur la violation de certains instruments internationaux. La Cour a conclu qu'elle était matériellement compétente et a rejeté l'exception soulevée par l'État défendeur.

2. Sur les autres aspects de la compétence

La Cour a observé que les autres aspects de sa compétence n'ont fait l'objet d'aucune contestation. Elle a tout même déclaré qu'elle a compétence personnelle dans la mesure où, l'État défendeur a fait la déclaration prévue à l'article 34(6) du Protocole par laquelle, il autorise la Cour à connaître des requêtes émanant des individus. Ensuite, elle a retenu sa compétence temporelle en s'appuyant d'une part, sur le fait que les violations alléguées se poursuivent et d'autre part, sur le fait que les requérants demeurent condamnés sur la base d'un procès dont ils ont dénoncé l'absence d'équité. Enfin, sur le plan territorial, la Cour s'est également déclarée compétente parce que les violations alléguées se sont déroulées sur le territoire de l'État défendeur, partie au Protocole.

C. Sur la recevabilité

La Cour a noté que seules deux conditions de recevabilité ont été soulevées par l'État défendeur.

1. Les conditions de recevabilité en discussion entre les parties

Deux conditions ont été soulevées par la République-Unie de Tanzanie et discutées par les requérants.

a. Sur l'exception tirée du non-épuisement des voies de recours internes

Pour étayer sa position, l'État défendeur a fait valoir que les requérants ont évoqué pour la première fois devant la Cour, des faits qu'ils auraient pu soulever devant les juridictions nationales, à savoir : qu'ils auraient été battus, maltraités et insultés par les éléments de la police et détenus dans des conditions inhumaines, privés du droit de visite et du droit à un conseil. La République-Unie de Tanzanie a ajouté que les requérants ont été assistés d'un conseil et qu'ils auraient pu soulever ces faits au cours de leur procès en instance, et introduire par ailleurs un recours en inconstitutionnalité afin d'obtenir réparation.

Les requérants ont quant à eux relevé que les voies de recours internes ont été épuisées jusqu'à la Cour d'appel de Tanzanie, qui se trouve être la plus haute juridiction de ce pays. En outre, ils ont indiqué que l'exercice de recours extraordinaires n'était ni envisageable ni obligatoire.

La Cour a fait trois observations. Elle a premièrement noté que les requérants ont effectivement saisi la plus haute instance juridictionnelle de la Tanzanie, à savoir la Cour d'appel, afin que celle-ci vide sa saisine sur les violations alléguées, et en particulier, celle du droit à un procès équitable. Ensuite, elle a relevé que le recours en inconstitutionnalité constitue un recours extraordinaire dans le système judiciaire tanzanien et de ce fait, il ne s'imposait pas aux requérants au titre des voies de recours dont l'épuisement est exigé. Enfin, s'agissant des questions qui ont été soulevées devant elle pour la première fois, la Cour a décidé que « Ces griefs font partie des "faisceaux des droits et garanties" qui se rapportent à leur appel dans les procédures au niveau national qui ont abouti à leur déclaration de culpabilité et à leur condamnation à 30 ans de réclusion. Toutes ces questions participent "d'un ensemble de droits et garanties" relatifs au droit à un procès équitable sur lesquels portaient leurs recours en appel ou en constituaient le fond. ». La Cour a estimé que même si les requérants n'ont pas expressément soulevé ces allégations, les juridictions nationales ont eu tout le loisir de se prononcer sur celles-ci.

La Cour a conclu que les voies de recours ont effectivement été épuisées.

b. Sur l'exception tirée du dépôt tardif de la requête

S'appuyant sur les articles 56(6) de la Charte et 40 (6) du règlement intérieur de la Cour, l'État défendeur a soutenu que la requête a été introduite tardivement. Il a relevé que si la Cour d'appel de Tanzanie a rendu sa décision le 11 février 2010, c'est à partir du 29 mars 2010 que les délais doivent être calculés, c'est-à-dire à la date à laquelle la République-Unie de Tanzanie a fait la déclaration prévue à l'article 34(6) du Protocole autorisant la Cour à recevoir des requêtes émanant des individus. L'État défendeur a fait observer qu'entre cette dernière date et la saisine de la Cour par les requérants le 6 mars 2015, il s'est écoulé quatre ans et onze mois.

Pour les requérants, et sans contester les dates évoquées par la République-Unie de Tanzanie, le fait qu'ils soient des profanes en matière juridique, des indigents et dans un état d'incarcération a pu justifier ce retard. Ils ont ajouté qu'en raison de ces circonstances, la Cour devrait recevoir leur requête.

D'une part, la Cour a observé que les requérants ont introduit un recours en révision devant la Cour d'appel et que celle-ci a été rejetée le 13 novembre 2013. La Cour a décidé que c'est plutôt à partir de cette date et jusqu'à sa saisine le 6 mars 2015, qu'il faut apprécier le caractère raisonnable des délais, soit un an, trois mois et vingt-et-un jours. D'autre part, la Cour a rappelé que le caractère normal du délai de sa saisine dépend des circonstances particulières de chaque affaire et doit être apprécié au cas par cas. Elle a appuyé son analyse en relevant que le caractère profane, l'indigence et l'incarcération sans conseil ni assistance judiciaire des requérants ont justifié le dépôt tardif de la requête soit : un an, trois mois et vingt-et-un jours après le rejet du recours en révision par la Cour d'appel. La Cour a conclu que la requête a été introduite dans un délai raisonnable et a rejeté l'exception préliminaire soulevée par l'État défendeur.

2. Les conditions de recevabilité qui ne sont pas en discussion entre les parties

La Cour a noté que les autres conditions de recevabilité prévues à l'article 40 alinéas (1), (2), (3), (4) et (7) de son règlement intérieur ne sont pas en discussion entre les parties et que rien n'indique qu'elles n'ont pas été respectées. Il s'agit de celles relatives à l'identité du requérant, à la compatibilité de la requête avec l'Acte constitutif de l'UA, au langage utilisé dans la requête, à la nature des preuves et au principe selon lequel la requête ne doit pas concerner des cas qui ont été réglés conformément soit aux principes de la Charte des Nations Unies ou de l'Acte constitutif de l'UA et soit des dispositions de la Charte ou de tout autre instrument juridique de l'UA. Par conséquent, la Cour a déclaré la requête recevable.

D. Sur le fond

La Cour s'est penchée sur quatre chefs de violations invoqués par les requérants :

1. Sur la violation alléguée du droit au respect de la dignité et de l'intégrité de la personne inscrit à l'article 5 de la Charte

Les requérants ont déclaré avoir fait l'objet d'un mauvais traitement et d'une détention au secret durant quatre jours dans des conditions insalubres.

L'État défendeur a soutenu quant à lui que tous les postes de police sont dotés d'infrastructures de base et que les faits portés par les requérants à ce sujet n'ont pas été soulevés devant les juridictions nationales.

La Cour a rappelé la teneur de l'article 5 de la Charte de Banjul qui consacre le droit au respect de la dignité inhérente à la personne humaine et à la reconnaissance de sa personnalité juridique. Elle a ensuite admis que s'il est établi en droit international, que la charge de la preuve incombe à celui qui formule une allégation, en matière de violation des droits de l'homme, cette règle ne peut être appliquée de manière rigide. Elle a ajouté que les cas de détention au secret sont commis hors la présence du public et au mépris de la loi, mettant ainsi les victimes dans l'incapacité d'en faire la preuve. La Cour a déclaré que dans ces circonstances aucune des parties ne supporterait la charge de la preuve et que tout dépendrait des types de faits évoqués. La Cour a néanmoins constaté que, sans soutenir leurs allégations de preuves, les requérants se sont contentés de déclarer qu'ils ont été sujet à de maltraitance. La Cour a rejeté ces allégations au motif qu'elles sont dénuées de tout fondement.

2. Sur les violations alléguées du droit à un procès équitable garanti par l'article 7(1) de la Charte

Les requérants ont soulevé plusieurs allégations pour soutenir la violation du droit de toute personne à ce que sa cause soit entendue.

a. Sur l'allégation selon laquelle les requérants n'ont pas été immédiatement informés des charges portées contre eux et qu'ils ont été privés du droit de se faire assister par un conseil

Les requérants ont affirmé n'avoir pas été informés des faits reprochés au moment de leur arrestation. Ils ont ajouté n'avoir eu droit ni à un avocat ni aux visites. L'État défendeur a fait valoir que ces faits n'ont pas été soulevés devant les juridictions nationales.

La Cour a rappelé qu'au titre de l'article 14(3a) du PIDCP, toute personne accusée a le droit d'être informée du motif des accusations portées contre elle, ainsi que de son droit à un conseil afin de lui permettre de préparer sa défense.

En l'espèce, si la Cour a noté que la défense n'a pas contesté les faits tels que présentés par les requérants, elle a toutefois admis que ces derniers ont seulement été informés des faits mis à leur charge le 16 octobre 2003, lors de leur présentation devant le magistrat résident de Kisutu, soit quatre jours après leur arrestation. La Cour a décidé, compte tenu des circonstances particulières de l'affaire portant sur des cas de viol de jeunes enfants et de la possibilité que celles-ci aient pu nécessiter des investigations plus approfondies, que les requérants ont été immédiatement informés des charges contre eux. Ainsi, la Cour a rejeté la violation de l'article 7(c) de la Charte.

Par ailleurs, la Cour note que devant la Cour d'appel, comme dans le cadre du recours en révision de l'arrêt de la Cour d'appel, les requérants ont été représentés par Me Mabere Marando. Les éléments du dossier ne permettant d'apprécier si ceux-ci ont été représentés devant le tribunal de première instance, la Cour a déclaré que la violation du droit à un conseil n'a pas été prouvée.

b. Sur les allégations selon lesquelles la séance d'identification n'a pas été conforme aux règles de droit

Les requérants ont déclaré que la procédure conduite dans le cadre de leur identification était irrégulière. Ils ont affirmé que le juge de première instance a demandé aux témoins de pointer du doigt les auteurs des faits qui se trouvaient sur le banc des accusés, après avoir changé l'ordre dans lequel ils étaient assis. Ils ont ajouté qu'au moment de leur arrestation, les agents de police ont amené certaines victimes alléguées sur les lieux avant la procédure d'identification. Ils ont également rapporté que la confusion sur l'identification de M. Johnson Nguza n'a pas persuadé le juge de conduire une identification régulière. En l'absence de réponse de l'État défendeur, la Cour a relevé que la forme de l'identification procède du pouvoir discrétionnaire de l'État et que généralement, elle s'en remet à la décision des juridictions nationales tant que cela ne donne pas lieu à un déni de justice. La Cour a considéré que le Tribunal de première instance a apprécié la déposition des témoins sur l'identification et qu'il a convenu de poursuivre le procès. Après avoir observé que rien dans le dossier n'a indiqué un déni de justice, la Cour a conclu qu'il n'y a eu aucune violation de l'article 7(c) de la Charte.

c. Sur les allégations selon lesquelles les requérants n'ont reçu aucune copie des déclarations des témoins à charge et que ceux-ci n'ont pas été appelés à la barre pour un contre-interrogatoire

Dénonçant une violation de l'égalité des armes et du droit à un procès équitable, les requérants ont affirmé que leur demande en vue d'obtenir une copie des déclarations des témoins a été rejetée par le tribunal de première instance. Ils ont ajouté que dans le but de soustraire quelques-uns à un contre-interrogatoire, le juge de cette juridiction a volontairement refusé de citer à comparaître quatre personnes clés qui ont pourtant fourni des informations capitales sur lesquelles s'est fondée l'accusation.

La République-Unie de Tanzanie a quant à elle fait valoir que la raison pour laquelle certains individus n'ont pas été appelés à la barre est que seules les victimes avaient la possibilité de mieux rapporter les faits allégués.

La Cour a observé qu'en vertu de l'article 7(1c) de la Charte, toute personne a droit à la défense et que cela implique le droit de disposer du temps et des facilités nécessaires pour préparer sa défense, ainsi que celui d'interroger ou de faire interroger les témoins à charge et à obtenir la comparution et l'interrogatoire des témoins à décharge dans les mêmes conditions que les témoins à charge, comme le consacre l'article 14(3) (b) et (e) du PIDCP. La Cour a noté qu'en l'espèce, le refus d'accorder aux requérants un accès aux dépositions des témoins à charge, de même que celui de contre-interroger des témoins clés, a eu pour effet de les désavantager face au ministère public. La Cour a déclaré que ces faits sont constitutifs d'une violation de l'article 7(1c) de la Charte.

d. Sur l'allégation selon laquelle l'alibi des requérants a été indûment rejeté

Les requérants ont affirmé qu'en violation de l'article 7(1b) de la Charte, le Tribunal de première instance a ignoré leur alibi. Il y a tout d'abord le fait que la maison dans laquelle le crime aurait été commis, avait toujours été occupée par les membres de l'orchestre Achigo et servi de local de répétitions pour ces derniers, rendant impossible la commission du crime reproché aux requérants. Il y a ensuite, le fait qu'au moment de la commission des actes décriés, M. Johnson Nguza était à Dar es-Salaam pour la promotion de son album. Pour sa part, l'État défendeur a déclaré que l'alibi des requérants a été examiné.

La Cour a noté que « lorsqu'un alibi est établi avec certitude, il peut être décisif sur la question de la culpabilité de la personne poursuivie ». Elle a toutefois relevé que les juridictions nationales ont effectivement apprécié l'alibi des requérants avant de les juger peu pertinents. La Cour a par conséquent décidé qu'il n'y a eu violation de l'article 7(1b) de la Charte.

e. Sur l'allégation selon laquelle les rapports des examens d'urine et de sang des requérants et le test pour établir l'impuissance sexuelle alléguée du premier requérant ont été indûment rejetés

Les requérants ont rapporté que le 14 octobre 2003, ils ont été soumis à un prélèvement médical d'urine et de sang, mais les résultats de ces examens n'ont pas été pris en compte par le Tribunal de première instance. Par ailleurs, ils ont déclaré qu'à cette occasion, M. Nguza Viking a demandé à être conduit devant le médecin pour prouver qu'il souffrait d'une impuissance sexuelle, mais le Tribunal a rejeté cette demande.

L'État défendeur a soutenu que ces allégations n'ont été soulevées ni en appel devant la Haute Cour de Tanzanie ni en cassation devant la Cour d'appel de Tanzanie. Il a ajouté qu'il incombait à M. Nguza Viking de rapporter la preuve de son absence de virilité. De plus, après avoir établi qu'aucune des victimes ne souffrait ni de VIH/Sida ni d'herpès, c'est logiquement que le Tribunal d'instance a jugé inutile de prendre en considération les résultats des examens d'urine et de sang des requérants. Pour la République-Unie de Tanzanie, la Cour d'appel a considéré les éléments de preuve à portée et a conclu sur la base des rapports médicaux que les victimes avaient subi le viol.

La Cour africaine a fait observer que « toutes les pièces à conviction ayant un impact sur la défense de la personne accusée doit être prises en compte et que les motifs pour les écarter doivent être explicités, car sa liberté en dépend »[165]. En l'espèce, la Cour a observé que si les analyses d'urine et de sang n'ont pas été versées dans le dossier comme preuve devant le Tribunal de première instance, celles-ci n'ont pas été prises en compte dans la déclaration de culpabilité devant la Haute Cour et la Cour d'appel. La Cour a considéré qu'il n'y avait de ce point de vue, aucune violation des droits des requérants. Par contre, elle a déclaré qu'en rejetant la demande d'effectuer un test de virilité, le Tribunal de première instance n'a pas permis d'établir si M. Nguza Viking était en capacité de commettre le crime qui lui est reproché et partant, l'État défendeur a violé le droit de ce dernier tel qu'inscrit à l'article 7(1c) de la Charte.

f. Sur l'allégation selon laquelle le juge de première instance n'a pas été impartial et que certaines observations et certains éléments de preuve n'ont pas été dûment examinés ou pris en compte

Les requérants ont dénoncé l'impartialité du Tribunal de première instance qui n'a pas accordé à leur témoignage le poids qu'il méritait, le jugement rendu contenant des remarques injustifiées à l'égard des

165 Paragraphe 115 de l'arrêt du 23 mars 2018.

témoins à décharge. L'État défendeur a quant à lui soutenu, que la Cour d'appel avait remédié à cette violation en examinant les vingt-et-un chefs d'accusation sur lesquels le Tribunal de première instance avait fondé sa culpabilité, pour ne retenir après examen des preuves à charge et à décharge, que quatre à l'encontre des requérants.

La Cour a noté qu'en première instance, l'affaire comptait cinq accusés traduits pour vingt-et-un chefs d'accusation. Depuis cette étape jusqu'au jugement de la Cour d'appel, il y a eu trois acquittements dont un en instance et deux devant la Cour d'appel qui a ramené à quatre, les chefs d'accusation initialement fixés à vingt-et-un contre les requérants, en passant par la requalification des chefs de crime contre nature en chefs de viol collectif devant la Haute Cour. Elle a estimé que la Cour d'appel a examiné tous les chefs d'accusation contre les requérants et que ces derniers n'ont pas pu prouver, au-delà d'affirmations générales, un quelconque parti pris des autorités judiciaires dans le cadre des procédures.

g. Sur les violations alléguées du droit de participer librement à la direction des affaires publiques de son pays (article 13 de la Charte) et du droit à la protection de la famille (article 18 de la Charte)

Les requérants ont dénoncé la violation des articles 13 et 18(1) de la Charte. Sur ce point, l'État défendeur n'a pas formulé de réponse.

La Cour a rappelé que si l'article 13 de la Charte porte sur le droit à la participation à la direction des affaires de son pays, au droit d'accès à la fonction publique ainsi qu'au droit d'user des biens et des services publics, l'article 18(1) du même texte consacre le droit à la protection de la famille. Elle a toutefois noté que les requérants se sont contentés de déclarer que ces dispositions ont été violées, sans donner plus de détails sur la manière et les circonstances de ces violations. Elle a précisé à cet effet que « des affirmations générales selon lesquelles le droit a été violé ne sont pas suffisantes » et que « des preuves plus concrètes sont requises »[166]. En conséquence, elle a conclu que la violation des articles 13 et 18(1) de la Charte n'a pas été prouvée.

h. Sur la violation alléguée de l'article 1erde la Charte africaine par l'État défendeur.

Les requérants reprochent à la République-Unie de Tanzanie d'avoir enfreint l'article 1er de la Charte. L'État défendeur n'a pas répondu à cette allégation.

---

166 Paragraphe 131 de l'arrêt du 23 mars 2018.

Pour avoir précédemment conclu à la violation de l'article 7(1c) de la Charte de Banjul, la Cour a déclaré que l'État défendeur a porté également atteinte à l'obligation qui lui incombe au titre de l'article 1er, de mettre en œuvre les droits reconnus dans cette Charte.

E. Sur les mesures demandées

Les requérants ont prié la Cour de rendre une ordonnance enjoignant à la République-Unie de Tanzanie de les mettre en liberté et de leur octroyer une réparation. L'État défendeur a pour sa part, sollicité que la Cour rejette la demande en réparation des requérants et ordonne que ceux-ci continuent de purger leur peine.

La Cour a rappelé qu'en vertu de l'article 27(1) du Protocole «lorsqu'elle estime qu'il y a eu violation d'un droit de l'homme et des peuples, la cour ordonne toutes les mesures appropriées afin de remédier à la situation, y compris le paiement d'une juste compensation ou l'octroi d'une réparation». Elle a noté que la demande de remise en liberté est désormais sans objet puisque selon les parties, les requérants ont été libérés par grâce présidentielle. Elle a déclaré qu'aucune partie n'ayant formulé des arguments détaillés sur la réparation, elle se prononcera sur cette question par un jugement séparé. Elle a déclaré que chaque partie supportera en outre les frais de procédure.

Dans son arrêt du 23 mars 2018, la Cour a déclaré que l'État défendeur a violé l'article 7(1c) de la Charte, pour avoir refusé de remettre aux requérants les dépositions des témoins, de citer les témoins clés à la barre ainsi que de prendre les dispositions nécessaires pour permettre à M. Nguza Viking de faire des examens afin établir son impuissance sexuelle. En conséquence, elle a également constaté que l'État défendeur a violé l'article 1 de la Charte. La Cour a par ailleurs ordonné à la République-Unie de Tanzanie de prendre toutes les mesures nécessaires afin de rétablir les requérants dans leurs droits et de lui faire un rapport dans un délai de six mois à compter de l'arrêt. Elle a accordé aux requérants un délai de trente jours pour formuler leurs observations sur la réparation. Un délai identique a également été concédé à l'État défendeur à partir de la réception des dites observations, pour y répondre.

40. RUTABINGWA CHRYSANTHE c. RÉPUBLIQUE DU RWANDA

Requête n° 022/2015
Arrêt du 11 mai 2018 à l'unanimité des neuf juges

Par décision approuvée en conseil des ministres le 17 septembre 1999, M. Chrysanthe Rutabingwa citoyen rwandais, a été recruté par un comité technique officiel de l'État du Rwanda afin d'assurer les fonctions d'expert chargé de l'audit et des évaluations au secrétariat de la privatisation. Le 27 février 2001, il a été démis de ses fonctions pour divulgation de documents confidentiels.

Le 19 avril 2013, M. Chrysanthe Rutabingwa a introduit une requête devant la Cour et a dénoncé la violation des articles 10 et 11 de la Constitution du Rwanda. Le 21 avril 2014, faisant suite à une offre de règlement amiable présentée par l'État défendeur, le requérant a indiqué au greffe son intention de se désister et a prié la Cour de rayer l'affaire du rôle. Par ordonnance du 14 mai 2014, la Cour a fait droit à sa demande. Plus tard, par une nouvelle requête en date du 10 novembre 2014, M. Chrysanthe Rutabingwa a saisi la Cour pour dénoncer la violation des articles 10 et 11 de la Constitution rwandaise. Le requérant a également dénoncé la violation des articles 2, 3, 4, 7 et 15 de la Charte, respectivement relatifs à la jouissance des droits et libertés, au droit à l'égalité et à une égale protection devant la loi, au droit respect de sa vie, au droit à ce que sa cause soit entendue, au droit d'accéder aux fonctions publiques et de travailler dans des conditions satisfaisantes et équitables. Par ailleurs, il a décrié l'atteinte des droits à une égale protection de la loi et à la non-discrimination consacrés aux articles 14(1) et 26 du PIDCP, ainsi que le droit de disposer des conditions justes de travail prévu à l'article 7 du PIDESC.

Le requérant a sollicité de la Cour :

- l'annulation de la décision sur son licenciement en raison de son caractère injuste et inconstitutionnel ;
- le remboursement des salaires non perçus ;
- la condamnation de l'État à lui donner une maison d'habitation en remplacement de celle qu'il a vendue pour subvenir à ses besoins ;
- la réhabilitation dans ses fonctions ;
- un dédommagement à hauteur d'un million (1 000 000) de dollars américains pour les préjudices subis.

Dans son mémoire en défense, la République du Rwanda a conclu à l'irrecevabilité et au caractère non fondé de la requête.

Statuant d'abord sur sa compétence, et en dehors de toute contestation entre les parties, la Cour a noté que les violations alléguées portent sur des instruments des droits de l'homme ratifiés par la République du Rwanda. Elle a ensuite relevé que l'État défendeur est partie à son Protocole et qu'il a fait la déclaration prévue à l'article 34(6) de ce texte, l'autorisant ainsi, à recevoir des requêtes émanant des individus et des ONG. En outre, la Cour a déclaré que les violations décriées se poursuivent dans le temps et que les faits dénoncés se sont produits sur le territoire de la République du Rwanda, partie au Protocole. La Cour a conclu qu'elle est par conséquent matériellement, personnellement, temporellement et territorialement compétente.

Statuant ensuite sur la recevabilité, la Cour a noté que l'État défendeur a soulevé trois exceptions d'irrecevabilité.

1. Sur l'exception d'irrecevabilité relative à l'article 67 du règlement intérieur

Pour l'État défendeur, la Cour a déjà statué sur la requête initiale du 19 avril 2013, par une ordonnance du 14 mai 2014 délivrée à la demande du requérant. Il a ajouté que cette ordonnance est définitive et ne saurait être réexaminée autrement que dans le cadre d'un recours en révision et sur la base d'une preuve dont les parties n'avaient pas connaissance au moment où celle-ci a été rendue. Ainsi, il a prié à la Cour de déclarer la requête du 10 novembre 2014 irrecevable.

En l'absence d'observation de la part du requérant, la Cour a souligné qu'en vertu des articles 28(3) de son Protocole et 67 de son règlement intérieur, elle peut réviser son arrêt en cas de survenance de preuves dont les parties n'avaient pas connaissance au moment où l'arrêt a été rendu. La Cour a toutefois noté que l'ordonnance du 14 mai 2014 rayait du rôle la requête n° 003/2013, qui ne se confond pas avec la nouvelle requête introduite par le même requérant et qui est enregistrée au numéro 022/2015. Aussi, après avoir conclu que les articles 28 de son Protocole et 67 de son règlement intérieur sur la révision ne s'appliquent pas en l'espèce, la Cour a rejeté l'exception soulevée par le Rwanda.

2. Sur l'exception d'irrecevabilité tirée des conditions énoncées à l'article 56(5) et (6) de la Charte

L'État défendeur a soulevé l'irrecevabilité de la requête tirée du non-épuisement des voies de recours internes et de la saisine tardive de la Cour.

Sur l'exception d'irrecevabilité tirée du non-épuisement des voies de recours internes

L'État défendeur fait relever que l'épuisement des voies de recours internes est un principe général auquel le requérant a dérogé. Le requérant n'a fait aucune observation à ce sujet.

La Cour a noté que le 22 mai 2002, le requérant a d'abord porté l'affaire devant le Tribunal de première instance de Kigali statuant en matière civile et que cette juridiction lui a alloué la somme de 2 474 727 FRW dans son jugement du 30 juillet 2003. Le 23 janvier 2006, afin d'obtenir l'annulation de la décision relative à son licenciement, il a saisi la Haute Cour de Justice de Kigali qui a déclaré son recours irrecevable le 21 juillet 2006. Cependant, la Cour africaine a observé que sans donner aucune explication, le requérant n'a pas élevé l'affaire jusqu'à la Cour suprême du Rwanda qui se trouve être la plus haute juridiction nationale.

La Cour a conclu que les voies de recours internes n'ont pas été épuisées. Elle a rappelé que les conditions de recevabilité prévues à l'article 56 de la Charte de Banjul sont cumulatives, et que le fait de ne remplir une d'entre elles entache d'irrecevabilité l'ensemble de la requête.

Aussi, sans besoin de statuer sur l'exception fondée sur le dépôt tardif de la requête, la Cour a déclaré la requête introduite par M. Chrysanthe Rutabingwa, irrecevable.

41. MGOSI MWITA MAKUNGU C. RWANDA

Requête n° 006/2016
Arrêt du 7 décembre 2018 rendu à l'unanimité des dix juges

M. Mgosi Mwita Makungu est un citoyen tanzanien qui purge une peine d'emprisonnement de trente ans, pour vol avec voie de fait et vol à main armée, prononcée en 1995 dans le cadre de deux affaires par le Tribunal de district de Bunda, en Tanzanie. Il affirme avoir sollicité en vain la communication des copies certifiées conformes des comptes-rendus d'audiences et des jugements rendus, afin de faire appel de sa condamnation dès 1996. Il ajoute qu'au moment de saisir la Cour africaine, il s'était écoulé vingt ans depuis le prononcé de la peine et qu'il n'a jamais pu faire appel de sa condamnation.

Le 29 juin 2016, il saisit la Cour et dénonce la violation de son droit à la non-discrimination, à l'égalité devant la loi et à l'égale protection de la loi, droits consacrés aux articles 2, 3(1) et 7 de la Charte, ainsi que par les articles 13(1), 34, 6(a), 26 (1) et (2) de la Constitution tanzanienne de 1977. M. Mgosi Mwita Makungu demande premièrement à la Cour de déclarer que l'omission administrative de l'État défendeur est contraire à la Constitution. Il lui demande ensuite d'enjoindre immédiatement la République-Unie de Tanzanie de lui délivrer les copies certifiées conformes des comptes-rendus d'audiences et des jugements dans les affaires pénales qui ont conduit à sa condamnation. Dans le cas où celle-ci ne le ferait pas, il demande à la Cour d'ordonner sa remise en liberté. Il prie enfin celle-ci de prendre toute mesure qu'elle jugera appropriée.

Sur la forme, l'État défendeur prie la Cour de déclarer la requête irrecevable pour non-épuisement des voies de recours internes. Au fond, il sollicite que la Cour déclare celle-ci non fondée en raison de l'absence de violation des droits du requérant.

1. Statuant sur sa compétence

La Cour note que sur le plan matériel, elle n'a pas vocation à connaître de l'application, pas plus que de l'interprétation de la Constitution de l'État défendeur. Elle observe toutefois que les dispositions constitutionnelles invoquées par le requérant sont couvertes par la Charte de Banjul. Il s'agit notamment du droit à la non-discrimination, à l'égalité devant la loi, à l'égale protection de la loi et celui de saisir les juridictions nationales compétentes. La Cour retient par ailleurs les autres aspects de sa compétence personnelle, temporelle et territoriale, et se déclare *in fine* compétente pour connaître de l'affaire.

2. Sur la recevabilité

La Cour constate qu'il existe un élément de discussion entre les parties.

a. Sur la condition de recevabilité discutée par les parties : l'épuisement des voies de recours internes

La République-Unie de Tanzanie fait valoir que le requérant n'a pas utilisé la procédure qui lui était ouverte en vue de contester la constitutionnalité des violations qu'il allègue.

Le requérant affirme quant à lui que les mesures prises dans ce sens ont été infructueuses, eu égard au coût prohibitif des procédures en inconstitutionnalité devant la Haute Cour. Par ailleurs, il ajoute qu'il n'a pu faire appel de ses condamnations dans la mesure où il n'a jamais obtenu les documents sollicités à cet effet.

La Cour rappelle que l'exigence de l'épuisement des voies de recours internes concerne les recours judiciaires ordinaires disponibles, efficaces et satisfaisants, ce qui exclut le recours en inconstitutionnalité, qui est par essence une voie de recours extraordinaire. Elle note qu'en l'espèce, M. Mgosi Mwita Makungu a déposé deux avis d'appel relatifs à sa condamnation, et qu'il n'a pu introduire les actes d'appel parce qu'il n'avait pas reçu les copies certifiées conformes des comptes-rendus d'audiences et les jugements rendus dans les affaires y relatives. Il a par ailleurs saisi la Haute Cour de Mwanza, afin d'être autorisé à faire appel sans ces documents, et y a dénoncé la violation du droit à l'égalité devant la loi protégé par la Constitution. Le 21 septembre 2015, la requête fut rejetée. Dans un *obiter dictum*, la Haute Cour a demandé au greffier de veiller à ce que les documents sollicités soient fournis au requérant pour lui permettre d'interjeter appel : cette instruction est demeurée sans suite. La Cour africaine conclut que le requérant a été entravé dans sa démarche en vue d'épuiser les voies de recours internes, et rejette l'argument de l'État défendeur sur ce point.

b. Sur les conditions de recevabilité qui ne sont pas en discussion entre les parties

La Cour note que rien à l'examen du dossier, ne laisse penser que les autres conditions de recevabilité prévues à l'article 56 de la Charte n'ont pas été remplies : il s'agit des conditions relatives à l'identité du requérant, au langage utilisé dans la requête, à la compatibilité de la requête avec l'Acte constitutif de l'UA, à la nature des éléments de preuve présentés, au délai raisonnable pour sa saisine et aux décisions antérieures rendues. Aussi, la Cour déclare la requête recevable.

3. Statuant sur le fond

La Cour observe que le requérant soulève trois principaux griefs.

a. La violation alléguée du droit d'interjeter appel

Le requérant affirme que la République-Unie de Tanzanie ne lui a pas délivré les documents sollicités afin de pouvoir faire appel de sa condamnation et que de ce fait, cet État a enfreint son droit à ce que sa cause soit entendue, tel qu'il est prévu à l'article 7(a) de la Charte.

L'État défendeur fait valoir que le requérant avait la possibilité de saisir la Haute Cour d'un recours en inconstitutionnalité pour la défense de ses droits fondamentaux.

La Cour relève que d'après l'article 7(1a) de la Charte, le droit à ce que sa cause soit entendue requiert «que les personnes concernées aient la possibilité (...) d'interjeter appel des décisions ou des actes qui violent leurs droits. Il exige que les États mettent en place des mécanismes de recours en appel et prennent des mesures nécessaires qui facilitent l'exercice de ce droit par les individus, notamment en leur communiquant les jugements ou les décisions contre lesquels ils souhaitent former un recours.»[167]. Pour la Cour, tout établit en l'espèce que M. Mgosi Mwita Makungu a tenté de faire appel. Elle constate qu'il n'a pu exercer ce droit parce que les copies certifiées conformes des comptes-rendus d'audiences et les jugements du Tribunal de district de Bunda ne lui ont pas été communiqués, nonobstant les multiples efforts qu'il a déployés dans ce sens, notamment : la demande qu'il a faite à la Haute Cour de Mwanza pour être autorisé à faire appel sans ces documents, le suivi qu'il a effectué auprès de cette Cour et auprès du Tribunal de district de Bunda pour obtenir lesdits documents, la saisine de la Commission des droits de l'homme et de la bonne gouvernance de Tanzanie, qui n'a trouvé aucune trace de ceux-ci auprès desdites juridictions. La Cour conclut qu'en entravant l'exercice de l'appel, l'État défendeur a violé l'article 7(1a) de la Charte.

b. La violation alléguée du droit à l'égalité devant la loi et à l'égale protection de la loi

La Cour note que le requérant se contente de rapporter qu'il n'a pas reçu les documents demandés et d'affirmer que cela constitue une atteinte à son droit à l'égalité devant la loi et à son droit à l'égale protection devant la loi prévus à l'article 3(1) et (2) de la Charte. Elle observe que ce dernier n'établit pas de quelle manière les droits en question ont été violés. Après avoir rappelé que la charge de la preuve incombe à celui qui formule une allégation, la Cour décide que «des affirmations d'ordre général ne sont suffisantes pour établir que l'État défendeur a violé un droit»[168]. La Cour rejette par conséquent cette allégation.

---

[167] Paragraphe 57 de l'arrêt du 7 décembre 2018.

[168] Paragraphe 71 de l'arrêt du 7 décembre 2018.

c. La violation alléguée du droit à la non-discrimination

Le requérant reprend le moyen suivant lequel, le fait de n'avoir pas reçu les documents demandés a porté atteinte à son droit à la non-discrimination. La République-Unie de Tanzanie réplique que ce dernier n'en rapporte pas la preuve.

La Cour relève que le requérant n'a pas expliqué en quoi le fait de n'avoir pu faire appel a porté atteinte à son droit à la non-discrimination, tel que prévu à l'article 2 de la Charte. La Cour rejette par conséquent cette allégation.

4. sur les réparations

Rappelant les termes de l'article 27(1) de son Protocole, la Cour déclare qu'en cas de violation avérée des droits de l'homme et des peuples, elle ordonne toutes les mesures appropriées afin de remédier à la situation, y compris le paiement d'une juste compensation ou l'octroi d'une réparation. Elle précise que les mesures de réparation peuvent être ordonnées si les circonstances l'exigent, dans un arrêt séparé de celui dans lequel elle constate les violations.

a. Sur la délivrance des documents sollicités par le requérant

La Cour note qu'elle a demandé à l'État défendeur de les produire, et qu'elle a pris acte de ce que celui-ci ne s'est pas exécuté.

b. Sur la demande de mise en liberté en cas de non-exécution par l'État défendeur de la fourniture de ces documents

La Cour déclare qu'elle ne saurait directement ordonner une telle mesure que dans des circonstances exceptionnelles et impérieuses, par exemple « si un requérant démontre à suffisance ou si la Cour elle-même établit, à partir de ses constatations, que l'arrestation et la condamnation du requérant reposent entièrement sur des considérations arbitraires et son emprisonnement continu résulterait en un déni de justice »[169]. En l'espèce, la Cour observe que l'État défendeur a porté atteinte au droit du requérant d'interjeter appel, et qu'en raison de cela, ce dernier a passé vingt ans en prison correspondant aux deux tiers (2/3) de sa peine d'emprisonnement. La Cour conclut que ces circonstances sont constitutives d'un déni de justice et présentent un caractère exceptionnel justifiant sa remise en liberté.

Dans son arrêt du 7 décembre 2018, la Cour a déclaré que la République-Unie de Tanzanie a porté atteinte au droit d'interjeter appel du requérant prévu à l'article 7(1a) de la Charte et elle a par consé-

---

169 Paragraphe 84 de l'arrêt du 7 décembre 2019.

quent ordonné à cet État de lui fournir les documents sollicités. Elle a en outre ordonné sa remise en liberté dans les trente jours suivant l'arrêt. La Cour a également ordonné à la République-Unie de Tanzanie de lui faire un rapport sur la mise en œuvre de ce qui a été ordonné dans les soixante jours à compter de la notification de l'arrêt. La Cour a par ailleurs autorisé le requérant à déposer son mémoire sur les autres formes de réparations dans un délai de trente jours.

42. ASSOCIATION POUR LE PROGRÈS ET LA DÉFENSE DES DROITS DES FEMMES MALIENNES (APDF) ET *INSTITUTE FOR HUMAN RIGHTS AND DEVELOPMENT IN AFRICA (IHRDA)* c. RÉPUBLIQUE DU MALI

Requête n° 046/2016
Arrêt du 11 mai 2018 rendu à l'unanimité des dix juges

L'Association pour le Progrès et la Défense des Droits des Femmes (ADPF) et L'*Institute for Human Rignts and Development in Africa (IHRDA)* sont respectivement une association et une ONG ayant chacune le statut d'observateur auprès de la CmADHP.

En vue de rendre conforme sa législation aux exigences des droits de l'homme, le Mali engage un projet de codification du droit des personnes et de la famille qui aboutit à l'élaboration de la loi n° 2011/087 portant Code des personnes et de la famille, adoptée à l'Assemblée nationale le 3 août 2009. En raison des vives critiques qu'il suscite auprès des organisations islamiques, le texte passe en deuxième lecture devant l'Assemblée nationale. Un nouveau Code des personnes et de la famille est adopté et promulgué le 30 décembre 2011. Les requérantes estiment que le nouveau texte n'est pas conforme au Protocole à la Charte africaine des droits de l'homme et des peuples relatif aux droits des femmes (Protocole de Maputo), à la Charte africaine sur les droits et le bien-être de l'enfant (CADBEE), et à la Convention sur l'élimination de toutes formes de discrimination à l'égard des femmes (CEDEF) ratifiés par l'État du Mali, sur les points suivants : l'âge minimal du mariage pour les filles fixé aux articles 6(b) du Protocole de Maputo et 1(3), 2 et 21 de la CADBEE; le droit de consentir au mariage prévu aux articles 6(a) du Protocole de Maputo, 16(a) et (b) de la CEDEF; le droit à la succession consacré aux articles 21(2) du

Protocole de Maputo, 3 et 4 de la CADBEE; l'obligation d'annuler les pratiques ou attitudes traditionnelles qui nuisent aux droits de la femme et de l'enfant prévu aux articles 2(2) du Protocole de Maputo, 5(a) de la CEDEF et 1(3) de la CADBEE.

Aussi, le 26 juillet 2016, les requérantes saisissent la Cour et prient celle-ci d'ordonner à l'État du Mali de prendre les mesures suivantes :

— apporter des modifications au Code de la famille en ramenant l'âge minimal de mariage pour les filles à dix-huit ans révolus; en éliminant la dispense d'âge; en revoyant les articles 283 et 287 du Code des personnes et de la famille afin de s'assurer non seulement du consentement aux mariages contractés devant un ministre du culte, mais aussi de la responsabilité pénale du ministre du Culte qui célèbre un mariage sans vérification de ce consentement; en prévoyant dans ce Code l'obligation pour le ministre du Culte de vérifier le consentement des époux; en exigeant une procuration notariée en cas d'absence des époux à un mariage religieux;

- traduire et diffuser ledit Code dans les langues accessibles aux ministres du Culte et assurer leur sensibilisation;
- assurer la sensibilisation des populations sur les dangers du mariage précoce ainsi qu'à l'usage des dispositions du Code de la famille relatives à l'égalité successorale de l'homme et de la femme;
- développer des stratégies et programmes permettant de promouvoir l'égalité successorale entre l'homme et la femme d'une part, et entre l'enfant naturel et l'enfant légitime d'autre part.

L'État du Mali soulève deux exceptions. D'une part, il demande que la Cour se déclare incompétente dans la mesure où la requête vise non pas l'application ou l'interprétation de la Charte et autres instruments, mais plutôt la vulgarisation, la sensibilisation et la conformité des textes nationaux à ces instruments de droit international. D'autre part, il prie la Cour de déclarer la requête irrecevable en soutenant qu'elle a été déposée tardivement et que les voies de recours internes n'ont pas été épuisées. Enfin, il sollicite que la requête soit déclarée non fondée.

1. Statuant sur sa compétence, la Cour observe que contrairement à l'exception soulevée par l'État défendeur, sa compétence matérielle se fonde sur l'article 3(1) du Protocole. Elle déclare que d'après cette disposition, elle a vocation à connaître, comme dans le cas d'espèce, de la violation des droits de l'homme lorsque ceux-ci sont garantis par la Charte et autres instruments ratifiés par le Mali.

Sur les autres éléments de sa compétence, la Cour s'assure tout d'abord, sur plan personnel que les requérantes ont le statut d'observateur auprès de la CmADHP. Ensuite, sur le plan temporel, elle vérifie que les faits dénoncés sont postérieurs à l'entrée en vigueur, à l'égard de l'État du Mali, des instruments invoqués. Enfin, sur le plan territorial, elle note que les faits de la cause se sont déroulés sur le territoire du Mali. En conséquence, la Cour se déclare compétente.

2. Statuant sur la recevabilité, la Cour note que deux points sont en discussion entre les parties.

a. L'exception d'irrecevabilité tirée du non-épuisement des voies de recours internes

Si l'État défendeur affirme que les requérantes avaient la possibilité de saisir les juridictions nationales pour exposer leurs griefs, ces dernières répliquent qu'il n'existait aucun recours national ouvert.

La Cour observe toutefois, que pour contester la loi portant Code de la famille, seul était disponible, le recours en inconstitutionnalité. La Cour ajoute qu'en vertu des articles 85 et 88 de la Constitution malienne, les ONG de défense des droits de l'homme n'ont pas la qualité pour saisir la Cour constitutionnelle d'un recours en inconstitutionnalité des lois. Concluant qu'aucun recours n'était disponible pour les requérantes en l'état du droit malien, la Cour rejette cette exception d'irrecevabilité.

b. L'exception d'irrecevabilité tirée du non-respect du délai raisonnable

Pour l'État du Mali, les requérantes ont attendu environ cinq ans depuis la promulgation de la loi le 31 décembre 2011, pour saisir la Cour le 26 juillet 2006. Les requérantes font quant à elles valoir que les violations provoquées par cette loi se poursuivent toujours et de ce fait, le point de computation du délai pour saisir la Cour commencera après la cessation de celles-ci.

La Cour rappelle que d'après les dispositions des articles 56(6) de la Charte et 40(6) de son règlement intérieur, les requêtes doivent être introduites dans un délai raisonnable courant depuis l'épuisement des voies de recours internes ou depuis la date retenue par la Cour comme faisant commencer à courir le délai de sa propre saisine. Elle relève en l'espèce qu'en l'absence de voies de recours internes disponibles pour les requérantes, ce délai commence à courir à la date où celles-ci ont pris connaissance de la loi contestée.

La Cour cherche par ailleurs à savoir si le délai de quatre ans, six mois et vingt-quatre heures, qui s'est écoulé entre la promulgation de la loi le 30 décembre 2011, et le 26 juillet 2016 à laquelle les requérantes ont saisi la Cour, peut être considéré comme raisonnable au regard de l'article 56(6) de la Charte. La Cour, qui déclare que cette appréciation relève des particularités de chaque espèce, observe qu'après la promulgation de ladite loi, les requérantes ont eu besoin de temps pour vérifier sa conformité aux instruments internationaux ratifiés par l'État du Mali. Elle ajoute que la situation de crise exceptionnelle qu'a connue le Mali dans un contexte de protestations religieuses suite à l'adoption du premier Code de la famille le 3 août 2009 a affecté les requérantes. Elle note que ces circonstances justifient la longue durée avant le dépôt de la requête et rejette l'exception soulevée par l'État défendeur.

c. Sur les conditions de recevabilité qui ne sont pas en discussion entre les parties

La Cour rappelle que les autres conditions de recevabilité de la requête prévues aux articles 56 de la Charte et 6(2) du Protocole sont relatives à l'identité du requérant, au langage utilisé dans la requête, à la compatibilité de la requête avec l'Acte constitutif de l'UA, à la nature des éléments de preuve présentés et aux décisions antérieures rendues. Elle observe que rien n'indique que ces conditions n'ont pas été remplies. La Cour déclare par conséquent la requête recevable.

3. Statuant sur le fond, la Cour apprécie quatre violations.

a. La violation relative à l'âge minimal du mariage

Les requérantes font valoir que contrairement à l'article 6(b) du Protocole de Maputo qui fixe l'âge minimal de mariage à dix-huit ans, l'article 281 de la loi contestée le fixe à dix-huit ans pour le garçon et à seize ans pour la fille, avec une possibilité de dispense à partir de quinze ans avec consentement des deux parents pour le garçon, et seulement du père pour la fille. Elles rapportent qu'en vertu de l'article 1(3) de la CADBEE, les pratiques coutumières, traditionnelles, culturelles et religieuses contraires aux droits énoncés dans cette Charte doivent être découragées.

L'État du Mali relève que la loi sur le Code la famille adoptée par l'Assemblée nationale le 3 août 2009 était conforme à ses engagements internationaux et que c'est en raison de la fracture sociale engendrée, que celle-ci n'a pas pu être promulguée. Il ajoute que la nouvelle loi promulguée le 30 décembre 2011 réalise un consensus, adapte ses engagements internationaux aux réalités sociales, religieuses et culturelles maliennes et qu'une démarche contraire aurait conduit à une inapplication du texte en raison des résistances de la population.

La Cour observe qu'au sens de l'article 2 de la CADBEE, l'enfant est tout être humain âgé de moins de dix-huit ans. Elle ajoute que les dispositions des articles 4(1), 21 du même texte et 6(b) du Protocole de Maputo confortent l'obligation pour l'État de prendre des mesures afin d'abolir les pratiques négatives et discriminatoires à l'égard des enfants pour des raisons tenant à leur sexe, notamment des mesures pour garantir l'âge minimum de mariage. La Cour constate par ailleurs que l'État défendeur a admis que la loi contestée a été adoptée dans un contexte de force majeur et n'est pas conforme à ses engagements internationaux. La Cour conclut qu'il y a violation des articles 6(b) du Protocole de Maputo, 2, 4(1) et 21 de la CADBEE.

b. La violation du consentement au mariage

Les requérantes affirment que les modalités de célébration du mariage religieux sont peu encadrées. Elles avancent à cet effet, que contrairement aux exigences du mariage civil, les dispositions du Code de la famille ne font aucune obligation au ministre du Culte de veiller au consentement des époux, pas plus qu'il ne le sanctionne s'il venait à célébrer une union en l'absence de consentement exprimé en personne. Elles ajoutent qu'en pratique, la célébration du mariage religieux se fait hors la présence des époux, entre représentants des familles avec la présence d'un spécialiste de la religion musulmane, mais dans tous les cas, la présence de la fille n'est pas requise. Elles concluent que les dispositions du Code de la famille, en ce qu'elles encouragent les traditions et pratiques de mariage sans le consentement des époux, enfreignent les articles 6(a) du Protocole de Maputo, et 16(a) et (b) de la CEDEF.

Selon l'État défendeur relevé, l'article 283 (1) Code de la famille prescrit que le mariage ne peut avoir lieu sans le consentement des futurs époux, qui sont libres de le célébrer en quelques lieux qu'ils souhaitent. Il ajoute qu'en vertu des articles 283, 303(3) et 304 du même texte, le mariage devant le ministre du Culte est célébré publiquement et celui-ci a l'obligation de transmettre l'acte de mariage à l'officier d'état civil pour son enregistrement dans les registres d'état civil.

La Cour rappelle que les articles 2(1a) et 6 du Protocole de Maputo, 10 et 16 de la CEDEF énoncent le principe du libre consentement au mariage, et que l'État est tenu d'adopter les mesures législatives assurant la garantie de ce principe. La Cour note toutefois qu'en dépit des engagements internationaux du Mali, le Code de la famille prévoit une application de la loi islamique, en concédant au ministre du Culte la compétence de célébrer le mariage, sans exiger qu'il veille au consentement librement donné des futurs époux. Elle observe que ledit Code offre de ce fait, un terreau favorable au mariage forcé et précoce, et qu'il créé par ailleurs un régime différent du mariage civil, où l'exigence du consentement est sanctionnée. La Cour conclut que le Code de la famille viole les instruments internationaux ratifiés par l'État du Mali.

c. La violation du droit à la succession pour les femmes et les enfants naturels

Les requérantes affirment qu'en vertu de l'article 751 du Code de la famille, le droit religieux et le droit coutumier constituent le régime par défaut en matière de succession. Elles ajoutent que selon le droit islamique, la femme hérite de la moitié de ce que reçoit l'homme d'une part, et que l'enfant naturel n'hérite que si son géniteur le veut et dans les conditions prévues à cet article d'autre part.

Pour l'État défendeur, le nouveau Code de la famille a permis d'éviter la fracture sociale que le premier texte a générée en 2009, lorsque ce dernier texte créait les conditions d'une égalité successorale entre l'homme et la femme d'une part, et entre l'enfant légitime et l'enfant naturel d'autre part. Pour l'État défendeur, le Code de la famille promulgué en 2011 a concilié les positions tranchées, en donnant le choix aux individus de décider s'ils ne souhaitent pas que la dévolution successorale se fasse selon la coutume ou la religion, d'exprimer la volonté de la voir se faire selon les règles du Code de la famille ou de leur testament.

La Cour rappelle qu'à la lecture des articles 21 du Protocole de Maputo, la femme hérite de ses parents au même titre que l'homme, et que la femme veuve hérite de son défunt mari. Elle ajoute qu'au regard de l'article 4(1) de la CADBEE, il n'existe aucune discrimination successorale entre les enfants. La Cour note toutefois, que le Code de la famille fait du droit religieux et coutumier, le régime applicable en l'absence de tout autre régime de droit ou d'un écrit authentifié par le notaire. Elle ajoute à cet effet que le droit islamique consacre à la femme la moitié de ce qu'hérite l'homme et que l'enfant naturel ne vient à la succession de son père que si ce dernier le désire. La Cour conclut à la violation de l'article 21(2) du Protocole de Maputo, ainsi que des articles 3 et 4 de la CADBEE.

d. La violation de l'obligation d'éliminer les pratiques ou attitudes traditionnelles qui nuisent aux droits de la femme et de l'enfant

Les requérantes soutiennent qu'en adoptant le Code de la famille du 30 décembre 2011, l'État du Mali démontre une absence de volonté de mettre un terme aux pratiques et traditions qui portent atteinte aux droits de la femme et de l'enfant.

L'État du Mali affirme que le premier texte adopté en 2009 qui n'a pu être promulgué est un témoignage des efforts réalisés. Il ajoute qu'il a mis en place des programmes de sensibilisation et de promotion des droits de la femme et de l'enfant.

La Cour déclare que selon les articles 2(2) du Protocole de Maputo, 5(a), 16(1) (a) et (b) de la CEDEF, 21(1) de la CADBEE, l'État partie s'engage à prendre toutes les mesures appropriées tendant à assurer l'égalité entre l'homme et la femme, l'absence de discrimination à l'égard des femmes, le droit et le bien-être de l'enfant. La Cour note qu'elle a déjà établi que les dispositions du Code de la famille sont contraires aux engagements internationaux de l'État du Mali sur à l'âge minimum du mariage, sur le droit au consentement au mariage et sur le droit à la succession pour les femmes et les enfants naturels. Elle conclut qu'il y a violation des articles 2(2) du Protocole de Maputo, 5(a) de la CEDEF, 1(3) et 21 de la CADBEE.

4. sur les réparations

Les requérantes demandent à la Cour d'ordonner à l'État du Mali de prendre des mesures en vue de l'amendement de sa législation d'une part, ainsi que celles visant l'information, l'éducation et la sensibilisation des populations d'autre part.

L'État défendeur sollicite que la Cour déclare la demande en réparation mal fondée.

S'agissant des amendements à la législation, la Cour déclare que l'État défendeur doit rendre sa loi conforme aux dispositions des instruments internationaux applicables. Relativement aux mesures de promotion, la Cour déclare qu'en vertu de l'article 25 de la Charte, il est du devoir de l'État partie de promouvoir et d'assurer par l'enseignement, l'éducation et la diffusion, le respect des droits et libertés contenus dans la Charte et de s'assurer de la bonne compréhension des droits et devoirs qui y sont consacrés.

Dans son arrêt du 11 mai 2008, la Cour ordonne à l'État défendeur de mettre fin aux violations constatées et de modifier sa loi conformément aux instruments internationaux. En outre, elle l'ordonne de se conformer à l'article 25 de la Charte concernant l'information, l'enseignement, l'éducation et la sensibilisation des populations. Enfin, elle ordonne au Mali de lui soumettre un rapport sur la mise en œuvre de ces mesures dans un délai raisonnable n'excédant pas deux ans à compter de l'arrêt. La Cour dit que la constatation des violations constitue en soi une forme de réparation pour les requérantes.

43. AFFAIRE GEORGES MAILI KEMBOGE c. RÉPUBLIQUE-UNIE DE TANZANIE

Requête n° 002/2016
Arrêt du 11 mai 2018 rendu à l'unanimité des dix juges

M. Georges Maili Kemboge est un citoyen tanzanien reconnu coupable de viol sur une mineure de quinze ans. Condamné le 16 août 2006 par la Cour du district de Tarime à trente ans de réclusion, à douze coups de fouet et au paiement de cinq cent mille (500 000) shillings tanzaniens, il purge sa peine à la prison centrale de Butimba, à Mwanza, en Tanzanie. Les recours qu'il exerce devant la Haute Cour de Tanzanie d'abord, et devant la Cour d'appel de Tanzanie ensuite, sont respectivement rejetés le 13 septembre 2013, et le 30 octobre 2014.

Le 4 janvier 2016, le requérant saisit la Cour africaine et dénonce la violation du droit à une égale protection de la loi consacré à l'article 3(2) de la Charte et la violation du droit de jouir du meilleur état de santé physique et mentale inscrit à l'article 16 du même texte. Il sollicite de la Cour l'annulation de sa condamnation, sa remise en liberté et l'octroi d'une compensation financière. Il prie également celle-ci d'ordonner toute mesure ou réparation qu'elle estimera justifiée.

1. La Cour procède à un examen préliminaire de sa compétence en vertu de l'article 39(1) de son règlement intérieur.

a. Sur les exceptions d'incompétence matérielle

L'État défendeur fait valoir que la requête tend à ce que la Cour réexamine les preuves produites et appréciées devant les juridictions nationales. Il affirme que la Cour est incompétente en l'espèce, puisque cela reviendrait à en faire une juridiction d'appel.

M. Georges Maili Kemboge fait quant à lui valoir qu'en cas de violation de la Charte et d'autres instruments pertinents des droits de l'homme, la Cour est compétente pour procéder au réexamen des décisions rendues par les juridictions nationales, ainsi que des éléments de preuve. Selon lui, elle pourrait à cet effet annuler la peine et prononcer son acquittement.

La Cour rappelle qu'elle n'est pas une juridiction d'appel des décisions rendues par les juridictions nationales. Cependant, elle peut apprécier si les procédures devant les juridictions nationales ont été conformes aux instruments des droits de l'homme auxquels l'État défendeur est partie : dans le cas d'espèce, la Charte invoquée par le requérant. Aussi, elle rejette cette exception.

b. Sur les autres aspects de la compétence

La Cour note que sa compétence personnelle, temporelle et territoriale n'est pas contestée par l'État défendeur. Sur le plan personnel d'une part, elle observe que l'État en cause est partie à son Protocole et qu'il a fait la déclaration prévue à l'article 34(6) du même texte, par lequel il l'autorise à recevoir des requêtes émanant des individus. Sur le plan temporel d'autre part, la Cour note que les violations alléguées présentent un caractère continu dans la mesure où, le requérant purge actuellement sa peine sur la base d'une procédure présentée comme inéquitable. Sur le plan territorial en outre, elle observe que les violations se sont déroulées sur le territoire de la République-Unie de Tanzanie, partie à son Protocole.

Au vu de ce qui précède, la Cour se déclare compétente.

2. La Cour statue sur la recevabilité des requêtes en tenant compte des dispositions énoncées à l'article 56 de la Charte.

a. Sur la condition de recevabilité en discussion entre les parties : l'épuisement des voies de recours internes

L'État défendeur fait valoir que les allégations de violation du droit à l'égale protection de la loi et du droit à l'assistance judiciaire n'ont pas été soulevées devant les juridictions nationales, mais seulement pour la première fois devant la Cour africaine. Il ajoute que le droit à l'égale protection devant la loi est prévu à l'article 13(1) de la

Constitution tanzanienne de 1977, et que sa violation est susceptible d'un recours en inconstitutionnalité.

Quant à lui, le requérant affirme qu'il a épuisé les voies de recours internes et que saisie d'un recours en inconstitutionnalité, la Haute Cour n'aurait jamais pu rendre un jugement contraire à un arrêt rendu par la Cour d'appel. Il précise par ailleurs que l'assistance judiciaire sollicitée est celle devant la Cour africaine.

La Cour observe que le requérant a interjeté appel et qu'il a saisi la Cour d'appel, qui est la plus haute juridiction, afin qu'elle se prononce sur l'ensemble des allégations, en particulier sur la violation le droit à un procès équitable. Elle observe également que le recours en inconstitutionnalité constitue un recours extraordinaire dans le système judiciaire tanzanien et que l'obligation d'épuiser les voies de recours internes ne s'étend pas à ce type de recours. La Cour ajoute que l'exception tirée de ce que le défaut d'assistance judiciaire a été soulevé pour la première devant elle est sans objet, puisqu'il s'agit pour le requérant de lui demander une assistance judiciaire conformément à l'article 31 de son règlement intérieur. Aussi, la Cour rejette cette exception d'irrecevabilité.

b. Sur les conditions de recevabilité qui ne sont pas en discussion entre les parties

La Cour note que les autres conditions de recevabilité sont prévues à l'article 40 (1), (2), (3), (4), (6) et (7) de son règlement intérieur et sont respectivement relatives à l'identité du requérant, à la compatibilité de la requête avec l'Acte constitutif de l'UA, aux termes utilisés dans la requête, à la nature des preuves, à l'introduction de la requête dans un délai raisonnable et au principe selon lequel la requête ne doit pas concerner des cas qui ont été réglés conformément soit aux principes de la Charte des Nations Unies ou de l'Acte constitutif de l'Union africaine et soit des dispositions de la Charte ou de tout autre instrument juridique de l'UA. Elle relève qu'aucune de ces conditions n'est en discussion entre les parties et que rien n'indique qu'elles n'ont pas été remplies. Aussi, la Cour déclare la requête recevable.

3. Sur le fond

Trois points intéressent la Cour :

a. La violation alléguée du droit à une égale protection de la loi

Le requérant affirme que l'arrêt de la Cour d'appel n'a pas considéré les comptes-rendus d'audiences et que cela a porté préjudice à sa défense. Il ajoute que cette juridiction n'a pas examiné deux moyens d'appel au motif qu'il ne les avait pas soulevés devant la Haute Cour. Il déclare que de ce fait, la Cour d'appel s'est limitée à l'examen des seules questions de procédure.

En outre, le requérant affirme n'avoir jamais plaidé coupable. Il déclare que le procès aurait dû porter sur le mariage entre la victime et lui, et non pas sur le crime de viol, dans la mesure où il vivait maritalement avec elle. À ce titre, il relève qu'il existe une contradiction sur l'âge que la victime avait au moment où ils ont commencé une vie commune : présentée comme âgée de quinze ans par le ministère public, de seize ans par sa mère, et de dix-huit ans selon la victime elle-même lorsqu'elle s'est présentée à lui.

La requérante ajoute que dans la communauté à laquelle il appartient, il est courant de vivre maritalement avant de remplir les formalités de mariage. Il précise à cet effet qu'il a fait une offre de dot à la mère de la victime afin de pouvoir vivre avec cette dernière, et que cette dot était supérieure à celle d'un autre prétendant. Il termine en ajoutant que la mère de la victime a donné son consentement et n'a rien dit durant deux semaines, avant d'engager une procédure contre lui et lui réclamer sa fille.

Pour sa part, l'État défendeur relève que la Cour d'appel n'a pas examiné les arguments du requérant sur l'âge de la victime et sur le consentement de la mère, dans la mesure où M. Georges Maili Kemboge a admis avoir eu des rapports sexuels avec une mineure. L'État défendeur ajoute qu'un tel examen n'était plus pertinent, ce d'autant que ces arguments n'ont pas été soulevés devant la Haute Cour. Pour lui, il restait à savoir si le requérant et la victime avaient eu des rapports sexuels durant la période de leur communauté de vie, dès lors qu'il avait été prouvé que cette dernière était âgée de seize ans. L'État défendeur affirme que le requérant a avoué avoir eu, au moins une fois, des relations sexuelles avec la victime, et ajoute qu'au moment du contre-interrogatoire, celui-ci n'a pas questionné la victime à ce propos, pas plus que sur son âge. Pour l'État défendeur, ce silence du requérant vaut acceptation tacite du témoignage de la victime. Il termine par le fait que c'est l'article 3(1) de la Charte qui garantit à toute personne une totale égalité devant la loi, et non pas l'article 3(2) désigné par le requérant.

La Cour rappelle que le droit à l'égalité devant la loi signifie également que « [T]ous sont égaux devant les tribunaux et cours de justice »[170]. Elle relève à cet effet que devant la Cour d'appel, le requérant a évoqué trois moyens : l'absence d'acte de naissance confirmant que la victime est mineure, le fait que l'absence de consentement des parents de la victime n'avait pas été établi, le fait que la Cour d'appel n'avait pas statué sur le fond de l'affaire malgré les pièces versées au dossier. Elle note que la Cour d'appel a rejeté deux allégations du requérant, au motif qu'elles n'avaient pas été soulevées devant les juridictions inférieures. Par contre, elle note que la Cour d'appel a considéré que la victime avait seize ans au moment de condamner le requérant. La Cour relève qu'au-delà des affirmations d'ordre général, le requérant n'a pas démontré en quoi le refus de la Cour d'appel de statuer sur deux de ses allégations constitue une violation du droit à l'égalité devant la loi. Au regard de ce qui précède, la Cour considère que le requérant n'a pas été traité de façon inéquitable et qu'il n'a subi aucun traitement discriminatoire. La Cour rejette en conséquence cette allégation.

b. La violation du droit de jouir du meilleur état de santé physique et mentale possible

Le requérant déclare que pour n'avoir pas reconnu qu'il était marié à la victime, la République-Unie de Tanzanie a violé son droit garanti à l'article 16 de la Charte, notamment celui de jouir du meilleur état de santé physique et mentale qu'il soit possible d'atteindre.

La Cour, qui note l'absence d'observation de l'État défendeur, relève par ailleurs que le requérant n'a pas démontré en quoi le refus de reconnaître qu'il était marié à la victime a porté atteinte au droit invoqué. La Cour rejette cette allégation.

4. Sur la réparation

Le requérant prie la Cour d'annuler sa condamnation et d'ordonner sa remise en liberté, ainsi que l'octroi d'une compensation financière pour violation de ses droits. Il prie également celle-ci d'ordonner toute mesure ou réparation qu'elle estimera justifiée.

L'État défendeur sollicite le rejet intégral de la requête.

La Cour n'a relevé aucune violation à l'encontre du requérant et décide par conséquent, dans son arrêt du 11 mai 2018, de rejeter sa demande.

---

170 Paragraphe 49 de l'arrêt du 11 mai 2018.

Partie 3

La Cour africaine des droits de l'homme et des peuples en matiere consultative

•

I. La compétence de la Cour en matière consultative

Les questions de compétence temporelle et territoriale ne se posent pas en matière d'avis consultatif devant la Cour. La Cour peut donc être saisie d'une demande d'avis consultatif à tout moment.

A. Sur le plan matériel

En vertu de l'article 26 (1b) de son règlement intérieur, la CrADHP est compétente pour donner un avis consultatif sur toute question juridique concernant :

- la Charte, ou ;
- tout autre instrument pertinent relatif aux droits de l'homme.

La notion « d'instrument pertinent relatif aux droits de l'homme » n'a pas été précisée par le règlement intérieur et la Cour n'a pas encore eu l'occasion de se prononcer sur le sujet.

Cependant, on peut penser que cette expression inclue les textes nationaux, dès lors qu'ils sont relatifs aux droits de l'homme.

Le règlement de la CIADH indique pour sa part, qu'elle pourrait à l'occasion d'une demande d'avis, interpréter :

- la Convention américaine relative aux droits de l'homme ;
- d'autres traités, et ;
- les lois internes[171].

---

171 Articles 59, 60 et 61 du règlement de la CIADH.

B. Sur le plan personnel

Les entités qui peuvent saisir la Cour d'une demande d'avis consultatif[172] sont :

- les États membres de l'UA;
- les organes de l'UA et;
- les organisations africaines reconnues par l'UA.

1. Les États membres de l'UA

Avec la réintégration du Maroc le 31 janvier 2017, l'UA compte cinquante-cinq États membres :

Afrique centrale

État membre	Abbreviation	Date d'adhésion l'OUA ou l'UA
République du Burundi	Burundi	25 Mai 1963
République of Cameroun	Cameroun	25 Mai 1963
République centrafricaine	République centrafricaine	25 Mai 1963
République du Chad	Chad	25 Mai 1963
République du Congo	République du Congo	25 Mai 1963
République Democratique du Congo	DR du Congo	25 Mai 1963
République de la Guinée équatoriale	Equatorial Guinea	12 Octobre 1968
République Gabonaise	Gabon	25 Mai 1963
République démocratique de São Tomé et Príncipe	São Tomé et Príncipe	18 Juillet 1975

172 Article 4 du Protocole de la Cour.

Afrique orientale

État membre	Abbreviation	Date d'adhésion l'OUA ou l'UA
Union of the Comoros	Comoros	18 July 1975
Republic of Djibouti	Djibouti	27 June 1977
State of Eritrea	Eritrea	24 May 1993
Federal Democratic Republic of Ethiopia	Ethiopia	25 May 1963
Republic of Kenya	Kenya	25 May 1963
Republic of Madagascar	Madagascar	25 May 1963
Republic of Mauritius	Mauritius	August 1968
Republic of Rwanda	Rwanda	25 May 1963
Republic of Seychelles	Seychelles	29 June 1976
Federal Republic of Somalia	Somalia	25 May 1963
Republic of South Sudan	South Sudan	27 July 2011
Republic of the Sudan	Sudan	25 May 1963
United Republic of Tanzania	Tanzania	25 May 1963
Republic of Uganda	Uganda	25 May 1963

Afrique du Nord

État membre	Abbreviation	Date d'adhésion l'OUA ou l'UA
People's Democratic Republic of Algeria	Algeria	25 May 1963
Arab Republic of Egypt	Egypt	25 May 1963
Libya	Libya	25 May 1963
Islamic Republic of Mauritania	Mauritania	25 May 1963
Kingdom of Morocco	Morocco	1963/31 January 2017
Sahrawi Arab Democratic Republic	Sahrawi Republic	22 February 1982
Republic of Tunisia	Tunisia	25 May 1963

Afrique australe

État membre	Abbreviation	Date d'adhésion l'OUA ou l'UA
République d'Angola	Angola	11 February 1975
République du Botswana	Botswana	31 October 1966
Royaume d'Eswatini	Eswatini	24 September 1968
Royaume du Lesotho	Lesotho	31 October 1966
République du Malawi	Malawi	13 July 1964
République de la Mozambique	Mozambique	18 July 1975
République de la Namibie	Namibie	June 1990
République d'Afrique du Sud	Afrique du Sud	6 June 1994
République de la Zambie	Zambie	
Republic of Zimbabwe	Zimbabwe	18 June 1980

Afrique de l'Ouest

État membre	Abbreviation	Date d'adhésion l'OUA ou l'UA
Republic of Benin	Benin	25 May 1963
Burkina Faso	Burkina Faso	25 May 1963
Republic of Cabo Verde	Cabo Verde	18 July 1975
Republic of Côte d'Ivoire	Côte d'Ivoire	25 May 1963
Republic of the Gambia	Gambia	9 March 1965
Republic of Ghana	Ghana	25 May 1963
Republic of Guinea	Guinea	25 May 1963
Republic of Guinea-Bissau	Guinea-Bissau	19 November 1973
Republic of Liberia	Liberia	25 May 1963
Republic of Mali	Mali	25 May 1963
Republic of Niger	Niger	25 May 1963
Federal Republic of Nigeria	Nigeria	25 May 1963
Republic of Senegal	Senegal	25 May 1963
Republic of Sierra Leone	Sierra Leone	25 May 1963
Togolese Republic	Togo	25 May 1963

Aucun État membre de l'UA n'a, à ce jour, saisi la Cour d'une demande d'avis consultatif.

2. Les organes de l'UA

Les organes de l'Union africaine sont énumérés à l'article 5 de son Acte constitutif. Il s'agit :

- de la Conférence de l'Union ;
- du Conseil exécutif ;
- du Parlement panafricain ;
- de la Cour de justice ;
- de la Commission ;
- du Comité des représentants permanents ;
- des Comités techniques spécialisés ;
- du Conseil économique, social et culturel ;

- des institutions financières[173].

En l'état, la Cour n'a pas encore été saisie d'une demande d'avis consultatif émanant de ces entités.

3. Les organisations africaines reconnues par l'OUA

La détermination de cette catégorie a constitué l'essentiel de l'office des juges de la Cour en matière consultative. La position de la Cour est constante sur ce qu'est une organisation africaine reconnue par l'UA. Aussi, trois critères doivent être examinés (Demande d'avis n° 002/2015 par le Centre des droits de l'homme de l'Université de Pretoria (CHR) et Coalition des Lesbiennes africaines, avis du 28 septembre 2017) :

Tout d'abord le terme **organisation**, qui inclut à la fois les ONG et les organisations intergouvernementales.

Ensuite, l'organisation est considérée comme **africaine**, si elle est enregistrée dans un État africain et est dotée d'antennes aux niveaux sous-régional, régional ou continental, et si elle mène des activités au-delà du territoire où elle est enregistrée.

Enfin, **la reconnaissance d'une organisation africaine par l'UA** passe soit par l'attribution du statut d'observateur auprès de l'UA, soit par la signature d'un accord de coopération avec l'UA. La Cour a rappelé que l'acquisition du statut d'observateur auprès de la Commission africaine des droits de l'homme et des peuples ne signifie pas que l'organisation est reconnue par l'UA. En effet, l'UA dispose elle-même d'un régime spécifique pour l'attribution du statut d'observateur, lequel diffère de celui en vigueur devant la CmADHP (Demande d'avis consultatif n° 001/2013, par Socio-economic right accountability project (SERAP), avis du 26 mai 2017).

II. La recevabilité des demande d'avis

Pour être recevable, la demande d'avis doit respecter les exigences posées aux articles 4(2) du Protocole et 68 du règlement intérieur de la Cour. À ce titre, la demande :

- doit indiquer les points spécifiques sur lesquels l'avis de la Cour est requis ;

---

173 Notamment la Banque centrale africaine, le Fonds monétaire africain, la Banque africaine d'investissement.

- doit préciser les dispositions de la Charte ou de tout instrument international relatif aux droits de l'homme à propos desquelles l'avis est demandé ;
- doit préciser les circonstances à l'origine de la demande ;
- doit préciser les noms et adresses des représentants des entités ayant introduit la demande ;
- ne doit pas se rapporter à une requête pendante devant la CmADHP.

III. La procédure consultative

Tout comme en matière contentieuse, il faut distinguer la procédure écrite, de la procédure orale.

A. La procédure écrite

La Cour est saisie d'une lettre adressée par le truchement du greffe. Ce dernier en accuse réception.

Une fois reçue, la Cour transmet la demande aux États membres, à la Commission africaine des droits de l'homme et des peuples, ainsi qu'à toute autre entité intéressée pour leurs observations : conformément à l'article 69 de son règlement intérieur, la Cour fixe un délai à cet effet. En retour, cette transmission donne lieu aux observations de ces entités sur les questions juridiques posées par la demande d'avis.

La Cour fait montre d'une grande flexibilité dans les délais et ceux-ci peuvent être prorogés soit à son initiative, soit à la demande des entités invitées à faire leurs observations.

En outre, la Cour peut relever certaines irrégularités telles que le défaut de précision sur l'instrument pour lequel l'avis est sollicité et attirer l'attention du demandeur aux fins de régularisation.

B. La procédure orale

Elle n'est pas obligatoire. Aussi, après l'examen des observations écrites, la Cour décide si oui ou non il y aura une procédure orale. Dans l'affirmative, la Cour fixe la date de l'audience. En l'état, aucun des douze avis consultatifs de la Cour n'a donné lieu à une procédure orale.

IV. Les avis consultatifs

La Cour rend des avis en audience publique. Cependant, elle peut en décider autrement. Les avis consultatifs de la Cour sont motivés et tout juge ayant participé à l'examen de la demande d'avis, peut joindre à celui-ci une opinion individuelle ou dissidente. Les avis consultatifs de la Cour ne sont pas obligatoires.

V. Résumé des affaires consultatives devant la Cour

1. DEMANDE D'AVIS CONSULTATIF N° 002/2012 PAR UNION PANAFRICAINE DES AVOCATS (PALU) ET SOUTHERN AFRICAN LITIGATION CENTER

Ordonnance du 15 mars 2013

Le 23 novembre 2012, l'Union Panafricaine des Avocats (PALU) et la Southern Litigation Center (SLC) ont saisi la Cour afin que celle-ci donne son avis sur la question de savoir : «

a. Si la décision du Sommet des Chefs d'État de la Communauté de développement d'Afrique australe (SADC) de suspendre le Tribunal de la SADC et de mettre fin au mandat des juges dûment élus est conforme à la Charte africaine des droits de l'homme et des peuples, au Protocole sur les relations entre l'UA et les Communautés économiques régionales (CER), au traité portant création de la Communauté économique africaine, au Traité de la SADC, au Protocole de la SADC et aux principes généraux de l'état de droit;
b. Si la décision viole l'indépendance institutionnelle du Tribunal de la SADC et l'indépendance personnelle de ses juges telle qu'elle est prévue à l'article 26 de la Charte africaine, dans les principes fondamentaux des Nations Unies relatifs à l'indépendance de la magistrature et à la première valeur des principes de Bangalore de 2002 sur la déontologie judiciaire;
c. Si la décision a violé le droit d'accès à la justice et à des recours efficaces pour les citoyens de la SADC tels qu'ils sont garantis par les articles 3 et 7 de la Charte africaine, par les articles 18 et 19 du Protocole du Tribunal et par les principes fondamentaux et directives concernant le droit à un recours et à réparation des victimes de violations flagrantes des droits de l'homme et de violations graves du droit international humanitaire, et;
d. Si le processus décisionnel entrepris lors de l'examen de la compétence du Tribunal de la SADC était conforme à l'article 23 du Traité de la SADC»

Après avoir accusé réception de la demande, la Cour a demandé à la CmADHP si l'objet de celle-ci était lié à une affaire pendante devant elle. Par lettre du 5 décembre 2012, la Commission a confirmé qu'une affaire portant sur la suspension du Tribunal de la SADC était pendante devant elle et le greffe en a informé les auteurs de la demande le 10 janvier 2013. La Cour a rappelé l'article 68(3) de son règlement intérieur qui prescrit que l'objet de la demande d'avis consultatif ne peut se rapporter à une requête pendante devant la Commission. Elle a par ailleurs noté que ni PALU, ni SLC n'a répondu à la lettre du 10 janvier 2013.

Le 15 mars 2013, la Cour a décidé qu'elle ne peut donner son avis parce que la demande introduite par PALU et SLC se rapporte à une requête pendante devant la Commission.

2. DEMANDE D'AVIS CONSULTATIF N° 001/2012 PAR SOCIO-ECONOMIC RIGHTS ACCOUNTABILITY PROJECT

Ordonnance du 5 mars 2016
Rendue à l'unanimité des onze juges

Socio-Economic Rights Project (ci-après SERAP), est une organisation non gouvernementale (ONG) à but non lucratif. Enregistrée en 2004, SERAP est basée en République fédérale du Nigéria. Son objectif principal est la promotion de la transparence et de la responsabilité dans le secteur public à travers les droits de l'homme.

Le 1er mars 2012, SERAP a demandé à la Cour de donner son avis sur : « les conséquences juridiques et en matière des droits de l'homme découlant de la pauvreté systématique et généralisée au Nigéria »[174]. SERAP a également demandé si cette pauvreté systématique et généralisée « constitue une "violation de certaines dispositions de la Charte africaine", en particulier l'article 2 qui interdit toute discrimination, y compris sur la base de "toute autre situation", et si la pauvreté systématique et généralisée peut faire partie de ce que désigne l'expression "tout autre situation" »[175].

Après examen, la Cour a déclaré que la demande n'est pas conforme aux prescriptions de son règlement intérieur, en particulier

---

174 Voir le paragraphe 2 de l'ordonnance du 5 mars 2016.

175 *Ibid.*

l'article 68(2) qui dispose que « toute demande d'avis consultatif précisera les dispositions de la Charte ou de tout autre instrument international relatif aux droits de l'homme à propos desquelles l'avis est demandé, les circonstances à l'origine de la demande, ainsi que les noms et adresses des représentants des entités ayant introduit la demande ».

Aussi, par lettre du 24 septembre 2012, le greffe de la Cour a communiqué cette décision au demandeur en vue de corriger les manquements de leur demande d'avis. Le 15 février 2013, le greffe de la Cour a relancé SERAP sans succès. Le 5 mars 2016, la Cour a rayé la demande d'avis introduite le 1er mars 2012, en raison du manque d'intérêt de la part de SERAP pour donner suite à sa demande.

3. DEMANDE D'AVIS CONSULTATIF N° 002/2013 INTRODUITE PAR LE COMITÉ AFRICAIN D'EXPERTS SUR LES DROITS ET LE BIEN-ÊTRE DE L'ENFANT AU SUJET DU STATUT DU COMITÉ AFRICAIN D'EXPERTS SUR LES DROITS ET LE BIEN-ÊTRE DE L'ENFANT DEVANT LA COUR AFRICAINE DES DROITS DE L'HOMME ET DES PEUPLES

Avis du 5 décembre 2014
Rendu à l'unanimité des neuf juges

Le 25 novembre 2013, le Comité africain d'experts sur les droits et le bien-être de l'enfant (ci-après le Comité) a saisi la Cour d'une demande d'avis sur son propre statut. Le Comité s'est présenté à la Cour comme une organisation créée dans le cadre de l'UA, chargée de la promotion et de la protection du droit et du bien-être de l'enfant. Entité quasi-juridictionnelle habilitée à recevoir des communications et à effectuer des enquêtes à cet effet, le Comité a soutenu que son mandat est complété par celui de la Cour dans le domaine de la protection des droits et du bien-être de l'enfant en Afrique. Le Comité a porté à l'appréciation de la Cour, les questions suivantes : «

a. Le Comité a-t-il qualité pour demander un avis consultatif en vertu de l'article 4(1) du Protocole ? [Notamment en qualité d'organe de l'UA ou organisation africaine reconnue par l'Union[176]] ;
b. Le Comité fait-il partie des "organisations intergouvernementales africaines" visées à l'article 5(1e) du Protocole ? [Notamment pour saisir la Cour en matière contentieuse[177]] ;
c. L'article 5(1e) du Protocole doit-il être interprété à la lumière des mandats respectifs de la Cour et du Comité ;
d. Le statut du Comité devant la Cour en vertu de l'article 5(1e) du Protocole est-il conforme à l'objet et au but visés par le Protocole. »[178]

Conformément aux articles 69 et 70 de son règlement intérieur, la Cour a reçu sur cette demande d'avis, les observations de la République du Kenya, de la République du Sénégal, de la République du Gabon, ainsi que de la Commission africaine des droits de l'homme et des peuples.

Dans leurs observations, ces États ont affirmé qu'en vertu de l'article 4(1) du Protocole, le Comité a qualité pour saisir la Cour d'une demande d'avis consultatif. Ils ont conclu par ailleurs que le Comité n'est pas un « organe de l'Union africaine », mais plutôt une « organisation africaine reconnue par l'UA » et que c'est en vertu de cette dernière qualité qu'elle peut porter devant la Cour, une demande d'avis consultatif. Dans la même veine, ils ont affirmé que conformément à l'article 5(1e) du même texte, le Comité est une organisation intergouvernementale africaine, qui a de ce fait la qualité pour saisir la Cour en matière contentieuse. Enfin, les trois États ont été d'avis que le Comité peut saisir la Cour de toute affaire relevant des violations des droits de l'enfant.

Pour sa part, la Commission africaine des droits de l'homme et des peuples a partagé le même avis sur le point de l'aptitude du Comité à saisir la Cour en matière consultative en tant qu'organisation africaine. Cependant, elle a considéré que le Comité ne peut être considéré au sens de l'article 5(1e) du Protocole, comme une organisation intergouvernementale et donc, ne peut saisir la Cour en matière contentieuse.

Statuant sur sa compétence, la Cour a rappelé qu'en application de l'article 4(1) de son Protocole, elle peut donner son avis sur toute question juridique concernant la Charte ou tout autre instrument per-

---

176 Ajout explicatif personnel.

177 Ajout explicatif personnel.

178 Voir le paragraphe 8 de l'avis du 5 décembre 2014.

tinent relatif aux droits de l'homme, à condition que l'objet de l'avis ne se rapporte pas à une question pendante devant la CmADHP. La Cour a noté que le Comité lui a adressé une demande d'interprétation de son Protocole, notamment sur le point de savoir si à la lumière des articles 4 et 5 de ce texte, il est habilité à saisir la Cour en matière consultative et contentieuse. Au motif que la demande porte sur des questions juridiques relatives aux droits de l'homme, la Cour a conclu qu'elle est compétente sur le plan matériel. Elle a par ailleurs déclaré que les questions liées à la compétence territoriale et temporelle ne se posent pas en matière d'avis consultatif.

S'agissant de la compétence personnelle, la Cour a convenu d'examiner cet aspect en même temps que le fond de l'affaire dans la mesure où, l'interprétation porte précisément sur la qualité du Comité à pouvoir saisir la Cour.

Examinant la recevabilité de la demande, la Cour a recherché si à la lumière des articles 4 du Protocole et 68 (3) du règlement intérieur, l'objet de la demande d'avis ne se rapporte pas à une requête pendante devant la CmADHP. Aussi, ayant relevé que par lettre du 19 mars 2014, la CmADHP avait confirmé que la question n'était pas pendante devant elle, la Cour a par conséquent déclaré la demande recevable.

Statuant sur le fond, la Cour a recherché d'une part si le Comité a la qualité pour demander un avis consultatif en vertu de l'article 4(1) du Protocole, et d'autre part, s'il est une organisation intergouvernementale au sens de l'article 5(1e) du même texte.

1. Le Comité a-t-il qualité pour demander un avis consultatif à la Cour en vertu de l'article 4(1) du Protocole ?

Citant l'article 4(1) du Protocole, la Cour a rappelé qu'« À la demande d'un État membre de l'OUA, de tout organe de l'OUA ou d'une organisation africaine reconnue par l'OUA, la Cour peut donner un avis sur toute question juridique concernant la Charte ou tout autre instrument pertinent relatif aux droits de l'homme, à condition que l'objet de l'avis consultatif ne se rapporte pas à une requête pendante devant la Commission. ». La Cour a recherché si le Comité est un organe de l'Union ou une organisation africaine reconnue par l'UA. À cet effet, elle constate qu'en 2002, la Conférence de l'UA avait décidé que « le Comité fonctionner [ait] dorénavant dans le cadre de l'Union africaine»[179]. En outre, elle a observé que la Charte africaine sur les droits et le bien-être de l'enfant, qui porte également création du Comité, a été adoptée sous l'égide et dans le cadre de l'OUA en tant qu'organe spécialisé œuvrant dans le domaine des droits de l'enfant. La Cour a noté que même en l'absence de position officielle de l'UA le désignant comme tel, le Comité a toujours été traité au même titre que les autres organes de l'Union visés à l'article 5 de l'Acte constitutif. La Cour a conclu que le Comité est un organe de l'UA et en conséquence, il a qualité pour introduire une demande d'avis consultatif selon les termes de l'article 4(1) du Protocole de la Cour.

2. Le Comité est-il une organisation intergouvernementale au sens de l'article 5(1e) du Protocole?

Sur le point de savoir si le Comité fait partie des «organisations intergouvernementales africaines» visées à l'article 5(1e) du Protocole et dispose ou non de la qualité pour saisir la Cour en matière contentieuse, la Cour a affirmé qu'ayant déjà donné son avis favorable sur le fait que le Comité est un organe de l'Union, le caractère «africain» de cette entité n'est plus à démontrer. Cherchant à apprécier le caractère intergouvernemental du Comité, la Cour a observé qu'au sens littéral, une organisation intergouvernementale désigne «une association d'États, établie en vertu et sur la base d'un traité, qui vise un objectif commun et qui est dotée de ses propres organes spécialisés pour exercer des fonctions spécifiques au sein de l'organisation»[180]. Elle a constaté que si la Charte africaine de l'enfant est composée d'États parties, le Comité issu de cette charte n'est pas lui-même constitué de représentants d'États dans la mesure où ses onze membres experts siègent à titre individuel.

La Cour a cependant déclaré qu'il est fondamental que le Comité, en tant qu'organe de traité, au même titre que la Commission africaine des droits de l'homme et des peuples, puisse saisir directement la Cour en vue d'assurer avec efficacité son rôle de protection de l'enfant en Afrique. Elle a observé que si à la différence de la CmADHP, le Comité n'a été expressément listé à l'article 5(1) du Protocole comme comptant parmi les entités capables de saisir la Cour d'une requête contentieuse, cette écriture a été rectifiée à l'article 30(c) du Protocole relatif

---

179 Décision n° AU/ASS/Dec. (i) (xi) prise en 2002. Voir le paragraphe 54 de l'avis du 5 décembre 2014.

180 Voir le paragraphe 71 de l'avis du 5 décembre 2014.

à la nouvelle Cour africaine de justice et des droits de l'homme adopté en 2008. La Cour a conclu que si l'intérêt supérieur de l'enfant a justifié cette avancée qui permettra au Comité de saisir la nouvelle Cour africaine de justice et des droits de l'homme, il n'en demeure pas moins qu'en l'état, cela est impossible devant l'actuelle Cour africaine des droits de l'homme et des peuples dont le Protocole a été adopté en 1998.

Dans son avis du 5 décembre 2014, la Cour a d'une part décidé que le Comité est un organe de l'UA et qu'il a qualité pour introduire devant la Cour, une demande d'avis consultatif. D'autre part, elle a déclaré que le Comité n'est pas une organisation intergouvernementale. Enfin, à titre de suggestion, elle a affirmé que le Comité devrait être habilité à saisir directement la Cour en vertu de l'article 5(1) du Protocole.

4. DEMANDE D'AVIS CONSULTATIF N° 001 DE 2015 PAR THE COALITION ON INTERNATIONAL CRIMINAL COURT LTD/GTE (CICCN), THE LEGAL DEFENCE & ASSISTANCE PROJECT LTD/GTE (LEDAP), THE CIVIL RESOURCE DEVELOPMENT & DOCUMENTATION CENTER (CIRDDOC), THE WOMEN ADVOCATES DOCUMENTATION CENTER LTD/GTE (WARDC)

Ordonnance du 29 novembre 2015
Rendue à la majorité de neuf contre un :
Opinion dissidente du juge Fatsah Ouguergouz

Les auteurs de la demande d'avis sont des organisations non-gouvernementales basées au Nigéria, œuvrant pour la promotion et la protection des droits de l'homme en Afrique en général et en Afrique de l'Ouest en particulier. Les demandeurs ont affirmé travailler avec les gouvernements nigérian et ouest-africains sur les questions relatives à la Cour pénale internationale et à l'UA, dans le cadre de la lutte contre l'impunité. Ils ont relevé dans ce sens, la difficulté posée par la confusion entre les résolutions de l'UA interdisant aux États africains de coopérer avec la CPI à la remise et à l'arrestation du Président soudanais Omar Al Bachir d'une part, et l'obligation à laquelle sont tenues les États parties au Statut de Rome, parmi lesquels le Nigéria, le Ghana et les autres États d'Afrique de l'Ouest. En outre, ils ont souligné en particulier l'obligation de coopérer avec la CPI pour l'arrestation et la remise du Président du Soudan, pour lequel des mandats d'arrêt ont été émis. En effet, ils ont fait valoir que le Président Omar Al Bachir s'est trouvé en 2009 et 2013 sur le territoire du Nigéria et qu'aucune mesure n'a été prise par les autorités nationales en vue d'exécuter contre lui les mandats d'arrêt dont il fait l'objet, afin de le remettre à la CPI. Ils ont dit avoir, sans succès, adressé des requêtes auprès du gouvernement nigérian dans ce sens.

Aussi le 28 mars 2014, ils ont saisi la Cour d'une demande d'avis consultatif, afin qu'elle apporte une réponse à la question de savoir si « l'obligation d'un État africain partie au Statut de Rome de la CPI de coopérer avec celle-ci est-elle prépondérante par rapport à l'obligation qui lui est faite de se conformer aux résolutions de l'Union africaine prescrivant à ses États membres de ne pas coopérer avec la CPI »[181]. Dans l'hypothèse d'une réponse positive, les demandeurs ont également souhaité savoir si les États africains parties au Statut de Rome sont soumis à l'obligation légale d'arrêter et de remettre le Président du Soudan à la CPI.

Après examen, la Cour a décidé que la demande n'était pas conforme aux exigences de l'article 68(2) du règlement intérieur selon lequel : « Toute demande d'avis consultatif précisera les dispositions de la Charte ou de tout autre instrument international relatif aux droits de l'homme à propos desquels l'avis est demandé, les circonstances à l'origine de la demande, ainsi que les noms et adresses des représentants des entités ayant introduit la demande ». Aussi par lettre du 30 juin 2014, le greffe a notifié la décision de la Cour aux auteurs de la demande en vue de sa régularisation. Au 30 juin 2015 et en l'absence de réponse des demandeurs, la Cour a décidé de rayer l'affaire du rôle en s'appuyant sur le peu d'intérêt porté par ceux-ci à ce qu'une suite soit donnée à l'affaire. Toutefois, par courriel du 1er juillet 2015, les demandeurs ont sollicité l'autorisation de réinscrire la demande au rôle de la Cour.

Examinant cette nouvelle demande, la Cour a constaté qu'elle ne remplissait pas non plus les conditions de l'article 68(2) de son règlement intérieur. La Cour a noté à cet effet que les points soulevés par la demande ne précisaient pas les dispositions de la Charte africaine, pas plus que celles d'un autre instrument relatif aux droits de l'homme pour lesquelles l'avis était sollicité. La Cour a affirmé que la demande

181 Voir le paragraphe 5 de l'ordonnance du 29 novembre 2015.

portait plutôt sur la hiérarchie des normes de droit international public et non pas sur les droits de l'homme. En outre, elle a constaté que les demandeurs n'ont pas fourni la preuve qu'ils ont répondue à sa correspondance du 30 juin 2014.

Le 29 novembre 2015, la Cour a rejeté la demande de réinscription de la demande d'avis consultatif et a ordonné que celle-ci soit rayée du rôle.

5. DEMANDE D'AVIS CONSULTATIF N° 001/2013 PAR SOCIO-ECONOMIC RIGHTS ACCOUNTABILITY PROJECT (SERAP)

Avis du 26 mai 2017
Rendu à l'unanimité des sept juges
Opinions individuelles des juges Rafâa BEN ACHOUR, Ângelo V. MUTASSE

Socio-Economic Rights Project (ci-après SERAP), est une organisation non-gouvernementale (ONG) à but non lucratif enregistrée en 2004 et basée en République fédérale du Nigéria. Son objectif principal est la promotion de la transparence et de la responsabilité dans le secteur public à travers les droits de l'homme.

Le 14 mars 2013, SERAP a soumis deux points à l'appréciation de la Cour. Tout d'abord, le demandeur a posé à la Cour la question de savoir s'il est une organisation africaine reconnue par l'Union Africaine (ci-après UA). Ensuite, SERAP a souhaité savoir « si la pauvreté extrême, systématique et généralisée constitue une violation de certaines dispositions de la Charte africaine, notamment l'article 2 qui interdit la discrimination fondée sur "toute autre situation" »[182].

Sur la forme de sa demande, SERAP a fait valoir qu'il est une organisation africaine, dans la mesure où il est légalement enregistré au Nigéria et dispose du statut d'observateur auprès de la Commission africaine des droits de l'homme et des peuples. Il a conclu qu'au sens de l'article 4 du Protocole de la Cour, il est une organisation africaine et par conséquent, il a la qualité pour adresser à la Cour une demande d'avis consultatif.

Sur le fond de sa demande, SERAP a considéré que la pauvreté est autant une question économique qu'une question se rapportant aux

182 Voir le paragraphe 3 de l'avis du 26 mai 2017.

droits de l'homme. À cet effet, il a établi que la pauvreté est tributaire de l'action ou de l'inaction de l'État et a conclu qu'il existe une relation entre la pauvreté, le sous-développement et le non-respect des droits de l'homme dans la Charte de Banjul.

Dans cette affaire, le Centre pour les Droits de l'Homme de l'Université de Pretoria (ci-après le Centre) a été autorisé par la Cour à de déposer un mémoire d'*amicus curiae.* Entre le 5 mai et le 29 juin 2016, la Cour a reçu les observations écrites de six États conformément aux articles 69 et 70 de son règlement intérieur : la République de Zambie, la République fédérale du Nigéria, la République d'Ouganda, la République du Cap-Vert, du Burkina Faso, et la République du Burundi.

Tout d'abord, la République d'Ouganda a considéré sur la première question que SERAP « n'est pas une organisation intergouvernementale »[183]. Elle a par ailleurs déclaré que SERAP n'a pas rapporté la preuve qu'il a subi un préjudice, pas plus qu'il n'a démontré la violation de la Charte. Aussi, elle a prié la Cour de rejeter la demande.

Ensuite, la République de Zambie, la République du Cap-Vert et le Centre ont toutes partagé l'opinion selon laquelle, pour avoir acquis la qualité d'observateur auprès de la CmADHP, SERAP est une organisation logiquement reconnue par l'UA. Elles en sont venues à la conclusion que SERAP a qualité pour saisir la Cour d'une demande d'avis consultatif.

Enfin, lui déniant toute qualité pour demander l'avis consultatif de la Cour, la République fédérale du Nigéria a fait observer que la reconnaissance par un organe de l'UA n'emporte pas reconnaissance par l'UA. Elle a conclu que SERAP est une ONG et non pas une organisation africaine et que la Cour ne saurait par conséquent connaître de ses demandes en vertu de l'article 34(6) du Protocole, c'est-à-dire des demandes en matière contentieuse.

Examinant sa compétence personnelle, la Cour a cherché à savoir si SERAP fait partie des entités ayant la qualité pour introduire une demande d'avis consultatif au sens de l'article 4(1) de son Protocole : autrement dit, si l'auteur de la demande est une organisation africaine reconnue par l'UA. À cet effet, la Cour a noté qu'au titre de l'article 4(1) de son Protocole : « À la demande d'un État membre de l'OUA, de tout organe de l'OUA ou d'une organisation africaine reconnue par l'OUA, la Cour peut donner un avis sur toute question juridique concernant la Charte ou tout autre instrument pertinent relatif aux

183 Voir le paragraphe 25 de l'avis du 26 mai 2017.

droits de l'homme, à condition que l'objet de l'avis consultatif ne se rapporte pas à une requête pendante devant la Commission. ».

Dans un premier moment, la Cour a cherché à savoir ce qu'est : « une organisation africaine ». Elle a considéré que le terme « organisation » utilisé à l'article 4 du Protocole est extensif et inclut les organisations non-gouvernementales et intergouvernementales. La Cour a déclaré que pour revêtir le caractère africain, une ONG doit être enregistrée dans un État africain, disposer de structures sous-régionales, régionales ou continentales, et mener des activités au-delà de son territoire d'enregistrement. En l'espèce, elle a constaté que SERAP est basé au Nigéria, y mène ses activités et se déploie aussi bien dans l'espace ouest-africain, que sur le continent tout entier. La Cour a conclu que SERAP est bien une organisation africaine.

Ensuite, la Cour a recherché le sens de l'expression « reconnue par l'Union africaine ». Elle a considéré que le système de reconnaissance des ONG par l'UA est différent de celui de la CmADHP. Aussi, elle a déclaré que le fait pour une ONG d'avoir le statut d'observateur auprès de la CmADHP n'en fait pas automatiquement une ONG reconnue par l'UA. Elle a déclaré qu'en vertu de l'article 4 de son Protocole, sa saisine en matière consultative est limitée aux seules ONG dotées du statut d'observateur auprès de l'UA ou ayant signé un protocole d'accord avec l'UA. La Cour a conclu que SERAP n'a pas qualité pour la saisir en matière consultative, car celui-ci n'a ni le statut d'observateur auprès de l'UA, ni signé d'accord avec l'Union.

Par ordonnance du 26 mai 2017, la Cour s'est déclarée personnellement incompétente.

6. DEMANDE D'AVIS CONSULTATIF N° 002/2015 PAR LE CENTRE DES DROITS DE L'HOMME DE L'UNIVERSITÉ DE PRETORIA (CHR) ET LA COALITION DES LESBIENNES AFRICAINES

Avis du 28 septembre 2017
Rendu à l'unanimité des onze juges
Opinions individuelles des Juges Rafâa BEN ACHOUR et Ângelo V. MUTASSE

Le Centre des droits de l'homme de l'université de Pretoria (ci-après le Centre) est un département de l'université et une organisation non-gouvernementale créée en 1986, qui œuvre en Afrique avec un accent sur les femmes, les personnes atteintes de VIH, les peuples autochtones et autres groupes défavorisés sur le continent. La Coalition des lesbiennes africaines (ci-après la Coalition), est une ONG créée en 2003 et basée en Afrique du Sud, dont le but est d'œuvrer à l'égalité de traitement des femmes lesbiennes. Les deux ONG disposent du statut d'observateur auprès de la Commission africaine des droits de l'homme et des peuples. Au cours de l'examen du 38e rapport d'activités de la Commission africaine en juillet 2015, le Conseil exécutif de l'UA (ci-après le Conseil exécutif) a demandé à la Commission africaine de retirer le statut d'observateur qu'elle avait attribué à la Coalition. En outre, le Conseil exécutif a demandé plus largement à la Commission de revoir ses critères d'attribution du statut d'observateur aux ONG en considérant : « les valeurs, l'identité et les bonnes traditions fondamentales de l'Afrique »[184]. Il a recommandé que la Conférence des Chefs d'État et de gouvernement de l'Union n'autorise la publication de ce rapport qu'après sa mise à jour et l'incorporation par la Commission des propositions formulées à ce sujet par les États membres.

Le 2 novembre 2015, le Centre et la Coalition ont saisi la Cour afin de savoir si la décision prise par le Conseil exécutif et la Conférence en juillet 2015, n'a pas excédé le cadre de l'« examen » tel que prévu à l'article 59(3) de la Charte de Banjul.

À l'appui de leur demande, le Centre et la Coalition ont déclaré être des « organisations africaines reconnues par l'UA » au sens de l'article 4 du Protocole de la Cour. Ils ont déclaré disposer de la qualité pour saisir Cour d'une demande d'avis consultatif. Ils ont fait valoir que le terme « organisation » se rapporte autant aux ONG qu'aux organisations intergouvernementales et ont soutenu qu'ils ont le caractère africain en raison de leur situation géographique. Par ailleurs, ils ont estimé que l'élément de reconnaissance par l'UA, est acquis en raison de leur statut d'observateur auprès de la Commission africaine.

Conformément aux articles 69 et 70 du règlement intérieur, deux États ont émis des observations à la Cour sur la demande d'avis introduite par le Centre et la Coalition. S'appuyant sur une résolution de l'UA, la République fédérale démocratique d'Éthiopie a déclaré que le Centre et la Coalition ne peuvent être considérés comme étant des organisations car ce terme désigne « une organisation d'intégration régionale ou une organisation internationale, y compris les organisa-

---

184 Voir le paragraphe 5 de l'avis du 28 septembre 2017.

tions sous-régionales, régionale ou interafricaines qui ne sont pas reconnues comme des communautés économiques régionales »[185]. Leur déniant la qualité pour adresser une demande d'avis consultatif, la République fédérale démocratique d'Éthiopie a fait observer que le statut d'observateur que le Centre et la Coalition ont acquis auprès de la Commission africaine, n'en fait pas automatiquement des observateurs auprès de l'UA. Elle a conclu que le Centre et la Coalition ne sont pas reconnus par l'UA.

Pour sa part, la République de Côte d'Ivoire a partagé le même avis et a conclu que la Cour est incompétente pour connaître de la demande du Centre et de la Coalition.

Pour savoir si elle est compétente, la Cour a recherché si le Centre et la Coalition ont la qualité pour formuler une demande d'avis consultatif. La Cour a noté que suivant l'article 4(1) de son Protocole : « À la demande d'un État membre de l'OUA, de tout organe de l'OUA ou d'une organisation africaine reconnue par l'OUA, la Cour peut donner un avis sur toute question juridique concernant la Charte ou tout autre instrument pertinent relatif aux droits de l'homme, à condition que l'objet de l'avis consultatif ne se rapporte pas à une requête pendante devant la Commission ». La Cour a donc recherché si les demandeurs sont des organisations africaines reconnues par l'UA.

À cet effet, la Cour a tout d'abord observé que si le terme « organisation » inclut à la fois les ONG et les organisations intergouvernementales, l'organisation est par ailleurs considérée comme africaine : « si elle est enregistrée dans un État africain et est dotée d'antennes aux niveaux sous-régional, régional ou continental et si elle mène des activités au-delà du territoire où elle est enregistrée »[186]. Dans la cause, la Cour a constaté que le Centre et la Coalition sont tous les deux enregistrés en Afrique du Sud et que de par leur statut d'observateur auprès de la Commission africaine, les demandeurs sont autorisés à mener des activités au-delà de leur territoire d'enregistrement. La Cour a conclu que les demandeurs sont bien des organisations africaines.

Ensuite la Cour a observé que la reconnaissance des ONG par l'UA passe soit par l'attribution du statut d'observateur auprès de l'UA, soit par la signature d'un accord de coopération avec l'UA. D'une part, la Cour a constaté que les demandeurs ont le statut d'observateur auprès de la Commission. Cependant, ce statut ne se confond pas avec le statut d'observateur acquis auprès de l'UA. Elle a d'autre part noté que ni

---

185 Voir le paragraphe 35 de l'avis du 28 septembre 2017.

186 Voir le paragraphe 50 de l'avis du 28 septembre 2017.

la Coalition, ni le Centre n'a rapporté la preuve de la signature d'un accord avec l'UA. Elle a conclu que le Centre et la coalition sont des organisations africaines, mais que pour n'être pas reconnus par l'UA, ils n'ont pas la qualité pour saisir la Cour en matière consultative.

Dans sa décision du 28 septembre 2017, la Cour a décidé qu'elle ne peut donner l'avis qui a été demandé.

7. DEMANDE D'AVIS CONSULTATIF N° 002/2014 PAR LA RENCONTRE AFRICAINE POUR LA DÉFENSE DES DROITS DE L'HOMME

Avis du 28 septembre 2017
Rendu à l'unanimité des onze juges
Opinions individuelles des juges Rafâa BEN ACHOUR et Ângelo V. MUTASSE

Créée en 1990 au Sénégal, la Rencontre africaine pour la défense des droits de l'homme (ci-après la Rencontre ou le demandeur), est une organisation non-gouvernementale régulièrement saisie des violations des droits de l'homme parmi lesquelles, les changements anticonstitutionnels de gouvernement. Le demandeur fait valoir sa qualité pour saisir la Cour et lui adresse par conséquent trois séries de questions. Dans sa première série de questions, le demandeur souhaite savoir s'il est possible, en l'absence de juridiction nationale compétente, d'engager une action en justice devant la Commission africaine des droits de l'homme et des peuples ou la Cour africaine des droits de l'homme et des peuples, pour dénoncer un changement anticonstitutionnel de gouvernement. Dans le même ordre d'idée, il invite la Cour à se prononcer sur la détermination des personnes habilitées à conduire cette action en justice, sur le délai de la saisine, ainsi que sur le point de savoir si l'introduction d'une action postérieurement à la survenance de la violation concernée serait possible.

Dans la deuxième série de questions, le demandeur sollicite que la Cour apporte des clarifications sur la notion de «violations graves ou massives des droits de l'homme» visée à l'article 58(1) de la Charte africaine des droits de l'homme et des peuples, ainsi que sur les critères pour établir l'urgence prévue à l'alinéa 3 de cet article. Le demandeur a par ailleurs souhaité savoir si des violations occasionnées par des milices pro-gouvernementales ou résultant de l'inaction de l'État engageraient la responsabilité directe ou indirecte de cet État.

En troisième lieu, le demandeur a souhaité que la Cour éclaire sur le point de savoir si le fait pour le système judiciaire d'un pays d'exprimer son soutien politique au pouvoir en place dans l'exercice de sa fonction de juger est ou non compatible avec les exigences d'équité et d'impartialité de la justice prévues par les textes internationaux[187].

Le demandeur a fait valoir que pour avoir acquis le statut d'observateur auprès de la Commission africaine, il est une organisation africaine reconnue par l'Union africaine et qu'il dispose de ce fait de la qualité pour saisir la Cour d'une demande d'avis consultatif au regard des articles 4 du Protocole de la Cour, 26(b) et 68 du règlement intérieur.

Dans cette affaire, la Cour a reçu les observations de la République du Kenya, conformément aux articles 69 et 70 du règlement intérieur. Ces observations n'ont relevé aucun grief sur la qualité du demandeur.

Pour déterminer sa compétence, la Cour a cherché à savoir si le demandeur a la qualité pour la saisir d'une demande d'avis consultatif. Se fondant sur l'article 4(1) du Protocole, la Cour a rappelé qu'« À la demande d'un État membre de l'[Union Africaine], [de l'UA], de tout organe de l'OUA ou d'une organisation africaine reconnue par l'OUA, la Cour peut donner un avis sur toute question juridique concernant la Charte ou tout autre instrument pertinent relatif aux droits de l'homme, à condition que l'objet de l'avis consultatif ne se rapporte pas à une requête pendante devant la Commission. ».

Après avoir observé que le demandeur ne correspond pas aux trois catégories d'entités visées à l'article 4 précité, la Cour a essayé de déterminer si le demandeur est une organisation africaine reconnue par l'UA.

S'agissant tout d'abord du terme « organisation » prévu à l'article 4 du Protocole, la Cour a noté qu'il renvoie à une ONG ou à une organisation intergouvernementale.

Ensuite, la Cour a ajouté que pour être africaine, l'organisation doit être enregistrée dans un État africain et doit être dotée de structures aux niveaux sous-régional, régional et continental, et doit mener des

[187] Le demandeur visait spécifiquement les articles 7 de la Charte africaine des droits de l'homme et des peuples, et 14 du Pacte international relatif aux droits civils et politiques, ainsi que les directives et principes de la Commission africaine sur les droits à un procès équitable et assistance judiciaire en Afrique de 2003.

activités au-delà du territoire dans lequel elle est enregistrée. En l'espèce, la Cour a conclu que le demandeur est une organisation africaine selon qu'il est enregistré au Sénégal et est autorisé, en vertu de son statut d'observateur auprès de la Commission africaine, à mener des activités au-delà du pays d'enregistrement.

Par ailleurs, après avoir conclu que le demandeur est une organisation africaine, la Cour a déterminé s'il est reconnu par l'UA, afin de compléter l'exigence posée à l'article 4(1) du Protocole. À cet effet, la Cour a rappelé que le statut d'observateur auprès d'un organe de l'UA, ne vaut pas automatiquement reconnaissance par l'Union. La Cour a déclaré que la reconnaissance d'une ONG par l'UA se fait par l'octroi du statut d'observateur auprès de l'UA ou par la signature d'un mémorandum d'entente entre l'UA et l'ONG. Cependant, le demandeur ne remplissant aucune de ces deux exigences en l'espèce, la Cour a conclu que même s'il est une organisation africaine, il n'est pour autant pas reconnu par l'UA et ne dispose de ce fait, de la qualité pour saisir la Cour d'une demande d'avis consultatif.

Le 28 septembre2017, la Cour a décidé qu'elle ne peut pas donner l'avis consultatif qui lui a été demandé dans la mesure où, sa compétence personnelle est déterminée par la qualité du demandeur.

8. DEMANDE D'AVIS CONSULTATIF N° 001/2016 PAR THE CENTER FOR HUMAN RIGHTS, UNIVERSITY OF PRETORIA; FEDERATION OF WOMEN LAWYERS IN KENYA ; WOMEN'S LEGAL CENTRE; WOMEN ADVOCATES RESEARCH AND DOCUMENTATION CENTRE ; ZIMBABWE WOMEN LAWYERS ASSOCIATION

Avis du 28 septembre 2017
Rendu à l'unanimité des onze juges
Opinions individuelles des Juges Rafâa BEN ACHOUR et Ângelo V. MUTASSE

Les demandeurs sont des organisations non-gouvernementales respectivement basées en Afrique du Sud, au Kenya, au Nigéria et au Zimbabwe. Dotés du statut d'observateur auprès de la Commission africaine, ils interviennent sur des questions préoccupant les droits fondamentaux des femmes. Ils affirment qu'en violation du Protocole à la Charte africaine des droits de l'homme et des peuples relatif au droit de la femme en Afrique (ci-après Protocole de Maputo), les mariages non conclus par écrit et non enregistrés sont courants en Afrique, et que ce phénomène accroit la vulnérabilité de la femme. Sur la base d'instruments internationaux[188], ils soutiennent que les États ont l'obligation de prendre les mesures nécessaires pour :

- assurer à une femme d'au moins dix-huit ans, les conditions d'un mariage librement consenti, consigné par écrit et enregistré dans un registre officiel ;
- sensibiliser le grand public sur l'obligation d'enregistrer le mariage ;
- éradiquer la discrimination à l'égard de la femme.

Ils font par ailleurs valoir que le non-enregistrement d'un mariage contribue à nourrir la discrimination contre la femme. En outre, pour les demandeurs, si le non-enregistrement d'un mariage signifie qu'il n'est pas reconnu par la loi, il n'est pour autant pas considéré comme invalide et les lois nationales doivent plutôt prévoir des procédures permettant aux personnes concernées de corriger ou de rectifier le non-respect de cette formalité.

Aussi, le 8 janvier 2016, les demandeurs ont prié la Cour de :

a. confirmer que le fait de ne pas adopter de lois qui exigent et règlementent l'enregistrement des mariages constitue une violation du Protocole de Maputo par tout État membre ;
b. donner son avis sur la nature et la portée des obligations de l'État prescrites à l'article 6(d) du Protocole de Maputo, relativement à l'exigence de l'écrit et de l'enregistrement des mariages, en tenant compte de l'obligation plus large des États parties de respecter, protéger, promouvoir et donner effets aux droits des femmes prévus par ce Protocole ;
c. confirmer que l'article 6(d) du Protocole de Maputo ne signifie pas ou n'impose pas que la formalité du non-enregistrement invalide le mariage ;
d. dire si les États parties se doivent d'adopter des lois nationales qui prévoient des procédures de tolérance, afin de corriger ou remédier au non-respect des exigences d'enregistrement, et ;

---

188 Les articles 6 de la Charte africaine des droits de l'homme et des peuples, 6 et 2 du Protocole de Maputo, 21(2) de la Charte sur les droits et le bien-être de l'enfant, et 2 du Protocole de la Cour.

e. donner les effets juridiques des mariages qui ne sont pas enregistrés, en considérant l'objectif global du Protocole de Maputo, et les protections et engagements spécifiques énoncés aux articles 2 et 6(e) à (j) du même texte, ainsi que les autres instruments pertinents.

Les demandeurs ont déclaré avoir la qualité pour saisir la Cour en matière consultative. À cet effet, ils ont fait valoir qu'au sens de l'article 4(1) du Protocole de la Cour, « les organisations africaines reconnues par l'Union africaine » se rapportent autant aux organisations intergouvernementales qu'aux ONG. Ils ont en outre déclaré qu'à leur image, toute organisation dotée du statut d'observateur auprès de la Commission africaine, est une organisation africaine reconnue par l'UA.

Dans l'examen de la demande, la Cour a rapporté le contenu de l'article 4(1) du Protocole en vertu duquel : « À la demande d'un État membre de l'OUA, de tout organe de l'OUA ou d'une organisation africaine reconnue par l'OUA, la Cour peut donner un avis sur toute question juridique concernant la Charte ou tout autre instrument pertinent relatif aux droits de l'homme, à condition que l'objet de l'avis consultatif ne se rapporte pas à une requête pendante devant la Commission. ». À la lumière de cette disposition, la Cour a recherché si les demandeurs sont des organisations africaines reconnues par l'UA et s'ils ont par conséquent la qualité pour adresser une demande d'avis consultatif. La Cour a été d'avis que les demandeurs sont effectivement des organisations africaines dans la mesure où, le terme « organisation » inclut autant les Organisations intergouvernementales que les ONG d'une part; mais aussi en raison de leur caractère « africain », étayé par le fait que chacun d'eux est enregistré dans un pays africain et est autorisé à mener des activités au-delà du pays d'enregistrement.

Cependant, la Cour a décidé que pour être reconnu par l'UA, il faut soit disposer du statut d'observateur auprès de l'Union, soit avoir signé avec elle un mémorandum d'entente. Elle a poursuivi en notant que l'acquisition du statut d'observateur auprès d'un organe de l'UA ne vaut pas reconnaissance de l'UA. Elle a conclu que bien qu'étant sans conteste des organisations africaines, les demandeurs ne sont pas reconnus par l'UA et n'ont pas de ce fait la qualité pour introduire une demande d'avis consultatif.

Le 28 septembre, la Cour a décidé qu'elle ne peut donner l'avis consultatif souhaité.

9. DEMANDE D'AVIS CONSULTATIF N° 002/2016 PAR L'ASSOCIATION AFRICAINE DE DÉFENSE DES DROITS DE L'HOMME

Avis du 28 septembre 2017
Rendu à l'unanimité des onze juges
Opinions individuelles des juges Rafâa BEN ACHOUR et Ângelo V. MUTASSE

L'association africaine de défense des droits de l'homme (ci-après ASHADO), est une ONG à but non lucratif enregistrée le 7 août 2010 et basée en République démocratique du Congo (RDC). Le demandeur a rapporté à la Cour qu'il a participé à des études de cas ayant établi les impacts des industries extractives sur les communautés locales en Afrique du Sud, en Angola, au Kenya, en République Démocratique du Congo et au Zimbabwe. D'après ces études, les impacts négatifs des activités minières portent atteinte aux droits fondamentaux des membres des communautés affectées qui sont garantis par la Charte africaine des droits de l'homme et des peuples. De ce fait, les ONG africaines entendent soumettre aux États membres de l'UA, un projet de loi minière type pour l'Afrique désigné « Model Law on Mining on Community Land in Africa ». Ce projet a été élaboré afin d'assurer une harmonisation des législations minières et d'améliorer la protection des droits fondamentaux des communautés affectées par l'industrie extractive.

Le 8 juillet 2016, le demandeur a prié la Cour de donner son avis sur la conformité de ce projet de loi minière aux dispositions de la Charte africaine. Sur la forme, il a soutenu qu'en vertu de son statut d'observateur auprès de la Commission, il est une organisation africaine reconnue par l'UA et qu'il dispose de ce fait de la qualité pour saisir la Cour d'une demande d'avis consultatif. Sur le fond, le demandeur a fait valoir que son document portant la mise en œuvre du projet de loi type est assis sur de nombreux instruments juridiques internationaux[189]. En outre, ASHADO a soutenu que sa demande s'appuie sur un projet de loi type relatif à l'exploitation minière sur le terrain com-

---

[189] La Déclaration universelle des droits de l'homme; le Pacte international relatif aux droits civils et politiques; le Pacte international relatif aux droits économiques, sociaux et culturels; la Charte africaine des droits de l'homme et des peuples.

munautaire en Afrique. ASHADO a ajouté que ce projet a été conduit sur plusieurs communautés par l'Alliance internationale des ressources naturelles en Afrique (AIRNA), dont l'appréciation de la conformité à la Charte africaine est soumise à la Commission. Par ailleurs, il a fait ressortir dans le document de mise en œuvre du projet de loi minière type pour l'Afrique, les effets négatifs sur les droits fondamentaux des populations, de l'activité minière de l'entreprise *Ruashi Mining SARL*, basée en RDC.

La Cour a noté qu'en vertu de l'article 4(1) du Protocole : « À la demande d'un État membre de l'OUA, de tout organe de l'OUA ou d'une organisation africaine reconnue par l'OUA, la Cour peut donner un avis sur toute question juridique concernant la Charte ou tout autre instrument pertinent relatif aux droits de l'homme, à condition que l'objet de l'avis consultatif ne se rapporte pas à une requête pendante devant la Commission. ». La Cour a relevé qu'au sens de cette disposition, le terme « organisation » correspond soit aux ONG soit aux organisations intergouvernementales. Elle a poursuivi en considérant qu'une organisation a le caractère « africain », « si elle est enregistrée dans un État africain et est dotée d'antennes aux niveaux sous-régional, régional ou continental et si elle mène des activités au-delà du territoire où elle est enregistrée ». En l'espèce, la Cour a constaté que le demandeur est enregistré en RDC et mène ses activités non seulement dans son pays d'enregistrement, mais aussi dans la région d'Afrique centrale et sur une bonne partie du Continent. Elle a également observé que les études qui ont abouti à l'adoption du projet de loi minière ont été conduites dans plusieurs pays membres de l'UA.. La Cour a conclu que le demandeur est bien une organisation africaine.

Toutefois la Cour a établi que le fait pour une organisation d'avoir le statut d'observateur auprès d'un organe de l'UA tel que la Commission africaine, ne vaut pas reconnaissance de cette organisation par l'UA. Elle a déclaré que la reconnaissance d'une ONG par l'Union se fait par l'octroi du statut d'observateur auprès de l'UA, ou par la signature d'un Mémorandum d'entente avec l'UA. En l'espèce, la Cour a constaté que pour n'avoir rapporté la preuve d'aucun accord avec l'Union ni justifié du statut d'observateur auprès de celle-ci, le demandeur ne peut être considéré comme une organisation africaine reconnue par l'UA. Elle a conclu que le demandeur n'avait pas qualité pour la saisir en matière consultative.

Le 28 septembre 2017, elle a déclaré qu'elle ne peut pas donner l'avis consultatif demandé.

Suggestions conclusives

•

Alors qu'il tentait en 2004 d'anticiper sur « l'impact [jugé] plausible » de la juridiction régionale sur l'application de la Charte et la protection des droits de l'homme en Afrique, Christof HEYNS fait le pari que : « si elle est correctement gérée, la Cour [africaine des droits de l'homme et des peuples] pourrait devenir un bastion puissant des droits de l'homme sur le continent où ces normes sont souvent méprisées. (...) En outre, la jurisprudence développée par la Cour, en ce qui concerne les droits qui sont largement reconnus dans les systèmes juridiques internes de la plupart des pays africains, pourrait servir de point de référence et d'inspiration puissant pour les juridictions internes, les gouvernements et les sociétés civiles des différents pays, au niveau de l'interprétation de ces droits »[190]. Près de quatorze ans après son entrée en fonctionnement en 2006, la jurisprudence de la CrADHP s'enrichit au contact des décisions d'autres juridictions dédiées à la protection des droits de l'homme, tandis qu'elle tente de jouer un rôle progressivement affirmé pour une meilleure protection des droits de l'homme sur le continent africain. Avec le Protocole du 1er juillet 2008 créant la Cour Africaine de justice et des droits de l'homme, comme le résultat d'une fusion entre l'actuelle CrADHP et la Cour de Justice de l'UA (CJ UA), le système africain étudié est en laboratoire. À l'occasion de la 23e session ordinaire de la Conférence de l'UA en Guinée équatoriale, qui s'est tenue le 27 juin 2014, un Protocole portant amendements du Protocole sur le Statut de la Cour africaine de justice et des droits de l'homme est adopté. Celui-ci élargit la compétence de la nouvelle Cour afin qu'elle puisse non seulement statuer sur des crimes relevant du droit international des droits de

---

190 Heyns Christof, « Le rôle de la future Cour africaine des droits de l'homme et des peuples », *in* : FLAUSS Jean et LAMBERT-ABDELGAWAD Elisabeth (dir.), *L'application nationale de la Charte africaine des droits de l'homme, Droit et justice* 54, Bruylant, 2004, pp. 235-246.

l'homme, mais aussi sur des crimes internationaux[191]. Bien qu'elle soit une institution en sursis, dans l'attente de l'entrée en vigueur du Protocole du 1er juillet 2008, la CrADHP constitue l'essentiel du patrimoine dont héritera la nouvelle Cour africaine de justice et des droits de l'homme. Aussi, la connaissance de son fonctionnement administratif et processuel, de même que de sa casuistique, peut suggérer quelques pistes de réflexion utiles.

I. L'absence de requêtes émanant de l'État qui occupe exclusivement le statut de défendeur ou de tiers intervenant

Un mécanisme pouvant permettre d'encourager une participation plus active, consisterait à insérer des clauses compromissoires dans les accords internationaux, multilatéraux, bilatéraux relatifs aux droits de l'homme. Ces clauses de juridiction énonceraient les catégories de litiges à soumettre à un ou plusieurs règlements pacifiques. Ainsi, à la survenance d'un différend relevant d'une catégorie envisagée par la clause de juridiction du traité, les États auraient le choix de saisir la Cour en lui soumettant une requête unilatérale ou bien préparer un compromis aux mêmes fins. Cette pratique, qui a cours au sein de la CIJ, contribuerait à encourager l'engagement volontaire des États au règlement devant la Cour africaine. Nombre de traités et conventions prévoient la compétence de la CIJ et de nombreux États africains sont parties à ce type de conventions :

- le Traité d'amitié et de relations économiques entre les États-Unis et le Togo[192] ;
- l'Accord relatif à l'octroi au Gouvernement de la République du Ghana, d'un prêt spécial destiné à faciliter l'acquittement de dettes commerciales à moyen terme, entre le Royaume-Uni et le Ghana[193] ;

---

[191] *Protocole de Malabo. Incidences juridiques et institutionnelles de la Cour Africaine issue d'une fusion et à la compétence élargie*, Amnesty International, 2016, 68 pages.

[192] Traité d'amitié et de relations économiques, du 8 février 1966 à Lomé, notamment son article XIV.

[193] L'Accord relatif à l'octroi au Gouvernement de la République du Ghana d'un prêt spécial destiné à faciliter l'acquittement de dettes commerciales à moyen terme, 17 juillet 1971, à Accra, notamment son article VII.

- l'Accord relatif à l'exploitation conjointe des ressources naturelles du fond de la mer Rouge et de son sous-sol dans la zone commune, entre le Soudan et l'Arabie Saoudite[194].

II. Le verrou de l'article 34(6) du Protocole de la Cour

Il serait possible d'envisager une révision du droit de recours individuel direct dont le défaut n'a pas manqué d'être critiqué à l'occasion de certaines affaires qui ont conduit à la mise en cause de l'UA, en vue de permettre une modification conséquente du Protocole de la Cour à cet effet (Requête, n° 001/2011 ; affaire Femi Falana c. Union Africaine, arrêt du 26 juin 2012 ; Requête n° 014/2011, affaire Atabong Denis Atemkeng c. Union Africaine, décision du 15 mars 2013). La politique juridique extérieure des États africains est dégressive sur ce point, tout au moins à l'idée de reconnaître à une juridiction régionale un recours direct. La protection juridictionnelle au niveau continental se trouve fortement amoindrie par le fait que les États ayant fait la déclaration prévue à l'article 34(6) du Protocole de la Cour diminuent considérablement.

III. Les droits de l'homme et les valeurs africaines

Comme paradigme d'appréciation des droits de l'homme, l'identité africaine a été mise en avant dans le cadre de la demande d'avis introduite par le Centre des droits de l'homme de l'Université de Pretoria (CHR) et la Coalition des Lesbiennes africaines (Demande d'avis n° 002/2015 par le Centre des droits de l'homme de l'université de Pretoria (CHR) et Coalition des Lesbiennes africaines, avis du 28 septembre 2017). Cette affaire mérite :

- que l'on s'appesantisse sur les valeurs qui sous-tendent l'identité normative africaine ;
- que l'on questionne les sources africaines des droits de l'homme, ou ;

---

194 L'Accord relatif à l'exploitation conjointe des ressources naturelles du fond de la mer Rouge et de son sous-sol dans la zone commune, du 16 mai 1974, en son article XVI.

- que l'on interroge la primeur de l'individu sur les valeurs de la société qui le porte.

IV. Les conflits des modèles de justice : entre l'approche occidentale et africaine de règlement des différends

L'approche traditionnelle de règlement des différends relatifs à la violation des droits de l'homme a été évoquée dans le cadre de la toute première affaire finalisée de la Cour, à l'occasion du jugement de l'ancien Président tchadien Hissein Habré (Requête n° 001/2008, affaire Michelot Yogogombaye c. République du Sénégal, décision du 15 décembre 2009). L'Afrique est un laboratoire expérimental de plusieurs modèles de justice comprenant la justice traditionnelle, la justice transitionnelle, la justice classique devant les juridictions nationales et internationales. Il importe d'interroger le paradigme sur lequel se construit la réponse africaine aux violations des droits de l'homme.

Bibliographie

•

I. Ouvrages

Fortas Anne-Catherine, *La surveillance de l'exécution des arrêts et décisions des cours européenne et interaméricaine des droits de l'homme, Contribution à l'étude du droit du contentieux international*, Paris, Pedone, 2015, 644 pages.

Fédération Internationale des Droits de l'Homme, *La Cour africaine des droits de l'homme et des peuples, vers la Cour africaine de justice et des droits de l'homme, Guide pratique*, avril 2010, 22 pages.

Fédération Internationale des Droits de l'Homme, *plaintes et admissibilité devant la Cour africaine, guide pratique*, juin 2016, 88 pages.

Guide de l'Union Africaine 2016, Publié conjointement par la Commission de l'Union africaine et le ministère des Affaires étrangères et du Commerce extérieur de Nouvelle-Zélande, 2016, 226 pages.

Guide de l'Union Africaine 2017, Publié conjointement par la Commission de l'Union africaine et le ministère des Affaires étrangères et du Commerce extérieur de Nouvelle-Zélande, 2017, 237 pages.

Guide de l'Union Africaine 2018, Publié conjointement par la Commission de l'Union africaine et le ministère des Affaires étrangères et du Commerce extérieur de Nouvelle-Zélande, 2018, 258 pages.

Hennebel Ludovic et Tigroudja Hélène, *Le particularisme interaméricain des droits de l'homme*, en l'honneur du 40e anniversaire de la Convention américaine des droits de l'homme, Paris, Pedone, 2009, 416 pages.

L'exécution des arrêts de la Cour européenne des droits de l'homme, Dossier sur les droits de l'homme n° 19, Éditions du Conseil de l'Europe, 2e édition, janvier 2008, 93 pages.

La Cour européenne des droits de l'homme, Questions/Réponses destinées aux avocats, Guide pratique du CCBE, 2014, 20 pages.

La Cour internationale de justice : manuel, mis à jour le 31 décembre 2018, 368 pages.

Recueil des documents clés de l'Union Africaine relatifs aux droits de l'homme, Pretoria University Law Press, 2013, 575 pages.

II. Revues

Abdou Dangabo Moussa, « Chronique de la Cour africaine des droits de l'homme et des peuples à Cour de justice de l'Union Africaine : Histoire d'une coexistence pacifique en attendant la fusion », *Revue de droit international pénal*, vol. 76, 2005/1, pp. 135-138.

Hiling Carol, « le statut de la déclaration américaine des droits et des devoirs de l'homme, reflet de l'évolution du système interaméricain de protection des droits de la personne », *Revue québécoise de droit international*, vol. 11.1, 1998, pp. 47-80.

Lambert-Abdelgawad Elisabeth, « L'exécution des décisions des juridictions internationales des droits de l'homme : vers une harmonisation des systèmes régionaux », *ACDI, Bogotá*, vol. 3 Especial, 2010, pp. 9-55.

Rota Marie, « Chronique de jurisprudence de la Cour interaméricaine des droits de l'homme », *CRDF*, n° 6, 2007, p. 181-1841.

III. Rapports

Rapport d'activité de la Cour africaine des droits de l'homme et des peuples 1er – 31 décembre 2016, Conseil Exécutif, Trentième session ordinaire 22-27 janvier 2016, 31 pages.

Rapport d'activité de la Cour africaine des droits de l'homme et des peuples 1er janvier – 31 décembre 2018, Conseil Exécutif, trente-quatrième session ordinaire 7-8 février 2016, 31 pages.

IV. Textes normatifs

Sur le système africain

Charte africaine des droits de l'homme et des peuples du 27 juin 1981.

Protocole de la Cour de justice de l'Union africaine du 11 juillet 2003.

Protocole relatif à la Charte Africaine portant sur la Création d'une Cour africaine des droits de l'homme et des peuples du 10 juin 1998.

Règlement intérieur de la Cour africaine des droits de l'homme et des peuples du 20 juin 2008.

Acte constitutif de l'Union africaine du 11 juillet 2000.

Sur le système européen

Convention de sauvegarde des droits de l'homme et des libertés fondamentales du 4 novembre 1950.

Règlement de la Cour européenne des droits de l'homme du 18 septembre 1959.

Sur le système interaméricain

Convention américaine relative aux droits de l'homme du 22 novembre 1969.

Déclaration américaine des droits et devoirs de l'homme d'avril 1948.

Règlement de la Cour interaméricaine des droits de l'homme du 24 novembre 2009.

Statut de la Commission interaméricaine des droits de l'homme du 9 octobre 1979.

Sur le système onusien

Statut de la Cour internationale de justice du 26 juin 1945.

Annexes

•

Annexe 1 : Protocole relatif à la Charte africaine portant sur la création d'une Cour africaine des droits de l'homme et des peuples

Le Protocole a été adopté à Ouagadougou, au Burkina Faso, le 10 juin 1998 et est entré en vigueur le 25 janvier 2004. Aux termes de ce Protocole, la Cour complète le mandat protecteur de la Commission africaine des droits de l'homme et des peuples. La Cour a son siège à Arusha en Tanzanie.

Les États membres de l'Organisation de l'Unité Africaine (ci-après dénommée « OUA »), États parties à la Charte Africaine des Droits de l'Homme et des Peuples.

Considérant la Charte de l'Organisation de l'Unité Africaine, aux termes de laquelle la liberté, l'égalité, la justice, la paix et la dignité sont des objectifs essentiels à la réalisation des aspirations légitimes des peuples africains ;

Notant que la Charte Africaine des Droits de l'Homme et des Peuples réaffirme l'attachement aux principes des droits de l'Homme et des Peuples, aux libertés ainsi qu'aux devoirs contenus dans les déclarations, conventions et autres instruments adoptés par l'Organisation de l'Unité Africaine et d'autres organisations internationales ;

Reconnaissant le double objectif de la Charte Africaine des Droits de l'Homme et des Peuples qui est de garantir, d'une part, la promotion, d'autre part, la protection des droits de l'Homme et des Peuples, des libertés et des devoirs ;

Reconnaissant en outre les progrès accomplis par la Commission Africaine des Droits de l'Homme et des Peuples, depuis sa création en 1987, en matière de promotion et de protection des droits de l'Homme et des Peuples ;

Rappelant la résolution AHG/Res.230 (XXX) par laquelle la Conférence des chefs d'État et de gouvernement réunie en juin 1994 à Tunis (Tunisie) a demandé au Secrétaire Général de convoquer une réunion d'experts gouvernementaux, pour procéder, en consultation avec la Commission Africaine des Droits de l'Homme et des Peuples, à l'examen des possibilités de renforcer l'efficacité de la Commission et notamment de la question de création d'une Cour Africaine des Droits de l'Homme et des Peuples ;

Notant les 1re et 2e réunions d'experts juristes gouvernementaux tenues respectivement au Cap, Afrique du Sud (septembre 1995), à Nouakchott, Mauritanie (avril 1997) et la3ème réunion élargie aux diplomates, tenue à Addis-Abéba, Éthiopie (décembre1997) ;

Fermement convaincus que la réalisation des objectifs de la Charte Africaine des Droits de l'Homme et des Peuples nécessite la création d'une Cour Africaine des Droits de l'Homme et des Peuples pour compléter et renforcer la mission de la Commission Africaine des Droits de l'Homme et des Peuples ;

SONT CONVENUS DE CE QUI SUIT :

ARTICLE 1 : CRÉATION DE LA COUR

Il est créé, au sein de l'Organisation de l'Unité Africaine, une Cour Africaine des Droits de l'Homme et des Peuples (ci-après dénommée « la Cour »), dont l'organisation, la compétence et le fonctionnement sont régis par le présent Protocole.

ARTICLE 2 : RELATION ENTRE LA COUR ET LA COMMISSION

La Cour, tenant dûment compte des dispositions du présent Protocole, complète les fonctions de protection que la Charte Africaine des Droits de l'Homme et des Peuples (ci-après dénommée « la Charte ») a conférées à la Commission Africaine des Droits de l'Homme et des Peuples (ci-après dénommée « la Commission »).

ARTICLE 3 : COMPÉTENCE DE LA COUR

1. La Cour a compétence pour connaître de toutes les affaires et de tous les différends dont elle est saisie concernant l'interprétation et l'application de la Charte, du présent Protocole, et de tout autre instrument pertinent relatif aux droits de l'homme et ratifié par les États concernés.
2. En cas de contestation sur le point de savoir si la Cour est compétente, la Cour décide.

ARTICLE 4 : AVIS CONSULTATIFS

1. À la demande d'un État membre de l'OUA, de l'OUA, de tout organe de l'OUA ou d'une organisation africaine reconnue par l'OUA, la Cour peut donner un avis sur toute question juridique concernant la Charte ou tout autre instrument pertinent relatif aux droits de l'homme, à condition que l'objet de l'avis consultatif ne se rapporte pas à une requête pendante devant la Commission.
2. Les avis consultatifs de la Cour sont motivés. Un juge peut y joindre une opinion individuelle ou dissidente.

ARTICLE 5 : SAISINE DE LA COUR

1. Ont qualité pour saisir la Cour :
   a. la Commission ;
   b. l'État partie qui a saisi la Commission ;
   c. l'État partie contre lequel une plainte a été introduite ;
   d. l'État partie dont le ressortissant est victime d'une violation des droits de l'Homme ;
   e. les organisations inter-gouvernementales africaines.
2. Lorsqu'un État partie estime avoir un intérêt dans une affaire, il peut adresser à la Cour une requête aux fins d'intervention.
3. La Cour peut permettre aux individus ainsi qu'aux organisations non-gouvernementales (ONG) dotées du statut d'observateur auprès de la Commission d'introduire des requêtes directement devant elle conformément à l'article 34(6) de ce Protocole.

ARTICLE 6 : RECEVABILITÉ DES REQUÊTES

1. La Cour, avant de statuer sur la recevabilité d'une requête introduite en application de l'article 5(3) du présent Protocole, peut solliciter l'avis de la Commission qui doit le donner dans les meilleurs délais.
2. La Cour statue sur la recevabilité des requêtes en tenant compte des dispositions énoncées à l'article 56 de la Charte.
3. La Cour peut connaître des requêtes ou les renvoyer devant la Commission.

ARTICLE 7 : DROIT APPLICABLE

La Cour applique les dispositions de la Charte ainsi que tout autre instrument pertinent relatif aux droits de l'homme et ratifié par l'État concerné.

ARTICLE 8 : EXAMEN DES REQUÊTES

La Cour fixe dans son règlement intérieur les conditions d'examen des requêtes dont elle est saisie en tenant compte de la complémentarité entre elle et la Commission.

ARTICLE 9 : RÈGLEMENT À L'AMIABLE

La Cour peut tenter de régler à l'amiable les cas qui lui sont soumis conformément aux dispositions de la Charte.

ARTICLE 10 : AUDIENCES DE LA COUR ET REPRÉSENTATION

1. Les audiences de la Cour sont publiques. La Cour peut cependant tenir ses audiences à huis clos, dans les conditions prévues par le règlement intérieur.
2. Toute partie à une affaire a le droit de se faire représenter par le conseil juridique de son choix. Une représentation ou une assis-

tance judiciaire peut être gratuitement assurée dans les cas où l'intérêt de la justice l'exige.

3. Toutes personnes, témoins ou représentants des parties appelés à comparaître devant la Cour jouissent de la protection et des facilités reconnues par le droit international et nécessaires à l'accomplissement de leurs fonctions, de leurs devoirs et de leurs obligations en rapport avec la Cour.

ARTICLE 11 : COMPOSITION DE LA COUR

1. La Cour se compose de onze juges, ressortissants des États membres de l'OUA, élus à titre personnel parmi des juristes jouissant d'une très haute autorité morale, d'une compétence et expérience juridique, judiciaire ou académique reconnue dans le domaine des Droits de l'Homme et des Peuples.
2. La Cour ne peut comprendre plus d'un juge de la même nationalité.

ARTICLE 12 : CANDIDATURES

1. Chaque État partie au Protocole peut présenter jusqu'à trois candidats dont au moins deux doivent être ressortissants de l'État qui les présente.
2. Lors de la présentation des candidatures, il sera dûment tenu compte de la représentation adéquate des deux sexes.

ARTICLE 13 : LISTE DES CANDIDATS

1. Dès l'entrée en vigueur du présent Protocole, le Secrétaire général de l'OUA invite les États parties au Protocole à procéder, dans un délai de quatre-vingt-dix (90) jours, à la présentation des candidatures au poste de juge à la Cour.
2. Le Secrétaire général de l'OUA dresse la liste alphabétique des candidats présentés et la communique aux États membres de l'OUA, au moins trente (30) jours avant la session suivante de

la Conférence des chefs d'État et de gouvernement de l'OUA (ci-après dénommée « la Conférence »).

ARTICLE 14 : ÉLECTIONS

1. Les juges à la Cour sont élus au scrutin secret par la Conférence sur la liste visée à l'article 13(2) du présent Protocole.
2. La Conférence veille à ce que la composition de la Cour reflète une répartition géographique équitable ainsi que les grands systèmes juridiques.
3. Lors des élections, la Conférence veille à ce que la représentation adéquate des deux sexes soit assurée.

ARTICLE 15 : MANDAT DES JUGES

1. Les juges à la Cour sont élus pour une période de six ans et sont rééligibles une seule fois. Toutefois, le mandat de quatre juges élus lors de la première élection prend fin au bout de deux ans et le mandat de quatre autres prend fin au bout de quatre ans.
2. Les juges dont le mandat prend fin au terme des périodes initiales de deux et quatre ans sont tirés au sort par le Secrétaire général de l'OUA, immédiatement après la première élection.
3. Le juge élu pour remplacer un autre juge dont le mandat n'est pas arrivé à terme achève la portion du mandat de son prédécesseur qui reste à courir.
4. Tous les juges, à l'exception du Président, exercent leurs fonctions à temps partiel. Cependant, la Conférence peut modifier cette décision si elle le juge nécessaire.

ARTICLE 16 : SERMENT

Après leur élection, les juges prêtent serment d'exercer leurs fonctions en toute impartialité et loyauté.

ARTICLE 17 : INDÉPENDANCE DES JUGES

1. L'indépendance des juges est pleinement assurée conformément au Droit International.
2. Les juges ne peuvent siéger dans une affaire dans laquelle ils sont antérieurement intervenus comme agents, conseils, ou avocats de l'une des parties, membre d'un tribunal national ou international, d'une commission d'enquête, ou à tout autre titre. En cas de doute sur la réalité de cette intervention, la Cour tranche.
3. Dès leur élection et pendant toute la durée de leur mandat, les juges à la Cour jouissent des privilèges et immunités reconnus en Droit International au personnel diplomatique.
4. Les juges à la Cour ne peuvent, à aucun moment, même après l'expiration de leur mandat, être poursuivis en raison des votes ou des opinions émis dans l'exercice de leurs fonctions.

ARTICLE 18 : INCOMPATIBILITÉ

Les fonctions de juge à la Cour sont incompatibles avec toutes autres activités de nature à porter atteinte aux exigences d'indépendance ou d'impartialité liées à la fonction et telles que stipulées dans le règlement intérieur.

ARTICLE 19 : FIN DU MANDAT DU JUGE

1. Un juge ne peut être suspendu ou relevé de ses fonctions que si, de l'avis unanime des autres juges à la Cour, il a cessé de répondre aux conditions requises.
2. La décision de la Cour est définitive à moins que la Conférence n'en décide autrement lors de sa session suivante.

ARTICLE 20 : VACANCE DE SIÈGE

1. En cas de décès ou de démission d'un juge à la Cour, le Président de la Cour informe immédiatement le Secrétaire général de

l'OUA qui déclare le siège vacant à partir de la date du décès ou de celle à laquelle la démission prend effet.

2. La Conférence procède au remplacement du juge dont le siège est devenu vacant à moins que le mandat restant soit inférieur à cent quatre-vingts (180) jours

3. La même procédure et les mêmes considérations définies aux articles 12, 13 et 14 du présent Protocole sont applicables pour pourvoir aux sièges vacants.

ARTICLE 21 : PRÉSIDENCE DE LACOUR

1. La Cour élit son Président et son Vice-Président pour une période de deux ans renouvelable une seule fois.

2. Le Président exerce ses fonctions à plein temps. Il réside au lieu du siège de la Cour.

3. Les fonctions du Président ainsi que celles du Vice-président sont déterminées dans le règlement intérieur de la Cour.

ARTICLE 22 : RÉCUSATION

Au cas où un juge possède la nationalité d'un État partie à une affaire, il se récuse.

ARTICLE 23 : QUORUM

Pour l'examen de chaque affaire portée devant elle, la Cour siège avec un quorum d'au moins sept juges.

ARTICLE 24 : GREFFE DE LA COUR

1. La Cour désigne son Greffier et les autres fonctionnaires du Greffe parmi les ressortissants des États membres de l'OUA, conformément aux dispositions de son Règlement intérieur.

2. Le Greffier réside au lieu du siège de la Cour.

ARTICLE 25 : SIÈGE DE LA COUR

1. Le siège de la Cour est établi dans un État partie au Protocole par la Conférence. La Cour peut toutefois siéger sur le territoire de tout État membre de l'OUA sur décision de la majorité de ses membres et avec l'agrément préalable de l'État concerné.
2. La Conférence peut décider, après avis de la Cour, de changer le siège de celle-ci.

ARTICLE 26 : PREUVES

1. La Cour procède à l'examen contradictoire des requêtes qui lui sont soumises et, s'il y a lieu, à une enquête. Les États intéressés fournissent toutes les facilités nécessaires à la conduite efficace de l'affaire.
2. La Cour reçoit tous moyens de preuves (écrites ou orales) qu'elle juge appropriées et sur lesquelles elle fonde ses décisions.

ARTICLE 27 : DÉCISIONS DE LA COUR

1. Lorsqu'elle estime qu'il y a eu violation d'un droit de l'homme ou des peuples, la Cour ordonne toutes les mesures appropriées afin de remédier à la situation, y compris le paiement d'une juste compensation ou l'octroi d'une réparation.
2. Dans les cas d'extrême gravité ou d'urgence et lorsqu'il s'avère nécessaire d'éviter des dommages irréparables à des personnes, la Cour ordonne les mesures provisoires qu'elle juge pertinentes.

ARTICLE 28 : ARRÊT DE LA COUR

1. La Cour rend son arrêt dans les quatre-vingt-dix (90) jours qui suivent la clôture de l'instruction de l'affaire.
2. L'arrêt de la Cour est pris à la majorité ; il est définitif et ne peut faire l'objet d'appel.

3. La Cour peut, sans préjudice des dispositions de l'alinéa (2) qui précède, réviser son arrêt, en cas de survenance de preuves dont elle n'avait pas connaissance au moment de sa décision et dans les conditions déterminées dans le règlement intérieur.
4. La Cour peut interpréter son arrêt.
5. L'arrêt de la Cour est prononcé en audience publique, les parties étant dûment prévenues.
6. L'arrêt de la Cour est motivé.
7. Si l'arrêt de la Cour n'exprime pas, en tout ou en partie, l'opinion unanime des juges, tout juge a le droit d'y joindre une opinion individuelle ou dissidente.

ARTICLE 29 : SIGNIFICATION DE L'ARRÊT

1. L'arrêt de la Cour est signifié aux parties en cause et transmis aux États membres de l'OUA ainsi qu'à la Commission.
2. Les arrêts de la Cour sont aussi notifiés au Conseil des ministres qui veille à leur exécution au nom de la Conférence.

ARTICLE 30 : EXÉCUTION DES ARRÊTS DE LA COUR

Les États parties au présent Protocole s'engagent à se conformer aux décisions rendues par la Cour dans tout litige où ils sont en cause et à en assurer l'exécution dans le délai fixé par la Cour.

ARTICLE 31 : RAPPORT

La Cour soumet à chaque session ordinaire de la Conférence un rapport annuel sur ses activités. Ce rapport fait état en particulier des cas où un État n'aura pas exécuté les décisions de la Cour.

ARTICLE 32 : BUDGET

Les dépenses de la Cour, les émoluments et les indemnités des juges, y compris les dépenses du Greffe sont fixés et pris en charge par l'OUA, conformément aux critères arrêtés par celle-ci en consultation avec la Cour.

ARTICLE 33 : RÈGLEMENT INTÉRIEUR

La Cour établit son règlement intérieur et détermine sa propre procédure. La Cour consulte la Commission chaque fois que de besoin.

ARTICLE 34 : RATIFICATION

1. Le présent Protocole est ouvert à la signature, à la ratification ou à l'adhésion des États parties à la Charte.
2. Les instruments de ratification ou d'adhésion au présent Protocole sont déposés auprès du Secrétaire Général de l'OUA.
3. Le présent Protocole entre en vigueur trente (30) jours après le dépôt de quinze instruments de ratification ou d'adhésion.
4. Pour chacun des États parties qui le ratifient ou y adhèrent ultérieurement, le présent Protocole prend effet à la date du dépôt de l'instrument de ratification ou d'adhésion.
5. Le Secrétaire Général de l'OUA informe les États membres de l'entrée en vigueur du présent Protocole.
6. À tout moment à partir de la ratification du présent Protocole, l'État doit faire une déclaration acceptant la compétence de la Cour pour recevoir les requêtes énoncées à l'article 5(3) du présent Protocole. La Cour ne reçoit aucune requête en application de l'article 5(3) intéressant un État partie qui n'a pas fait une telle déclaration.
7. Les déclarations faites en application de l'alinéa (6) ci-dessus sont déposées auprès du Secrétaire Général de l'OUA qui transmet une copie aux États parties.

ARTICLE 35 : AMENDEMENTS

1. Le présent Protocole peut être amendé si un État partie adresse à cet effet une demande écrite au Secrétaire Général de l'OUA. La Conférence peut approuver, à la majorité absolue, le pro-

jet d'amendement lorsque tous les États parties au présent Protocole en auront été dûment avisés et après avis de la Cour.

2. La Cour peut également, si elle juge nécessaire, par l'intermédiaire du Secrétaire Général de l'OUA, proposer des amendements au présent Protocole.
3. L'amendement entre en vigueur pour chaque État qui l'aura accepté trente (30) jours après la notification de cette acceptation au Secrétaire Général de l'OUA.

Annexe 2 : Règlement intérieur intérimaire de la Cour africaine des droits de l'homme et des peuples

PRÉAMBULE

La Cour,

Vu la Charte africaine des droits de l'homme et des peuples, en date du 27 juin 1981, et le Protocole y relatif portant création d'une Cour africaine des droits de l'homme et des peuples, en date du 10 juin 1998,

Agissant en vertu de l'article 33 du Protocole,

Adopte le Règlement intérieur ci-après, qui sera cité sous l'appellation de « Règlement intérieur intérimaire de la Cour ».

Article 1
Expressions employées

Aux fins du présent Règlement, et sauf si le contraire ressort du contexte, on entend par :

a. « Acte constitutif », l'Acte constitutif de l'Union africaine ;
b. « Charte », la Charte africaine des droits de l'homme et des peuples ;
c. « Commission », la Commission africaine des droits de l'homme et des peuples ;

d. « Conférence », la Conférence des Chefs d'État et de gouvernement de l'Union africaine ;
e. « Conseil exécutif », le Conseil exécutif de l'Union africaine
f. « Cour », la Cour africaine des droits de l'homme et des peuples
g. « État membre », un État membre de l'Union africaine
h. « État partie », un État partie au Protocole relatif à la Charte africaine des droits de l'homme et des peuples portant création d'une Cour africaine des droits de l'homme et des peuples ;
i. « Greffe », le Greffe de la Cour
j. « Greffier », le Greffier de la Cour ;
k. « Juge », un membre de la Cour ;
l. « Président », le Président de la Cour ;
m. « Protocole », le Protocole relatif à la Charte africaine des droits de l'homme et des peuples portant création d'une Cour africaine des droits de l'homme et des peuples ;
n. « Règlement », le présent règlement intérieur ;
o. « Vice-Président », le Vice-Président de la Cour.

TITRE 1. LA COUR

CHAPITRE I. MEMBRES DE LA COUR

Article 2
Durée du mandat

1. Les Juges nouvellement élus prennent leurs fonctions le premier jour de la première session ordinaire de la Cour suivant leur élection. Avant leur prise de fonctions, les Juges élus prêtent serment ou font une déclaration en conformité avec l'article 4 du présent Règlement.

2. Les membres de la Cour restent cependant en fonction jusqu'à leur remplacement ; ils continuent de siéger jusqu'à l'achèvement de toute phase d'une affaire en laquelle la Cour s'est réunie pour la procédure orale avant la date de ce remplacement.

Article 3
Préséance

1. Dans l'exercice de leurs fonctions, les membres de la Cour sont égaux indépendamment de l'âge, de la date d'élection ou de l'ancienneté dans les fonctions.
2. Sous réserve des dispositions des paragraphes 4 et 5 du présent article, les membres de la Cour prennent rang selon la date à laquelle ils sont entrés en fonction conformément à l'article 2 du présent Règlement.
3. Les membres de la Cour entrés en fonction à la même date prennent rang entre eux selon l'ancienneté d'âge.
4. Tout membre de la Cour réélu pour une nouvelle période de fonction suivant immédiatement la précédente conserve son rang.
5. Pendant la durée de leurs mandats, le Président et le Vice-Président prennent rang avant tous les autres membres de la Cour.
6. Le membre de la Cour qui, conformément aux paragraphes précédents, prend rang immédiatement après le Président et le Vice-Président est dénommé «Juge doyen» aux fins du présent Règlement. S'il est empêché, le membre de la Cour qui prend rang immédiatement après lui et n'est pas lui-même empêché est considéré comme Juge doyen.

Article 4
Serment ou déclaration solennelle

1. Tout membre de la Cour doit, conformément à l'article 16 du Protocole, prêter serment ou faire une déclaration dans les termes suivants : «Moi… (nom du Juge), je prête serment ou je déclare solennellement que je remplirai mes devoirs et exercerai mes attributions de membre de la Cour en tout honneur et dévouement, en pleine et parfaite impartialité et en toute conscience, et que je garderai le secret des délibérations même après la cessation de mes fonctions».

2. Le serment est prêté ou la déclaration faite en audience publique le plus tôt possible après son élection, et il est tenu au besoin une audience publique spéciale à cet effet.
3. Un membre de la Cour réélu ne renouvelle son serment ou sa déclaration que si sa nouvelle période de fonctions ne suit pas immédiatement la précédente.

Article 5
Incompatibilités

1. Conformément à l'article 18 du Protocole, les membres de la Cour ne peuvent, pendant la durée de leur mandat, exercer aucune autre activité de nature à porter atteinte aux exigences d'indépendance et d'impartialité liées à leurs fonctions.
2. Les membres de la Cour ne peuvent en particulier exercer des fonctions politiques, diplomatiques, administratives ou de conseiller juridique d'un Gouvernement au niveau national.
3. Chaque membre de la Cour doit déclarer toutes ses autres activités à la Cour.

Article 6
Démission

1. En cas de démission d'un membre de la Cour, une lettre à cet effet est adressée au Président, qui la transmet au Président de la Commission de l'Union africaine. Cette dernière notification emporte vacance de siège.
2. Si le membre de la Cour qui décide de démissionner est le Président, il fait connaître sa décision au Vice-Président qui la communique au Président de la Commission de l'Union africaine ; la démission prend effet conformément au paragraphe 1 du présent article.

Article 7
Suspension ou révocation

1. Lorsque l'application de l'article 19 (1) du Protocole est envisagée, le membre de la Cour concerné en est informé par le Président ou, le cas échéant, par le Vice-Président, dans une communication écrite qui expose les raisons et indique tous les éléments de preuve s'y rapportant. La possibilité lui est ensuite offerte, à une séance privée de la Cour spécialement convoquée à cet effet, de faire une déclaration, de fournir les renseignements ou explications qu'il souhaite donner et de répondre oralement ou par écrit aux questions qui lui sont posées. À une séance privée ultérieure, tenue hors la présence du membre de la Cour intéressé, la question est examinée ; chaque membre de la Cour donne son avis et, si demande en est faite, il est procédé à un vote.
2. La décision de suspension ou de révocation est communiquée au Président de la Commission de l'Union africaine.

Article 8
Empêchement, dispense et déport

1. Tout membre de la Cour empêché de participer à une séance de la Cour en informe le Président dans les plus brefs délais.
2. Conformément à l'article 22 du Protocole, tout membre de la Cour de la nationalité d'un État partie à une affaire doit s'abstenir de siéger dans cette affaire.
3. Un membre de la Cour doit également s'abstenir de siéger dans une affaire à laquelle est partie l'État au titre duquel il a été élu.
4. Aucun membre de la Cour ne peut participer à l'examen d'une affaire :
   a. s'il est antérieurement intervenu dans celle-ci, comme agent, conseil, ou avocat de l'une des parties, membre d'un tribunal national ou international, d'une commission d'enquête, ou à tout autre titre ;
   b. s'il a un intérêt personnel dans cette affaire, du fait par exemple d'un lien conjugal ou parental, d'un autre lien de

   proche parenté, d'un lien personnel ou professionnel étroit, ou d'un lien de subordination avec l'une quelconque des parties ;
   c. s'il a exprimé en public, par le truchement des médias, par écrit, par des actions publiques ou par tout autre moyen, des opinions qui sont objectivement de nature à nuire à son impartialité ;
   d. si, pour quelque autre raison que ce soit, son indépendance ou son impartialité peuvent légitimement être mises en doute.

5. Si un membre de la Cour a l'intention de se déporter pour l'une desdites raisons, il en informe le Président qui le dispense de siéger.
6. En cas de doute sur l'existence de l'une des causes de déport énumérées au présent article, la Cour entend le Juge concerné ; elle délibère et vote hors sa présence.

CHAPITRE II. PRÉSIDENCE ET VICE-PRÉSIDENCE

Article 9
Durée du mandat

1. Le Président et le Vice-Président sont élus pour une période de deux (2) ans et sont rééligibles une seule fois. Cependant aucun d'eux ne peut continuer à exercer ces fonctions s'il a cessé d'être membre de la Cour.
2. Le mandat du Président et celui du Vice-Président prennent effet à la date à laquelle commencent à courir, conformément à l'article 2 du présent Règlement, les périodes de fonctions des membres de la Cour élus à une élection bisannuelle.
3. Les élections à la présidence et à la vice-présidence ont lieu à cette date ou peu après. Si le Président ou le Vice-Président sortants restent membres de la Cour, ils continuent à exercer leurs fonctions jusqu'à ce que les élections aient lieu.
4. Si, pour quelque raison que ce soit, le Président ou le Vice-Président cesse de faire partie de la Cour avant l'expiration

de sa période de fonctions, la Cour élit un successeur pour la période restant à courir.

Article 10
Élections

1. Si, à la date de l'élection à la présidence, le Président sortant reste membre de la Cour, l'élection se déroule sous sa direction ; s'il a cessé d'être membre de la Cour, est empêché ou est lui-même candidat, l'élection se déroule sous la direction du membre de la Cour exerçant la présidence conformément à l'article 12, paragraphe 1, du présent Règlement.
2. Le vote a lieu au scrutin secret, après que le membre de la Cour exerçant la présidence a indiqué le nombre de voix requis pour être élu.
3. Le membre de la Cour qui obtient les voix de la majorité absolue des membres composant la Cour est déclaré élu.
4. Si aucun membre de la Cour n'obtient la majorité absolue requise au premier tour du scrutin, le juge ayant obtenu le moins grand nombre de voix se retire. Si au cours du deuxième tour de scrutin, aucun des candidats n'a obtenu la majorité requise, il est procédé à un troisième tour de scrutin entre les deux candidats ayant obtenu le plus grand nombre de voix. Le scrutin continue jusqu'à ce que l'un des candidats ait obtenu la majorité requise. En cas de partage des voix, préférence est donnée au juge qui a préséance en vertu de l'article 3 du présent Règlement.
5. Le membre de la Cour élu Président entre immédiatement en fonctions.
6. L'élection du Vice-Président se déroule sous la direction du nouveau Président soit à la même séance soit à la séance qui suit. Les dispositions des paragraphes 2 à 5 ci-dessus s'appliquent également à cette élection.

Article 11
Fonctions

1. Les fonctions du Président sont de :
   a. représenter la Cour ;
   b. présider les séances de la Cour ;
   c. diriger les travaux et contrôler les services de la Cour ;
   d. promouvoir les activités de la Cour ;
   e. présenter à la Cour un rapport annuel détaillé sur les activités de la Cour et sur celles qu'il a menées en sa qualité de Président durant cette période ;
   f. préparer un rapport annuel et de le présenter à la Conférence, conformément à l'article 31 du Protocole ;
   g. exercer toutes autres fonctions que lui assignent le Protocole ou le présent Règlement, ou que la Cour pourrait lui confier.

2. Le Vice-Président assiste le Président dans l'exercice de ses fonctions. Il le remplace en cas d'empêchement ou de vacance de la présidence, ou à sa demande.

Article 12
Exercice du mandat

1. Lorsque la présidence est vacante ou que le Président est empêché de l'exercer, elle est assurée par le Vice-Président ou, à défaut, par le Juge doyen ;

2. Lorsque le Président est empêché de siéger dans une affaire en vertu de l'article 22 du Protocole et de l'article 8 du présent Règlement, il continue à exercer la présidence à tous égards sauf pour cette affaire ; la même disposition s'applique en ce qui concerne le Vice-Président.

3. Le Président prend les mesures nécessaires pour que la présidence reste assurée au siège de la Cour. Lorsqu'il est appelé à s'absenter, il peut, dans la mesure où cela est compatible avec le Protocole et avec le présent Règlement, prendre des dispositions pour que la présidence soit exercée par le Vice-Président ou, à défaut, par le Juge doyen.

4. Si le Président décide de démissionner de la présidence, il en informe par écrit la Cour par l'intermédiaire du Vice-Président ou, à défaut, du Juge doyen. Si le Vice-Président décide de démissionner de la vice-présidence, il en informe le Président.

Article 13
Représentation adéquate des deux sexes, des grands systèmes juridiques et répartition géographique équitable

Dans les désignations visées au présent chapitre, ainsi qu'au Titre II du présent Règlement, les membres de la Cour auront en vue la nécessité d'assurer, autant que possible, une représentation adéquate des deux sexes, des grands systèmes juridiques et une répartition géographique équitable.

CHAPITRE III. FONCTIONNEMENT INTERNE DE LA COUR

Article 14
Sessions ordinaires

1. La Cour tient quatre sessions ordinaires par année d'une durée d'environ quinze jours, chacune.
2. Les sessions de la Cour sont convoquées aux dates fixées par cette dernière lors de sa session précédente. Dans des circonstances exceptionnelles, le Président peut modifier les dates d'une session en consultation avec les autres membres de la Cour.
3. La lettre d'invitation doit indiquer les dates, l'ordre du jour, la durée et le lieu des sessions ainsi que toute autre information pertinente. Cette lettre est envoyée aux membres de la Cour, au moins trente (30) jours calendrier avant la tenue de la session.

Article 15
Sessions extraordinaires

1. Le Président peut également convoquer des sessions extraordinaires, à sa propre initiative ou à la demande de la majorité des membres de la Cour.
2. La lettre d'invitation doit indiquer les dates, l'ordre du jour, la durée et le lieu des sessions ainsi que toute autre information pertinente. Cette lettre est envoyée aux membres de la Cour, au moins quinze (15) jours calendrier avant la tenue de la session.

Article 16
Lieu de réunion

Les sessions se tiennent normalement au siège de la Cour. La Cour peut toutefois, conformément à l'article 25 (1) du Protocole, décider de siéger sur le territoire de tout autre État membre de l'Union africaine.

Article 17
Quorum

1. Le quorum de sept (7) juges prescrit à l'article 23 du Protocole s'applique à toutes les séances de la Cour.
2. Si, au début d'une séance, le quorum n'est pas atteint, le Président ajourne cette dernière.
3. Si, au cours d'une séance, le quorum cesse d'exister, le Président ajourne cette dernière.

Article 18
Langues officielles et langues de travail

1. Les langues officielles de la Cour sont les langues officielles de l'Union africaine.
2. Les langues de travail de la Cour sont les langues de travail de l'Union africaine. La Cour pourra cependant, en cas de besoin,

déterminer, parmi ces langues, une ou plusieurs langues de travail.

3. Nonobstant les dispositions des alinéas 1 et 2 du présent article, la Cour peut permettre à toute personne comparaissant devant elle d'utiliser une langue de son choix s'il apparait que ladite personne n'a pas une connaissance suffisante de l'une des langues officielles de la Cour.
4. Les termes et conditions du recours à des interprètes en vue de mettre en application le paragraphe 3 du présent article seront fixés par la Cour.

Article 19
Pratique interne en matière judiciaire et instructions de procédure

La pratique interne de la Cour en matière judiciaire ainsi que la procédure sont régies, sous réserve des dispositions du Protocole et du présent Règlement, par toute résolution ou instruction de procédure de la Cour.

TITRE II. LE GREFFE

Article 20
Composition et organisation du Greffe

1. Le Greffe se compose du Greffier, du Greffier adjoint et de tous autres fonctionnaires dont la Cour peut avoir besoin pour s'acquitter efficacement de ses fonctions.
2. La Cour arrête l'organisation du Greffe.
3. Des instructions pour le Greffe sont établies par la Cour.
4. Le personnel du Greffe est assujetti à un Statut et à un Règlement du personnel établis par la Cour.

Article 21
Désignation et durée du mandat du Greffier

1. La Cour nomme son Greffier.
2. Les candidats au poste de Greffier doivent jouir de la plus haute considération morale et posséder les connaissances juridiques, administratives et linguistiques ainsi que l'expérience requises pour l'exercice des fonctions liées à ce poste.
3. Le Greffier est nommé pour une période de cinq ans. Il peut être nommé à nouveau.
4. Le recrutement du Greffier est effectué conformément à la procédure arrêtée par la Cour, et aux normes de l'Union africaine.
5. Les dossiers de candidatures doivent comporter tous les renseignements utiles sur les candidats et indiquer notamment l'âge, la nationalité, le sexe, la profession actuelle, les titres universitaires, ainsi que les connaissances et l'expérience dont il est question au paragraphe 2 du présent article.

Article 22
Désignation et durée du mandat du Greffier adjoint

1. La Cour nomme un Greffier adjoint.
2. Les dispositions de l'article 21 du présent Règlement s'appliquent à la nomination du Greffier adjoint et à la durée de son mandat.

Article 23
Serment ou déclaration solennelle

1. Au moment de son entrée en fonctions, le Greffier prête serment ou fait une déclaration devant la Cour dans les termes suivants : « Moi… (nom du Greffier), je prête serment ou je déclare solennellement que je remplirai en toute loyauté, discrétion et conscience les devoirs qui m'incombent en ma qualité de Greffier de la Cour africaine des droits de l'homme et des peuples ; que je ne divulguerai pas les informations confidentielles dont j'ai

eu connaissance dans l'exercice ou à l'occasion de l'exercice de mes fonctions, et que j'observerai fidèlement toutes les prescriptions du Protocole et du règlement intérieur de la Cour».

2. Le Greffier adjoint prête le même serment ou fait la même déclaration devant la Cour, au moment de son entrée en fonction.
3. Il est dressé procès-verbal de ces serments ou déclarations.

Article 24
Nomination des autres fonctionnaires du Greffe

1. Les autres fonctionnaires du Greffe sont nommés par la Cour aux termes et conditions fixés par cette dernière, en conformité avec les normes de l'Union africaine. Toutefois, la Cour peut décider que, pour les postes qu'elle déterminera, les nominations seront faites par le Greffier avec l'approbation du Président.
2. Au moment de son entrée en fonctions, tout fonctionnaire prête serment ou fait une déclaration, devant le Président et en présence du Greffier, dans les termes suivants : «Moi… (nom du fonctionnaire), je prête serment ou je déclare solennellement que je remplirai en toute loyauté, discrétion et conscience les devoirs qui m'incombent en ma qualité de fonctionnaire du Greffe de la Cour africaine des droits de l'homme et des peuples ; que je ne divulguerai pas les informations confidentielles dont j'ai eu connaissance dans l'exercice ou à l'occasion de l'exercice de mes fonctions, et que j'observerai fidèlement toutes les prescriptions du Protocole et du règlement intérieur de la Cour».

Article 25
Fonctions du Greffier

1. Le Greffier assiste la Cour dans l'exercice de sa fonction judiciaire et est en charge de l'administration générale du Greffe de la Cour. Il assure la direction et la coordination de l'ensemble des opérations et activités du Greffe.
2. Dans l'exercice de ses fonctions, le Greffier :
   a. tient, dans la forme prescrite par la Cour, un rôle général de toutes les affaires, qui sont inscrites et numérotées dans

l'ordre selon lequel les actes introductifs d'instance ou les demandes d'avis consultatif parviennent au Greffe ;

b. sert d'intermédiaire pour les communications émanant de la Cour ou adressées à celle-ci et en particulier assure toutes communications, notifications et transmissions de documents prévues par le Protocole ou le présent Règlement, en veillant à ce que la date de leur expédition et de leur réception puisse être facilement contrôlée ;
c. transmet aux parties copie de toutes les pièces de procédure et des documents annexés, dès leur réception au Greffe ;
d. assiste en personne ou charge son représentant dûment qualifié d'assister aux séances de la Cour et fait établir sous sa responsabilité les procès-verbaux de ces séances ;
e. signe les procès-verbaux visés à l'alinéa d) ci-dessus ;
f. examine tout document soumis à la Cour pour en établir l'authenticité et la conformité à l'original ;
g. assure la garde des sceaux et tampons officiels de la Cour, de tous les registres ainsi que des archives de la Cour ;
h. prend les dispositions nécessaires pour que soient faites ou vérifiées les traductions et interprétations dont la Cour peut avoir besoin dans les langues officielles de la Cour ;
i. fait imprimer et publier sous sa responsabilité les arrêts, avis consultatifs et ordonnances de la Cour, les pièces de procédure, les exposés écrits et les procès-verbaux des audiences publiques dans chaque affaire, ainsi que tout autre document dont la Cour ordonne la publication ;
j. communique au gouvernement du pays où siège la Cour et à tous autres gouvernements intéressés les renseignements nécessaires au sujet des personnes appelées à bénéficier de privilèges, immunités ou facilités en vertu du Protocole et de tout accord pertinent ;
k. transmet les documents aux membres de la Cour, aux États parties et au Président de la Commission de l'Union africaine ainsi qu'aux autres organes de l'Union s'il y a lieu ;
l. donne la suite qu'appellent les demandes de renseignements concernant la Cour et son activité ;
m. prépare le budget prévisionnel de la Cour ;
n. assume la responsabilité de la bonne tenue de tous les comptes de la Cour et de la gestion financière conformément

aux règles applicables de l'Union africaine et aux règlements financiers de la Cour ;

o. contribue à assurer les relations entre la Cour et les services de la Commission de l'Union africaine et ceux des autres organes de l'Union africaine ;
p. fait en sorte que des renseignements sur la Cour et son activité soient mis à la disposition des gouvernements, des cours et tribunaux nationaux les plus élevés, des associations professionnelles, des sociétés savantes, des facultés et écoles de droit ainsi que des moyens d'information publique ;
q. Le Greffier s'acquitte de toutes autres tâches qui pourraient lui être confiées par la Cour.

3. Dans l'exercice de ses fonctions, le Greffier est sous le contrôle et la supervision du Président et est responsable devant la Cour.

TITRE III. COMPÉTENCE DE LA COUR

Article 26
Compétence

1. Conformément au Protocole, la Cour a compétence :
   a. pour connaître de toutes les affaires et de tous les différends dont elle est saisie concernant l'interprétation et l'application de la Charte, du Protocole et de tout autre instrument pertinent relatif aux droits de l'homme et ratifié par les États concernés ;
   b. pour donner un avis consultatif sur toute question juridique concernant la Charte ou tout autre instrument pertinent relatif aux droits de l'homme à condition que l'objet de l'avis consultatif ne se rapporte pas à une requête pendante devant la Commission ;
   c. pour tenter de régler à l'amiable les affaires qui lui sont soumises conformément aux dispositions de la Charte ;
   d. pour interpréter un arrêt qu'elle a rendu ;
   e. pour réviser son arrêt à la lumière de nouvelles preuves en conformité avec l'article 67 du présent Règlement.

2. En cas de contestation sur le point de savoir si la Cour est compétente, la Cour décide.

TITRE IV. PROCÉDURE CONTENTIEUSE

CHAPITRE I. DISPOSITIONS GÉNÉRALES

Article 27
Phases de la procédure

1. La procédure devant la Cour comporte une phase écrite, et si nécessaire, une phase orale.
2. La procédure écrite comprend la communication à la Cour, aux parties, et le cas échéant à la Commission, des requêtes, mémoires, défenses et observations et, éventuellement, des réponses, ainsi que de toutes pièces et de tous documents à l'appui, ou de leurs copies certifiées conformes.
3. La procédure orale consiste en l'audition par la Cour, des représentants des parties, de témoins, d'experts, ou de toute autre personne que la Cour décide d'entendre.

Article 28
Représentation

Toute partie à une affaire a le droit de se faire représenter ou de se faire assister par un conseil juridique et/ou par toute autre personne de son choix.

Article 29
Relations entre la Cour et la Commission

1. Lorsqu'en application du Protocole, article 5(1) a), la Commission saisit la Cour, elle lui transmet en même temps que son rapport toutes les pièces relatives à la procédure en

cause. En cas de besoin, la Cour peut entendre un ou plusieurs membres de la Commission.

2. Lorsqu'en application du Protocole, article 6 (1), la Cour décide de solliciter l'avis de la Commission en matière de recevabilité des requêtes, elle lui envoie une copie des éléments pertinents du dossier de l'affaire, en précisant les délais dans lesquels elle souhaite recevoir l'avis.
3. Lorsqu'en application du Protocole, article 6(3), la Cour décide de renvoyer une affaire devant la Commission, elle lui transmet une copie de l'ensemble des pièces de la procédure qui lui ont été soumises dans cette affaire.
4. Conformément au Protocole, article 33, la Cour consulte la Commission chaque fois que de besoin, sur toute question de procédure touchant aux rapports entre les deux institutions.

Article 30
Frais de la procédure

À moins que la Cour n'en décide autrement, chaque partie supporte ses frais de procédure.

Article 31
Assistance judiciaire

En application de l'article 10 (2) du Protocole, la Cour peut, dans l'intérêt de la justice, et dans les limites des ressources financières disponibles, décider de l'octroi à une partie d'une représentation et/ou d'une assistance judiciaires gratuites.

Article 32
Coopération des États

1. Les États parties à une affaire ont le devoir d'apporter leur coopération pour la signification et la mise en œuvre des notifications, communications ou citations adressées à des personnes qui se trouvent sur leur territoire ou relèvent de leur juridiction.

2. La même règle est suivie en ce qui concerne tout acte de procédure que la Cour décide de poser ou d'ordonner sur le territoire de l'État partie à l'affaire.
3. Quand l'exécution de l'une quelconque des mesures visées aux paragraphes précédents exige la coopération de tout autre État, le Président s'adresse au gouvernement intéressé pour solliciter l'assistance nécessaire.

CHAPITRE II. PROCÉDURE ÉCRITE

Article 33
Saisine de la Cour

1. Conformément aux dispositions des articles 5 et 34 (6) du Protocole, peuvent soumettre des affaires à la Cour :
   a. La Commission;
   b. L'État partie qui a saisi la Commission;
   c. L'État partie contre lequel une plainte a été introduite devant la Commission
   d. L'État partie dont le ressortissant est victime d'une violation de droits de l'homme;
   e. Les organisations intergouvernementales africaines;
   f. Un individu ou une organisation non-gouvernementale dotée du statut d'observateur auprès de la Commission pour autant que les exigences portées par l'article 34(6) du Protocole soient remplies.
2. Conformément à l'article 5(2) du Protocole, un État Partie qui estime avoir un intérêt dans une affaire peut adresser à la Cour une requête aux fins d'intervention suivant la procédure établie par le présent Règlement en son article 53.

Article 34
Introduction de l'instance

1. Le requérant dépose au Greffe de la Cour, en un (1) exemplaire, une requête contenant le résumé des faits de l'affaire ainsi que les éléments de preuve qu'il a l'intention de produire.

La requête est signée par la partie requérante ou par son représentant.

Le Greffe en accuse réception.

2. Toute requête adressée à la Cour doit fournir des indications précises sur la(les) parties(s) demanderesse(s) ainsi que sur celle(s) contre la(les)quelle(s) elle est dirigée. Elle doit également comporter l'indication des noms et adresses des personnes désignées comme représentants.

3. La requête doit être rédigée dans l'une des langues officielles de la Cour et être envoyée en original au Greffe de la Cour.

4. La requête doit indiquer la violation alléguée et comporter la preuve de l'épuisement des voies de recours internes ou de leur prolongation anormale, ainsi que les mesures attendues ou injonctions sollicitées. Les requêtes émanant d'individus et d'organisations non-gouvernementales doivent remplir les autres conditions de recevabilité prévues par l'article 56 de la Charte et l'article 40 du présent Règlement.

5. Tout requérant qui, en son nom ou au nom de la victime, souhaite obtenir une réparation au titre de l'article 27 (1) du Protocole, formule sa demande de réparation dans la requête, en conformité avec le paragraphe 4 ci-dessus. Le montant de la réparation et les éléments de preuve y relatifs peuvent être soumis ultérieurement dans un délai que la Cour détermine.

6. Le Greffier procède à la signification de la requête à l'autre partie par lettre recommandée accompagnée d'une demande d'accusé de réception.

Article 35
Communication de la requête

1. Dès réception d'une requête déposée en vertu des paragraphes 1 et 3 de l'article 5 du Protocole, le Greffier communique copie de celle-ci et de ses annexes éventuelles, au Président et aux autres membres de la Cour.

2. Sauf décision contraire de la Cour, le Greffier communique copie du dossier, selon le cas :

   a. à l'État partie contre lequel la requête est introduite, en conformité avec l'article 34.6 du présent Règlement ;
   b. à l'État partie dont le ressortissant est victime de la violation alléguée ;
   c. à l'État partie contre lequel une communication a été introduite devant la Commission ;
   d. à la Commission ;
   e. à la personne physique ou morale ou à l'organisation non-gouvernementale qui avait saisi la Commission en vertu de l'article 55 de la Charte.

3. En outre, le Greffier informe du dépôt de la requête le Président de la Commission de l'Union africaine et, par son intermédiaire, le Conseil exécutif de l'Union, ainsi que tous les autres États Parties.

4. En procédant aux communications prévues aux paragraphes 2 et 3 du présent article, le Greffier invite :
   a. l'État partie défendeur à lui indiquer, dans les trente (30) jours de la réception, les noms et adresses de ses représentants ;
   b. tout autre État partie qui souhaiterait intervenir dans la procédure en vertu de l'article 5(2) du Protocole, de le lui faire savoir dans le délai fixé à l'article 53 ;
   c. s'il y a lieu, la Commission à lui communiquer, dans les trente (30) jours, les noms, prénoms et adresses de ses représentants ;
   d. le cas échéant, la personne physique ou morale ou l'organisation non-gouvernementale qui avaient saisi la Commission en vertu de l'article 55 de la Charte africaine, à lui indiquer, dans les trente (30) jours, si elle souhaite participer à la procédure devant la Cour et, dans l'affirmative, les noms et adresses de ses représentants.

Article 36
Enregistrement et transmission des pièces de la procédure

1. Toutes les communications reçues par le Greffier sont enregistrées et copie en est transmise à la partie adverse.

2. Le Greffier accuse réception de toute pièce de procédure reçue.

Article 37
Délai de réponse pour le défendeur

L'État défendeur répond à la requête dont il fait objet dans un délai de soixante (60) jours qui pourrait être prorogé par la Cour, s'il y a lieu.

Article 38
Rejet d'une requête manifestement non fondée

Toutes les fois que la Cour estime que la requête ne repose manifestement sur aucun fondement, elle la rejette en motivant sa décision sans devoir citer les parties à comparaître, pourvu que sa décision et les raisons qui la fondent soient communiquées à toutes les parties.

Article 39
Examen préliminaire de la compétence de la Cour et de la recevabilité de la requête

1. La Cour procède à un examen préliminaire de sa compétence et des conditions de recevabilité de la requête telles que prévu par les articles 50 et 56 de la Charte et l'article 40 du présent Règlement.
2. À cette fin, la Cour peut demander aux parties de lui soumettre tous renseignements relatifs aux faits, tous documents ou tous autres éléments qu'elle juge pertinents.

Article 40
Conditions de recevabilité des requêtes

En conformité avec les dispositions de l'article 56 de la Charte auxquelles renvoie l'article 6.2 du Protocole, pour être examinées, les requêtes doivent remplir les conditions ci-après :

1. Indiquer l'identité de leur auteur même si celui-ci demande à la Cour de garder l'anonymat;

2. Être compatible avec l'Acte constitutif de l'Union africaine et la Charte ;
3. Ne pas contenir de termes outrageants ou insultants ;
4. Ne pas se limiter à rassembler exclusivement des nouvelles diffusées par les moyens de communication de masse ;
5. Être postérieures à l'épuisement des recours internes s'ils existent, à moins qu'il ne soit manifeste à la Cour que la procédure de ces recours se prolonge de façon anormale ;
6. Être introduites dans un délai raisonnable courant depuis l'épuisement des recours internes ou depuis la date retenue par la Cour comme faisant commencer à courir le délai de sa propre saisine ;
7. Ne pas concerner des cas qui ont été réglés conformément soit aux principes de la Charte des Nations Unies, soit de l'Acte constitutif de l'Union africaine et soit des dispositions de la Charte ou de tout autre instrument juridique de l'Union africaine.

Article 41
Production de documents

La Cour peut, avant ou durant les débats, demander aux parties de produire tout document pertinent et de fournir toutes explications pertinentes. En cas de refus, elle en prend acte.

CHAPITRE III. PROCÉDURE ORALE

Article 42
Fixation de la date d'audience

Lorsque l'affaire est en état d'être entendue, le Président fixe la date de l'audience après avoir consulté les parties, ou s'il y a lieu, les représentants de la Commission. Le Greffier les informe de la décision ainsi prise.

Article 43
Publicité des audiences de la Cour

1. La Cour examine les affaires en séance publique.
2. La Cour peut toutefois, à son initiative ou à la demande d'une partie, tenir des audiences à huis clos si à son avis, la moralité, la sécurité et l'ordre public sont en jeu.
3. Chaque fois que la Cour ordonne que les procédures ne se déroulent pas en audience publique, elle doit indiquer les motifs sur lesquels elle se fonde parmi ceux qui sont spécifiés au paragraphe 2 du présent article. Les parties ou leurs représentants sont autorisés à être présents et entendus à huis clos.

Article 44
Direction des débats

Le Président ou le Juge qui le remplace dirige les débats. Il détermine l'ordre dans lequel les représentants des parties, et le cas échéant, les représentants de la Commission, sont appelés à prendre la parole.

Article 45
Mesures d'instruction

1. La Cour peut, soit d'office, soit à la demande d'une partie, ou le cas échéant, des représentants de la Commission, se procurer tous les éléments de preuve qu'elle estime aptes à l'éclairer sur les faits de la cause. Elle peut notamment décider d'entendre en qualité de témoin ou d'expert, ou à un autre titre, toute personne dont les dépositions, dires ou déclarations lui paraissent utiles à l'accomplissement de sa tâche.
2. La Cour peut demander à toute personne ou institution de son choix de recueillir des informations, exprimer un avis ou lui faire un rapport, sur un point déterminé.
3. La Cour peut en tout état de la cause charger un ou plusieurs de ses membres de procéder à une enquête, visite des lieux ou autre mesure d'instruction.

Article 46
Témoins, experts et autres personnes

1. Les témoins, experts ou autres personnes dont la Cour décide l'audition sont convoqués par le Greffier.

2. Après vérification de son identité et avant de déposer, tout témoin prête le serment suivant ou fait la déclaration solennelle suivante : « Je jure/je déclare solennellement, en tout honneur et en toute conscience que je dirai la vérité, toute la vérité et rien que la vérité. »

Il en est pris acte.

3. Après vérification de son identité et avant d'accomplir sa mission, tout expert prête le serment suivant ou fait la déclaration solennelle suivante : « Je jure/je déclare solennellement que je m'acquitterai de mes fonctions d'expert en tout honneur et en toute conscience. »

Il en est pris acte.

4. Le serment ou la déclaration dont il est question aux paragraphes 2 et 3 ci-dessus sont faits devant la Cour.

5. La Cour se prononce sur toute contestation née à l'occasion de la récusation d'un témoin ou d'un expert.

Article 47
Questions posées pendant les débats

1. Le Président ou le Juge qui le remplace ou tout autre Juge peut poser des questions aux représentants des parties, aux représentants de la Commission le cas échéant, aux témoins, aux experts ainsi qu'à toute autre personne qui se présente devant la Cour.

2. Les témoins, experts et autres personnes qui se présentent devant la Cour, peuvent être interrogés par les représentants des parties et par les représentants de la Commission le cas échéant. Les personnes visées dans le présent paragraphe peuvent faire l'objet d'un contre-interrogatoire suivi d'un nouvel interrogatoire.

Article 48
Compte-rendu de l'audience

1. Un compte-rendu de chaque audience est établi par les soins du Greffier. Ce compte-rendu inclut les mentions suivantes :
   a. la composition de la Cour lors de l'audience ;
   b. la liste des personnes ayant comparu devant la Cour ;
   c. le texte des déclarations faites, des questions posées et des réponses recueillies ;
   d. le texte de toute décision de la Cour prononcée à l'audience.
2. Les représentants des parties et les représentants de la Commission, le cas échéant reçoivent communication du compte-rendu de leurs plaidoiries, déclarations ou dépositions, afin qu'ils puissent, sous la responsabilité du Greffier, le corriger sans toutefois en modifier le sens et la portée. Le Greffier fixe les délais dont ils disposent à cette fin.
3. Une fois ainsi corrigé, le compte-rendu est signé par le Président et le Greffier ; il fait foi de son contenu.

Article 49
Enregistrement des débats

Les débats sont enregistrés et cet enregistrement est conservé dans les archives de la Cour.

Article 50
Nouvelles preuves

Aucune partie ne peut déposer une nouvelle preuve après la clôture des débats, sauf autorisation de la Cour.

CHAPITRE IV. PROCÉDURES PARTICULIÈRES

Article 51
Mesures provisoires

1. Conformément au paragraphe 2 de l'article 27 du Protocole, la Cour peut, soit à la demande d'une partie ou de la Commission, soit d'office, indiquer aux parties toutes mesures provisoires qu'elle estime devoir être adoptées dans l'intérêt des parties ou de la justice.
2. En cas d'extrême urgence, la Cour peut se réunir en session extraordinaire sur convocation de son Président à l'effet de décider des mesures à prendre. Le Président peut, par tous moyens fiables, recueillir les avis des membres de la Cour non présents.
3. Les parties à l'affaire, la Commission, la Conférence, le Conseil Exécutif, et la Commission de l'Union africaine sont informées des mesures conservatoires prises.
4. Dans le rapport qu'elle soumet annuellement à la Conférence en vertu de l'article 31 du Protocole, la Cour fait état des mesures provisoires qu'elle a ordonnées durant la période de référence. En cas de non-respect de ces mesures par l'État intéressé, la Cour fait toutes les recommandations qu'elle estime appropriées.
5. La Cour peut inviter les parties à lui fournir des informations sur toute question relative à la mise en œuvre des mesures provisoires adoptées par elle.

Article 52
Exceptions préliminaires

1. Toute partie ayant reçu une notification de la requête peut formuler des exceptions préliminaires en réponse à tout ou plusieurs éléments de la requête.
2. Les exceptions préliminaires doivent être soulevées au plus tard avant l'expiration du délai fixé par la Cour pour le dépôt du

premier mémoire à présenter par la partie qui entend soulever lesdites exceptions.

3. La présentation de telles exceptions ne suspend la procédure sur le fond que si la Cour le décide. Dans tous les cas, la Cour se prononce sur les exceptions ou les joint au fond.
4. L'acte introductif de l'exception contient l'exposé des faits et des moyens de droit sur lesquels l'exception est fondée, les conclusions et le bordereau des documents à l'appui s'il y en a ; il fait mention des moyens de preuve que la partie désire éventuellement employer. Les documents à l'appui sont annexés sous forme de copies certifiées conformes.
5. Lorsqu'une partie soulève une exception préliminaire, la Cour invite l'autre partie à soumettre par écrit ses observations en réponse. Avant l'intervention de la décision sur l'exception préliminaire, la Cour peut décider d'inviter les parties à lui soumettre par écrit des observations complémentaires.
6. Avant de statuer sur l'exception préliminaire, la Cour peut décider, à la demande d'une partie ou d'office, de tenir une audience si elle l'estime nécessaire.
7. La Cour statue sur l'exception préliminaire par un arrêt motivé.

Article 53
Intervention

1. La requête aux fins d'intervention visée à l'article 5.2 du Protocole est déposée, le plus tôt possible, en tout cas, avant la clôture de la procédure écrite.
2. La requête indique le nom des représentants du requérant. Elle précise l'affaire qu'elle concerne et spécifie :
   a. l'intérêt d'ordre juridique qui, selon l'État intervenant, est pour lui en cause ;
   b. l'objet précis de l'intervention ;
   c. toute base de compétence qui, selon l'État intervenant, existerait entre lui et les parties.
3. La requête contient un bordereau des documents à l'appui qui sont annexés ; elle doit être dûment motivée.

4. Copie certifiée conforme de la requête est immédiatement transmise aux parties, qui ont droit de présenter des observations écrites dans un délai fixé par la Cour ou, si elle ne siège pas, par le Président. Le Greffier transmet également copie de la requête à toute autre entité concernée visée à l'article 35 du présent Règlement.
5. Si elle déclare la requête recevable, la Cour fixe un délai dans lequel l'État intervenant devra présenter ses observations écrites. Celles-ci sont transmises par le Greffier aux parties à l'instance, qui sont autorisées à y répondre par écrit dans un délai fixé par la Cour.
6. L'État intervenant a le droit de présenter des observations sur l'objet de l'intervention au cours de la procédure orale, si la Cour décide d'en tenir une.

Article 54
Jonction d'instances

À toute phase de la procédure, la Cour peut, d'office ou à la requête de l'une des parties, ordonner la jonction des instances connexes lorsqu'une telle mesure est appropriée en fait et en droit.

Article 55
Jugement par défaut

1. Lorsqu'une partie ne se présente pas ou s'abstient de faire valoir ses moyens, la Cour peut, à la demande de l'autre partie, rendre un arrêt par défaut après s'être assurée que la partie défaillante a dûment reçu notification de la requête et communication des autres pièces de la procédure.
2. La Cour, avant de faire droit aux prétentions de la partie comparante, doit s'assurer non seulement qu'elle a compétence, mais également que la requête est recevable et que les conclusions sont fondées en fait et en droit.

Article 56
Règlement à l'amiable en dehors des auspices de la Cour

Les parties à une instance peuvent régler leur différend à l'amiable à tout moment avant le prononcé par la Cour de son arrêt.

Tout arrangement intervenu entre les parties doit être porté à la connaissance de la Cour. Celle-ci rend un arrêt qui se limite à un bref exposé des faits et de la solution adoptée.

La Cour peut cependant, eu égard aux responsabilités qui lui incombent aux termes du Protocole, décider de poursuivre l'examen de l'affaire nonobstant la notification du règlement amiable.

Article 57
Règlement à l'amiable sous les auspices de la Cour

1. Conformément à l'article 9 du Protocole, la Cour peut tenter de régler à l'amiable les affaires qui lui sont soumises. À cet effet, la Cour entre en rapport avec les parties et prend les mesures appropriées pour faciliter la conclusion d'un règlement amiable, basé sur le respect des droits de l'homme et des peuples tel que les reconnaît la Charte.

2. Les négociations menées en vue de parvenir à un règlement à l'amiable sont confidentielles et sans préjudice des observations des parties dans la procédure contentieuse. Aucune communication écrite ou orale ni aucune offre de concession intervenue dans le cadre desdites négociations ne peuvent être mentionnées ou invoquées dans la procédure contentieuse.

3. En cas de règlement à l'amiable d'une affaire, la Cour rend un arrêt qui se limite à un bref exposé des faits et de la solution adoptée.

4. La Cour peut cependant, eu égard aux responsabilités qui lui incombent aux termes du Protocole, décider de poursuivre l'examen de l'affaire nonobstant la notification du règlement amiable.

Article 58
Désistement

Lorsqu'un requérant fait connaître au Greffier son intention de se désister, la Cour lui en donne acte et fait procéder à la radiation de l'affaire du rôle. Si, à la date de la réception par le Greffe de ce désistement, l'État défendeur a déjà fait acte de procédure, son consentement est requis.

CHAPITRE V. ARRÊTS DE LA COUR

Article 59
Décision de la Cour

1. L'examen de l'affaire achevé, la Cour clôt les débats aux fins de délibérations et de jugement.
2. La décision de la Cour est rendue dans les quatre-vingt-dix (90) jours suivant la fin des délibérations.

Article 60
Délibérations de la Cour

1. Les délibérations de la Cour ont lieu en séance privée ; elles sont et demeurent confidentielles.
2. Seuls les Juges ayant siégé dans l'affaire participent aux délibérations de la Cour.
3. Les décisions de la Cour sont prises à la majorité des membres présents.
4. En cas d'égalité de voix, celle du Président ou du Juge qui le remplace est prépondérante.
5. Tout membre de la Cour ayant siégé dans l'affaire peut joindre à l'arrêt de la Cour une opinion individuelle ou dissidente.

Article 61
Arrêt

1. Conformément à l'article 28 (6) du Protocole, l'arrêt de la Cour est motivé.
2. L'arrêt mentionne les noms des Juges qui ont pris part aux délibérations.
3. L'arrêt est signé par tous les Juges et certifié par le Président ou le Juge qui le remplace et le Greffier. Il est lu en séance publique, les parties dûment prévenues.
4. Sous réserve de l'article 28 (3) du Protocole, l'arrêt est définitif.
5. L'arrêt de la Cour est obligatoire pour les parties en litige.

Article 62
Contenu des arrêts

L'arrêt comprend :

a. l'indication de la date de son prononcé ;
b. l'indication des parties ;
c. Le nom des représentants des parties ;
d. l'exposé de la procédure suivie ;
e. les conclusions des parties et s'il y a lieu celles des représentants de la Commission ;
f. les faits de la cause ;
g. les motifs de droit ;
h. le dispositif ;
i. la décision sur les frais et dépens, s'il y a lieu ;
j. le nombre de juges constituant la majorité ;
k. l'indication du texte qui fait foi.

Article 63
Arrêt relatif à la réparation

La Cour statue sur la demande de réparation introduite en vertu de l'article 34.5 du présent Règlement, dans l'arrêt par lequel elle constate une violation d'un droit de l'homme ou des peuples, ou, si les circonstances l'exigent, dans un arrêt séparé.

Article 64
Signification de l'arrêt

1. Conformément à l'article 29 du Protocole, l'arrêt de la Cour est, en copie certifiée conforme, signifié aux parties en cause, à la Commission, à la Conférence, à la Commission de l'Union africaine, ainsi qu'à toute personne ou institution concernée.
2. L'arrêt est également notifié au Conseil exécutif qui veille à son exécution au nom de la Conférence.
3. L'exemplaire original, dûment signé et scellé, est conservé aux archives de la Cour.

Article 65
Publication des arrêts

Les arrêts définitifs de la Cour sont publiés, conformément à l'article 25. 2(i) du présent Règlement, sous l'autorité du Greffier.

Article 66
Requête aux fins d'interprétation d'un arrêt

1. En application de l'article 28 (4) du Protocole, toute partie peut, aux fins de l'exécution de l'arrêt, demander à la Cour d'interpréter celui-ci dans un délai de douze mois à compter de la date du prononcé de l'arrêt, sauf si, dans l'intérêt de la justice, la Cour en décide autrement.
2. La demande est déposée au Greffe. Elle indique avec précision le ou les points du dispositif de l'arrêt dont l'interprétation est demandée.
3. Sur instruction de la Cour, le Greffier communique la demande à toutes autres parties concernées, en les invitant à présenter leurs observations écrites éventuelles dans le délai déterminé par le Président. Celui-ci fixe aussi la date de l'audience si la Cour décide d'en tenir une. La Cour statue par un arrêt.
4. Pour l'examen de la demande en interprétation, la Cour est composée des mêmes Juges qui se sont prononcés sur le fond de l'af-

faire. Cependant, s'il n'est pas possible pour un Juge de siéger il est, quand cela est nécessaire, procédé à son remplacement.

5. La demande en interprétation ne suspend pas l'exécution de l'arrêt, sauf si la Cour en décide autrement.

Article 67
Requête aux fins de révision d'un arrêt

1. En application de l'article 28 (3) du Protocole, une partie peut demander à la Cour de réviser son arrêt, en cas de découverte de preuves dont la partie n'avait pas connaissance au moment où l'arrêt était rendu. Cette demande doit intervenir dans un délai de six (6) mois à partir du moment où la partie concernée a eu connaissance de la preuve découverte.
2. La requête mentionne l'arrêt dont la révision est demandée, contient les indications nécessaires pour établir la réunion des conditions prévues au paragraphe 1 du présent article et s'accompagne d'une copie de toute pièce à l'appui. Elle est déposée au Greffe, avec ses annexes.
3. Sur instruction de la Cour, le Greffier communique une copie de la requête à toute autre partie concernée, en l'invitant à présenter ses observations écrites éventuelles dans le délai déterminé par le Président. Celui-ci fixe aussi la date de l'audience si la Cour décide d'en tenir une. La Cour statue sur la recevabilité de la requête par un arrêt.
4. Si la requête est déclarée recevable, la Cour fixe, après s'être renseignée auprès des parties, les délais pour toute procédure ultérieure qu'elle estime nécessaire sur le fond de la demande.
5. La demande en révision ne suspend pas l'exécution de l'arrêt, sauf si la Cour en décide autrement.

TITRE V. PROCÉDURE CONSULTATIVE

Article 68
Demande d'avis

1. Conformément à l'Article 4 du Protocole, des demandes d'avis consultatifs peuvent être adressées à la Cour par un État membre, par l'Union africaine, par tout organe de l'Union africaine ou par une organisation africaine reconnue par l'Union africaine. Ces demandes doivent porter sur des questions juridiques et indiquer avec précision les points spécifiques sur lesquels l'avis de la Cour est requis.
2. Toute demande d'avis consultatif précisera les dispositions de la Charte ou de tout autre instrument international relatif aux droits de l'homme à propos desquelles l'avis est demandé, les circonstances à l'origine de la demande, ainsi que les noms et adresses des représentants des entités ayant introduit la demande.
3. L'objet de la demande d'avis consultatif ne peut pas se rapporter à une requête pendante devant la Commission.

Article 69
Communication de la demande d'avis

Après la réception d'une demande d'avis consultatif, le Greffier en transmet copie aux États membres, à la Commission, ainsi qu'à toute autre entité intéressée.

Article 70
Observations écrites

1. La Cour fixe un délai limite pour le dépôt des observations écrites des États parties et de toute autre entité intéressée.
2. Tous les États parties peuvent soumettre des observations écrites sur les points soulevés dans la demande. Toute autre entité intéressée peut être autorisée par la Cour à faire de même.

Article 71
Procédure orale

Après l'examen des observations écrites, la Cour décide si oui ou non il y aura une procédure orale, et dans l'affirmative, fixe la date de l'audience.

Article 72
Application des dispositions relatives à la procédure contentieuse

La Cour applique, mutatis mutandis, les dispositions du Titre IV du présent Règlement dans la mesure où elle les estime appropriées et acceptables.

Article 73
Avis consultatif

1. Le prononcé d'avis consultatif se fait en audience publique. Toutefois, la Cour peut, compte tenu des circonstances, en décider autrement.
2. Conformément à l'article 4 (2) du Protocole, les avis consultatifs de la Cour sont motivés, et tout Juge ayant participé à l'examen de la demande d'avis peut joindre à celui-ci une opinion individuelle ou dissidente.

TITRE VI. DISPOSITIONS FINALES

Article 74
Amendements

1. Le présent Règlement ne peut être amendé que par la Cour.
2. Toute proposition d'amendement de l'une de ses dispositions doit être soumise par écrit au Président qui donne des instructions au Greffe pour que notification en soit faite à tous les Juges.

3. L'amendement proposé doit énoncer la disposition à amender et, le cas échéant, celle proposée en remplacement.
4. Les membres de la Cour sont informés de la date et du lieu de la session consacrée à l'examen de l'amendement proposé, quatre-vingt-dix (90) jours avant la tenue de ladite session.
5. Aucun amendement d'une disposition du présent Règlement ne peut être adopté s'il ne recueille l'assentiment d'au moins sept Juges.

Article 75
Adoption

Le présent Règlement intérieur est adopté par au moins sept Juges et signé par le Président.

Article 76
Entrée en vigueur et textes faisant foi

Le présent Règlement, dont les textes dans les langues de travail de la Cour font également foi, entre en vigueur le 20 juin 2008.

Fait à Arusha, République-Unie de Tanzanie, le vingtième jour du mois de juin de l'an deux mille huit

Le Président
(Signé) Gérard Niyungeko

Table des matières

•

www.ingramcontent.com/pod-product-compliance
Lightning Source LLC
LaVergne TN
LVHW050638051026
849532LV00002B/436